Ihr Zauber hat uns beflügelt

Walter Schmidinger

JOANA MARIA GORVIN

Unser Beruf ist vergänglicher
als ein Augenblick, für
die Ewigkeit bedacht.

Edda Fuhrich · Dagmar Wünsche

IOANA MARIA GORVIN

Eine Dokumentation

Langen Müller

Unser Beruf ist vergänglich, aber im Augenblick für die Ewigkeit gedacht

Bildnachweis

Lore Bermbach, Düsseldorf; Rudolf Betz, München; Wilfried Böing, Berlin; Borchmann, Berlin; Ilse Buhs/Remmler, Berlin; Rosemarie Clausen, Hamburg; Harry Croner, Berlin; Mara Eggert, Frankfurt/Main; Fasch, Presseagentur, München; Walter Gnaiger, Bregenz; Ernst Hausknost, Wien; Franz Hausmann, Wien; Elfi Hess, Düsseldorf; Wilfried Hösl, München; Herbert Jäger, Badendorf; Heinz Köster, Berlin; Gerhard Kowalewsky, Berlin, Kramreiter, Wien; kranichphoto, Berlin; Rudolf Oscar, Malmö; Palffy, Wien; Peter Peitsch, Hamburg; Abraham Pisarek, Berlin; Schumpp, Straßburg; P. u. J. Severin, Berlin; Liselotte Strelow, Düsseldorf; August Thannhäuser, Bad Hersfeld; Ruth Wilhelmi, Berlin, Charlotte Willott, Berlin; Hans J. Witkowski, Düsseldorf; Zander, Potsdam-Babelsberg; Leonhard Zubler, Zürich.

Quellennachweis

Bad Gandersheim, Domfestspiele; Bayerischer Rundfunk, München; Berlin-Museum (BM); Bregenzer Festspiele; Bühnen der Hansestadt Lübeck; Burgtheater, Wien (Bth.W.); Deutsche Oper, Berlin; Deutsches Rundfunk-Archiv, Frankfurt/M. (DRA); Deutsches Theater-Museum, München (DthM); Deutschlandradio (RIAS), Berlin; Dumont-Lindemann-Archiv; Theatermuseum Düsseldorf (TDM); Gesellschaft der Musikfreunde, Wien; Hamburger Kammerspiele; Hessischer Rundfunk, Frankfurt/M. (HR); Kulturgemeinde Wuppertal e. V.; Mykene Verlag, Darmstadt; Nachlaß Joana Maria Gorvin, Klosterneuburg bei Wien; Norddeutscher Rundfunk, Hamburg (NDR), Österreichischer Rundfunk, Wien (ORF); Österreichisches Theatermuseum, Wien (ÖThM); Radio Bremen; Saarländisches Staatstheater, Saarbrücken; Schauspielhaus, Frankfurt/M.; Sender Freies Berlin (SFB); Stadtarchiv Bonn; Stadtarchiv Recklinghausen; Stadtarchiv Zürich; Süddeutscher Rundfunk, Stuttgart (SDR); Süwestfunk, Baden-Baden (SWF); Theater am Goetheplatz, Bremen; Theater der Stadt Essen; Theater in der Josefstadt, Wien (THJW); Theatersammlung und Zentrum für Theaterforschung, Universität Hamburg (HHThs); Tourneetheater Greve, Hamburg; Westdeutscher Rundfunk, Köln (WDR); Wiener Festwochen.

Benutzte und zitierte Literatur

Die Magie des Theaters. Jürgen Fehling. Äußerungen und Aufzeichnungen. Mit einem Essay von Siegfried Melchinger. Velber/Hannover 1965. – Jürgen Fehling. Der Regisseur. 1965–1968. Ausstellung der Akademie der Künste. Berlin 1978. – Das Theater des deutschen Regisseurs Jürgen Fehling. Herausgegeben im Auftrag des Jürgen Fehling Archivs – Joana Maria Gorvin von Gerhard Ahrens. Mitarbeit Carsten Ahrens. Berlin 1985. – Karl Heinz Stroux. Eine Dokumentation des Düsseldorfer Schauspielhauses und des Dumont-Lindemann-Archivs anläßlich der Karl-Heinz-Stroux-Ausstellung zu seinem achtzigsten Geburtstag am 25. Februar. Herausgegeben vom Düsseldorfer Schauspielhaus und dem Dumont-Lindemann-Archiv. Düsseldorf 1988. – Fischer, Helmar Harald. »Was gestrichen ist, kann nicht durchfallen«. Trauerarbeit, Vergangenheitsverdrängung oder sentimentalische Glorifizierung? Wie sich Schauspieler an ihre Arbeit im Dritten Reich erinnern. In: Theater heute. H. 9, S. 1–21. Velber/Hannover 1989.

Vordere Umschlagseite

Als Lilly Schmidt/Lilith in dem Film »Der Apfel ist ab«
von Helmut Käutner, 1948
Foto: Borchmann

Hintere Umschlagseite

Als Frau von Schastorf mit Jutta Lampe als Anita
von Schastorf in »Schlußchor« von Botho Strauß.
Berlin, Schaubühne am Lehniner Platz, 13. 2. 1992
Foto: Böing

Umschlaggestaltung und Layout: Ralph Wünsche, Berlin
Satz und Reproduktionen: Filmsatz Schröter GmbH, München
Gesetzt aus: 11/13,885 Punkt New Caledonia auf Macintosh
Druck und Binden: Wiener Verlag, Himberg
Printed in Austria
ISBN 3-7844-2548-8

INHALT

SOVIEL ANFANG WAR NIE
Die junge Schauspielerin. 1938–1946

SIE IST EINE EROTISCHE NACHTIGALL
Durchbruch und darstellerischer Höhenflug. 1946–1963

ICH FÜHLE MICH HEIMATLOS
Hamburg 1963–1974. Wanderjahre 1974–1993

ICH WOLLTE ROLLEN SPIELEN, DIE DIE PHANTASIE BELEBEN
Rollenverzeichnis 1936–1993
Erarbeitet von Heide Linzer

SOVIEL ANFANG WAR NIE
Die junge Schauspielerin 1938–1946

Joana Maria Gorvin:
Der Ausdruck zwingt das Wort,
und nicht das Wort den Ausdruck.
Das ist das Wesentliche der Schauspielkunst!
Berlin, 5. September 1938

Seite 1
Als Schauspielschülerin in Berlin, um 1939

Seite 3
Berlin, Schauspielschule, 1939

Ich will Schauspielerin werden. Berlin 1938–1940

I

Als Mädchen von 13 stand ich vor dem Spiegel um zu studieren ob mein Gesicht wohl schauspielerisch aussah. Also schön fand ich mich nicht. Die Augen ja, aber sonst lange Nase, hohe Stirn, keine kein

2 Film so wünschte hohe Backenknochen, ein zartes Gesicht, ein seidiges, glattes Haar, ne, schöne Zähne ja, aber dünne Lippen – wo ~~blieb~~ war da die Sinnlichkeit? zarte Brauen, nicht

3 starke lange Wimpern (ich schmierte sie dann mit Rizinusöl nach oben, man sagte es fördert das Wachstum!) ~~Die rechte A~~ Ich übte die rechte Augenbraue in die Höhe zu ziehen, so

4 wie ich es bei Greta Garbo gesehen hatte. Das konnte ich dann und kann es bis auf den heutigen Tag, es bewirkte dass im Laufe der Jahre meine Braue etwas schief aussieht.

5 Schauspielerin bin ich dann doch auf andere Weise geworden u. [illegible] diese kindliche Spiele vor dem Spiegel

[Der Entschluß, Schauspielerin zu werden.]
Notizen [um 1990]

Notizen [um 1990]
[Der Entschluß, Schauspielerin zu werden.]

Als Mädchen von 13 stand ich vor dem Spiegel um zu studieren, ob mein Gesicht wohl »schauspielerisch« aussah. Also schön fand ich mich nicht. Die Augen ja, aber sonst lange Nase, hohe Stirn, keine beim Film so erschwünschten hohen Backenknochen, eher zartes Gesicht, zu seidiges, glattes Haar, und schöne Zähne, ja, aber dünnlippig – wo war da die Sinnlichkeit? Zarte Brauen, nicht starke lange Wimpern (ich strich sie dann mit Rhizinusöl nach oben, man sagte, es fördert das Wachstum). Ich übte die rechte Augenbraue in die Höhe zu ziehen, so wie ich es bei Greta Garbo gesehen hatte. Das konnte ich dann und kann es bis auf den heutigen Tag, es bewirkte, daß im Laufe der Jahre mein en face etwas schief aussieht. Schauspielerin bin ich dann doch auf andere Weise geworden und vergaß diese kindlichen Spiele vor dem Spiegel.

An Carian, Cilian, Carman, Lorand, ihre Freunde in Hermannstadt, [um 1938]

Ich will Schauspielerin werden. Es ist für mich immer interessant gewesen den Gesichtsausdruck der Menschen zu beobachten, [...]. Und da ich nicht auf klassische Schönheit begabt bin, hatte ich oft Zweifel ob meines kühnen Unterfangens. Dies alles geschah noch in meiner Heimat, am Süd-Osten Europas. Um nun dieses so klipp, klar hingesprochene Lebensziel verwirklichen zu können, mußte ich in unser Mutterland, das große Deutschland. Und das war mir bis jetzt ein nicht zu besteigendes Gebirge. Woran die Expedition scheitern mußte, war weniger die geographische Beschaffenheit des Weges schuld, in diesem Fall die örtliche Entfernung meiner Heimat von Deutschland, sondern die Mittel um solch ein Unternehmen zu finanzieren fehlten und meinen Eltern und mir noch mehr, da ich kaum das Abitur hinter mich gebracht hatte, noch keinen anderen Beruf zwecks Geldverdienen erlernt hatte. Die einfachste Folgerung war also dieses schleunigst nachzuholen. Das tat ich denn auch mit Hilfe eines Rapid-Steno, Daktylographischen Kurses in 3 Sprachen. Was ich nach Absolvierung dieses Kurses konnte, war nicht viel mehr als zu Beginn, immerhin bekam ich ein »Diplom« und das berechtigt womöglich Privatsekretärin bei einem Generaldirektor zu werden.
Und da ich annahm, daß es diese Art Menschen bestimmt auch in Deutschland und hauptsächlich Berlin geben mußte, faßte ich den kühnen Entschluß auf Leben oder Tod hinzufahren. Nicht um etwa diesen Beruf, gegen den um Gottes Willen nichts einzuwenden ist, als Lebenszweck auszuüben, sondern als Mittel zum Zweck, um eben Schauspielunterricht nehmen zu können. Meine Eltern, denen ich dies schonend beibrachte, waren gar nicht so abgeneigt (es ist doch irgendwie dasselbe Blut, von wem soll ich es denn haben, wenn nicht von ihnen ?) im schlimmsten Fall konnte ich ja wieder herunter. Zum Glück war auch mein Bruder gerade in Berlin, so daß ich nicht ganz verlassen gewesen wäre. – Alle Paßformalitäten wurden so schnell als möglich erledigt. Sie dauern im allgemeinen 3 Monate, mit »Hilfsmitteln« auch nur 48 Stunden! Ich zog das Letztere vor. Und dann ging es los nach schwerem Abschied, die Fahrt ins Ungewisse! In der Tasche 20 Mark, im Herzen nur Hoffnung und Glauben an ein Gelingen. Es war eine fast traumwandlerische Sicherheit, die mich auf diesen Weg leitete.

Kaum angekommen in Berlin, führte sie ihr erster Weg zur Reichstheaterkammer, Berlin W 62, Keithstraße 11, um dort die zwingend vorgeschriebene Eignungsprüfung abzulegen. Erst danach war die Anmeldung zur Aufnahmeprüfung bei der Schauspielschule der Preußischen Staatstheater möglich: zugelassen waren »arische, deutschstämmige Bewerber zwischen 16–20 Jahren«.

An Maria und Karl Glückselig
[Berlin], 5. 4. 1938
Tai(t)zi ist der in der Familie gebrauchte Kosename des Vaters.

Liebe Mami und Taizi!
Mit Schrecken habe ich festgestellt, daß ich keinen Taufschein bei mir habe und den ich zum Ariernachweis brauche. Bitte seht nach, ob einer zu Hause ist. [...] Bitte schickt ihn sofort. [...] Montag hab ich die Prüfung bei der Reichstheaterkammer. Haltet die Daumen!! [...]

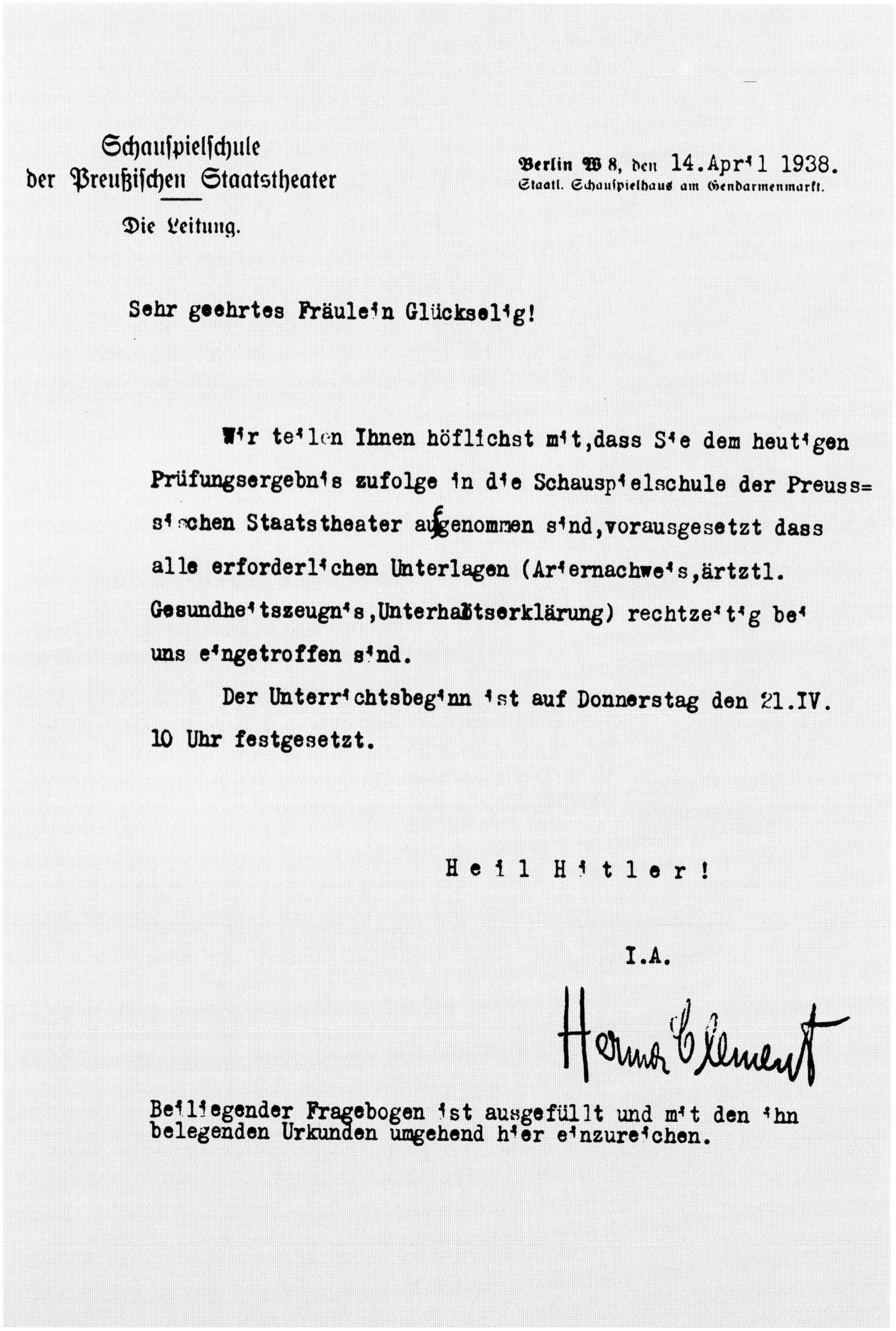

Schauspielschule
der Preußischen Staatstheater
Die Leitung.

Berlin W 8, den 14. April 1938.
Staatl. Schauspielhaus am Gendarmenmarkt.

Sehr geehrtes Fräulein Glückselig!

Wir teilen Ihnen höflichst mit, dass Sie dem heutigen Prüfungsergebnis zufolge in die Schauspielschule der Preussischen Staatstheater aufgenommen sind, vorausgesetzt dass alle erforderlichen Unterlagen (Ariernachweis, ärtztl. Gesundheitszeugnis, Unterhaltserklärung) rechtzeitig bei uns eingetroffen sind.

Der Unterrichtsbeginn ist auf Donnerstag den 21. IV. 10 Uhr festgesetzt.

Heil Hitler!

I.A.

Herma Clement

Beiliegender Fragebogen ist ausgefüllt und mit den ihn belegenden Urkunden umgehend hier einzureichen.

Schauspielschule der Preußischen Staatstheater, Herma Clement an Gerda Maria Glückselig [d. i. Joana Maria Gorvin], Berlin, 14. 4. 1938

An Maria und Karl Glückselig, Berlin, 8. 4. 1938

Liebe Eltern !

[...] Meine erste Prüfung, die ich hier ablegen mußte, war an der Reichstheaterkammer, zwecks Talentprobe. Diese Prüfung war für den 4. April angesagt. Frau Wegener, die sich rührend meiner annimmt, bestellte mich vorher zu ihr, um noch einmal die Sachen mit ihr durchzusprechen, dann gings mit Pursch in die Kammer. Meine Prüfungsangst war nicht klein, [...]. Dann sprach ich vor: Gretchen – Gebet, Julia – Giftmonolog, und sie waren zufrieden. Der eine sagte, ich solle nur so weiter machen, dann geht es schon! Na, dann bin ich durchgekommen, sogar mit einer 1, so daß ich mich gleich zur Prüfung bei der »Staatlichen« stellen konnte [...]. Nun stand mir aber noch dort eine viel wichtigere und ernstere Prüfung bevor! Denn von ungefähr 80 Anwärtern werden nur 8, höchstens 12 angenommen! Am 6. April bekomme ich also von Frau Clement eine Karte, daß ich mich am Nachmittag um ½ 5 im Staatstheater zwecks Prüfens einzufinden habe. Wieder rief Frau Wegener mich vorher zu sich [...]. Als ich aufgerufen wurde, sah ich alles grüne Sterne! Müthel und Frau Clement, die Bonzen nach Gründgens, fragten mich freundlich nach Alter und Herkunft und dann gings los! Wieder zuerst Gretchen, Julia und dann Cyprienne [...]. Dann erkundigte sich Müthel nach meinen Eltern, ob sie Deutsche seien, erinnerte sich, daß Pursch schon mit ihm gesprochen hatte, Frau Clement fragte, ob ich Kurt Wolff kenne, der ihr von mir erzählt hat. [...] Kurz bevor ich ins Theater gehe, kommt die Post und ich bekomme die Einladung zur 2ten Prüfung an der Staatlichen! Mein Glück war unbeschreiblich! Stellt euch vor, was das für mich bedeutet! Jetzt muß ich vor Gründgens antreten. [...]

Der Bruder, Karl Egon Glückselig, in der Familie und von der Schwester liebevoll »Pursch« genannt, war seit 1936 in Berlin, um sich bei Clemens Krauss als Dirigent ausbilden zu lassen.
Elisabeth Wegener, Schauspielerin, mit Paul Wegener verheiratet, kümmerte sich um die Anfänger der Schauspielschule.
Gustaf Gründgens hatte nach seinem Amtsantritt als Intendant des Schauspielhauses dafür gesorgt, daß der Unterricht und die Struktur der Schauspielschule reformiert wurden und sie ausschließlich seiner Direktion unterstellt war, womit sie eine für das Dritte Reich einmalige Unabhängigkeit besaß. Er bestimmte, daß die Zahl der Schüler begrenzt blieb, sie nach bestandener Aufnahmeprüfung keine Studiengelder zu zahlen hatten. Die meisten Schüler wurden im zweiten Jahr der Ausbildung auch schon für kleinere Rollen verpflichtet.
Herma Clement, stellvertretende Leiterin der Schule, war zuständig für die sprachliche Ausbildung; sie genoß als Sprach- und Sprecherzieherin einen legendären Ruf. Sie hat Generationen von Schauspielern ausgebildet. Zuletzt war sie als Spracherzieherin in Düsseldorf am Schauspielhaus bei Karl Heinz Stroux tätig.

An Maria und Karl Glückselig, Berlin, 24. 4. 1938

[...] Nun will ich noch vom Unterricht erzählen, der am 21. April begonnen hat. [...] Frau Clement begrüßte uns, sie ist eine reizende Frau. Dann spielte uns der 2te Jahrgang Scenen vor, die sie bis jetzt gelernt haben. Am nächsten Tag begann auch unser Sprechunterricht schon. Frau Clement spricht wunderbar, und unsere Übungen sind gar nicht so scheußlich, denn man erkennt sofort ihre Zweckmäßigkeit. Resonanz und Lockerungsübungen, dann Schnellsprechübungen. Gestern hatten wir die erste Stunde bei Müthel. Es war wunderbar, wie er die Rollen durcharbeitet und erklärt. [...] Außerdem haben wir jeden Tag von 11–12 Gymnastik und Sonnabend 2 Stunden vormittag fechten. [...] Karten bekommen wir ohne etwas zahlen zu müssen. [...] Ich bin wirklich so glücklich, daß ich so Schönes sehen und hören kann. Pursch bringt immer fabelhafte Karten, wir haben es überhaupt gut. Das Geld ist ja natürlich knapp, aber sonst!! [...]

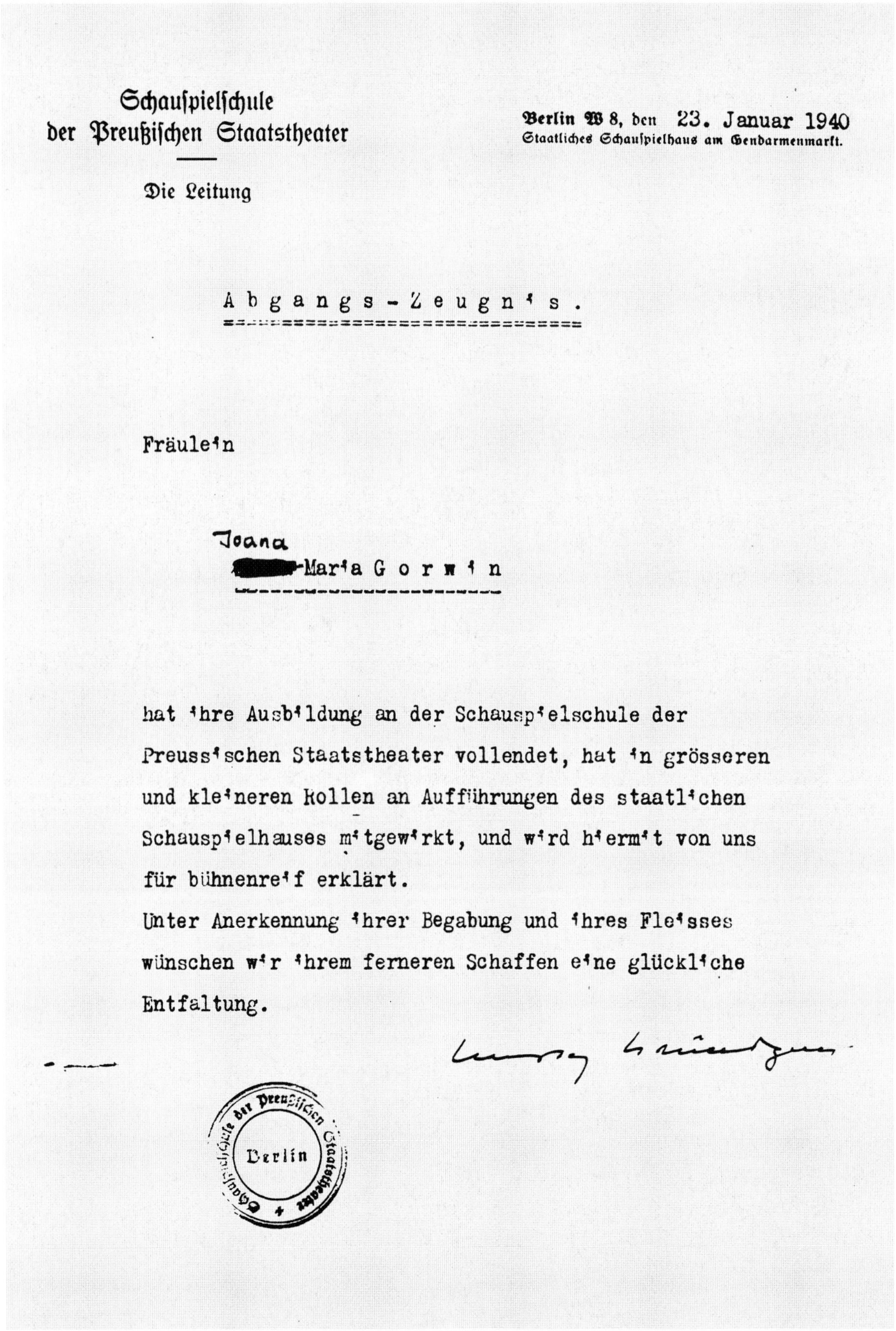

Schauspielschule
der Preußischen Staatstheater

Die Leitung

Berlin W 8, den 23. Januar 1940
Staatliches Schauspielhaus am Gendarmenmarkt.

A b g a n g s - Z e u g n i s .

Fräulein

Joana
[redacted]-Maria G o r w i n

hat ihre Ausbildung an der Schauspielschule der Preussischen Staatstheater vollendet, hat in grösseren und kleineren Rollen an Aufführungen des staatlichen Schauspielhauses mitgewirkt, und wird hiermit von uns für bühnenreif erklärt.
Unter Anerkennung ihrer Begabung und ihres Fleisses wünschen wir ihrem ferneren Schaffen eine glückliche Entfaltung.

Gustaf Gründgens

Schauspielschule der Preußischen Staatstheater
Berlin

Abgangszeugnis der Schauspielschule der Preußischen Staatstheater, Gustaf Gründgens, Berlin, 23. 1. 1940

[Erinnerungen an die Schauspielschule], 10. 2. 1973

Die Schauspielschule war unter dem Dach im Staatstheater am Gendarmenmarkt und so waren es nur Treppen, die ich hinuntersteigen mußte, nach vormittäglichem Kursusschluß, um heimlich den dunklen Zuschauerraum zu betreten und den Proben zuzuschauen. Man mußte sehr vorsichtig die Türen öffnen, besonders wenn Fehling probte, es hieß: ein Knacken des Fußbodens oder ein Sitzeklappen und schon wäre man wieder draußen!
Ich war neugierig im Sinne des Wortes und schlich oft hinunter und sah und hörte diesem merkwürdigen, meist grau-flanellbehosten, in Hemdsärmeln probenden Regiezauberer zu. Mit Herzklopfen vor Angst entdeckt zu werden und mit Herzklopfen der Bewunderung, des Erschreckens und der Lust. Ich war Zeuge eines schöpferischen Vorgangs, ein Vulkan schleuderte Gedanken, Beobachtungen, Kritik und Hilfsstellung zugleich, wie Steinbrocken, aus sich heraus, dennoch kontrolliert bedacht auch durch Zerstörung bequemer Talentverantwortung neue, produktive Landschaft zu erzeugen. Viele haben von dieser fruchtbaren Lavaerde profitiert. Äußerste Konzentration, vibrierende Nerven, wache Aufmerksamkeit kennzeichneten die Proben. Kein Augenblick des Leerlaufs. Fehling war im Sog seiner Phantasie, und die war oft gewalttätig gegen ihn und gegen seine Mitarbeiter. Im besten Sinne gemeint. Sie war ansteckend und öffnete Schleusen des Verständnisses für Dichter und Stück und eigene, kaum geahnte Möglichkeiten. Er war ein unbestechlicher Richter gegen sich und andere. Die Wahrheit mußte ans Licht. Bei komplizierten Geburten war die Situation aufs äußerste angespannt. Dann wieder löste ein Witz, eine humorige Bemerkung die Spannung in Heiterkeit auf. Mit Staunen beobachtete ich diesen eigentlich schweren Mann, mit Grazie und luftiger Leichtigkeit sich für einen Augenblick in Preziosa oder Käthchen verwandelnd, die Sprache lerchenhafter »Gold«-scher Prägung, noch »wahrhaftiger« Käthe Gold – Käthchen – Preziosa werden zu lassen. Oder mit Walter Werners säbelbeinigen Gang, diesen in einer Szene in sein eigenstes Wesen führen, kongruent der Figur und der Szene, die er laut Dichter zu spielen hatte. Es schien so selbstverständlich, was er forderte und mit Verwunderung sah ich, wie schwer sich die Könner bei der Verwirklichung taten. Ich begriff, daß man mit einer Rolle gleichzeitig eine Szene, ein Stück zu spielen hatte. [...]
Begriff, daß ein Regisseur, von dessen Arbeit ich wenig Ahnung hatte, wie eine Antenne die Äußerungen der Gegenwart auffangen, mit seinem Bildungswissen konfrontieren und dann, wie es bei Fehling der Fall war, zu einer neuen Welt formen muß. Einer Welt, die nicht nur aufzeigt, sondern Werte setzt.

Über ihre Rolle in »Begegnung mit Ulrike« berichtete sie an ihre Eltern:

An Maria und Karl Glückselig, Berlin, 23. 9. 1938

Zuerst mal den Namen betreffend. Da möchte ich nichts mehr ändern. [...] Gorvin ist dazu sehr geeignet und ich fühle mich wirklich gut dabei [...], außerdem ist es ein schöner Zusammenklang mit meinem Vornamen Gerda. Man muß in unserem Beruf leider auch viel auf Klangwirkung geben!
Das Stück schildert die Begegnung Goethes mit Ulrike Levetzow in Marienbad, ohne aber Goethe selbst auf die Bühne zu bringen! Es ist ein Stück, daß nur durch gutes Ensemblespiel wirkt, gar keine Starrolle hat. Ich selbst bin die Tochter einer Gräfin, die fortwährend an mir erzieht und mich verheiraten möchte.

Zum 1. Male!

Donnerstag, den 6. Oktober 1938

Begegnung mit Ulrike

Komödie von Sigmund Graff

Spielleitung: Hans Leibelt · Bühnenbilder: Rochus Gliese

Gräfin Kobenzl	Annemarie Holtz
Thea Mathilde, ihre Tochter	Gerda Gorwin
Franz von Bilinsky, österreichischer Hofrat	Wolf Trutz
Margarete, seine Frau	Lina Woiwode
Prinz Ferdinand von Lobkowitz, Husarenfähnrich	Kurt Meisel
Prinz Zdenko von Lobkowitz, Gymnasiast am Theresianum in Wien	Hermann Braun
Dr. Valentin Feist, sein Hauslehrer	Otto Graf
Frau von Levetzow, Offizierswitwe	Lina Lossen
Ulrike } ihre Töchter	Ruth Hellberg
Amelie } ihre Töchter	Charlotte Witthauer
Konstanze, ihre Nichte	Hilde Körber
Karl August, Großherzog von Weimar	Hans Leibelt
John, Sekretär	Franz Weber
Seidel, Diener	Paul Henckels
Eine Dame aus Schleiz	Herma Clement
Ein Pikkolo	Martin Klaasz
Der Wirt	Otto Mannstaedt

Zeit: Sommer 1823 · Das letzte Bild ein Jahr später

Schauplätze: Eine Grenzstation, Marienbad und Weimar

Anfang 20 Uhr
Ende 22 3/4 Uhr
Kassenöffnung 19 Uhr

7 Bilder — Pause nach dem 4. Bild

Premierenzettel. Kleines Haus in der Nürnberger Straße, Staatstheater, Berlin, 6. 10. 1938

An Maria und Karl Glückselig, Berlin, 15. 9. 1938

Meine liebe Mami und Taitzi, liebe, liebe Eltern!
[...] Ich habe meine erste Rolle zu spielen bekommen. Am »Kleinen Haus« des Staatstheaters, schon eine richtige Rolle, nicht nur »es ist angerichtet«. Wie ich mich gefreut habe, kann ich euch gar nicht sagen! In dem Stück »Begegnung mit Ulrike«. Zwei Proben habe ich schon gehabt. Es ging gut. Hoffentlich werde ich nicht noch zu guter Letzt umbesetzt! Haltet die Daumen! Vorige Woche war Gründgens bei uns, über 5 Stunden! Hat sich alle angehört, geurteilt, und beraten. Er ist ganz wunderbar in seiner Art. [...] Ich mußte mir einen anderen Namen zulegen und heiße nun Gerda Gorvin. Klingt gut, nicht ?

Mit Jürgen Fehling, 1949
Foto: Betz

Zu der Namensänderung hatte ihr Gründgens geraten: Um der Diskriminierung der politischen Machthaber des Dritten Reichs zu entgehen – wo bereits ein Name rassische Verfolgung nach sich zog –, änderte sie »Glückselig« in »Gorvin«. Sie kam auf »Gorvin« durch ein Wortspiel, abgeleitet von dem Namen des ungarischen Königs Matthias Corvinus, der als »Held« und Legendengestalt in Transsylvanien, Siebenbürgen, eine große Rolle in den Sagen und Märchen spielte.

An Gustaf Gründgens, Berlin, 17.10. [1940]

Sehr verehrter Herr Staatsrat!
Erlauben Sie mir bitte, Ihnen jetzt bei meinem Ausscheiden aus Ihrem Institut, für die Führung, die Sie mir durch Ihre Schule zuteil werden ließen, zu danken. Ich danke Ihnen auch für das Vertrauen, das Sie mir entgegenbrachten und ich hoffe noch entgegenbringen, und das Sie mir so groß bewiesen durch die Unterredung am Dienstag Abend. Ich möchte Sie versichern, daß ich Ihr Vertrauen begriffen habe und Ihnen für das Wissen um mein künstlerisches und menschliches Streben dankbar bin und glücklich.
In Ihrer Schule bekam ich die ersten Eindrücke künstlerischen Schaffens, die Liebe, die ich für dieses Schaffen hatte, steigerte sich zu einem dringenden Muß, und ich kann in der kurzen Zeit von 1½ Jahren, die ich auf der Staatl. Schauspielschule weilte, auf eine wesentliche Entwicklung sowohl menschlicher als auch künstlerischer Art zurückblicken. Das danke ich Ihnen und Ihren Mitarbeitern. Sowohl oben in der Schule, als auch unten auf dem »wirklichen« Boden!
Daß dann aber die größten und umwälzendsten Eindrücke und Erlebnisse von einer Seite kamen, die nun zu diesen Folgen führt, ist Schicksal oder Fügung – für mich Entscheidung.
In jedem Falle bin ich mir voll bewußt, was ich Ihnen und Ihrer Schule verdanke. Daß es mir immer um Höchstes und Größtes geht, beweist Ihnen vielleicht die Tatsache meines Herkommens unter sehr erschwerten Umständen, mein Bleiben trotz der so schwierigen Verhältnisse. Ich habe mich nie gescheut um große Werte alles zu wagen und zu verantworten!
Sehr verehrter Herr Staatsrat, wenn ich als Schülerin nicht mehr in Ihrem Institut weile, so hoffe ich Sie in meiner künstlerischen Entwicklung nicht zu enttäuschen und will die Arbeit, die Sie bis jetzt in mich gepflanzt haben, zum höchsten Einsatz nehmen! Mit allen Kräften will ich alles was ich habe hingeben um Großem mit Großem zu begegnen.
In Dankbarkeit verbleibe ich
Ihre
Gerda Maria Gorvin

Sie erinnerte sich 1964 in einem Interview für die Zeitschrift »Kristall« an den Abgang von der Schauspielschule. Sie hatte Jürgen Fehling bei den Proben zur Uraufführung von Richard Billingers »Am hohen Meer« kennengelernt; Fehling befand sich damals gerade im fachlichen Streit mit Gustaf Gründgens – Joana Maria Gorvin geriet zwischen »die Fronten Regisseur und Intendant« und verließ die Schauspielschule. Wenig später trat sie ihr erstes Engagement am Schauspielhaus in Potsdam an. Sie überzeugte nicht nur das Publikum, die Kritik von ihrem Talent, sie überzeugte vor allem Fehling, der über seine Arbeit mit dem Schauspieler sagt: »[...] Ich habe den Abstand, den der einzelne Darsteller zu sich und seiner Rolle nicht gewinnen kann. Ich hole aus dem von sich selbst noch nicht erkannten [...] Schauspieler M. [...] die ewige Persönlichkeit M. heraus. Dasselbe versuche ich an der Rolle. [...] Indem ich den Schauspieler mit der Rolle [...] in dem, was ihnen wesentlich ist, verschmelze und ihnen in dieser Verbindung mit Verwandlung eine neue körperliche Wirklichkeit gebe [...] entsteht ein neues Wesen, das allmenschlichere Züge trägt und sich an die Allgemeinheit des Publikums wenden darf. [...]«

Seite 13
Dame Kobold (Calderón). Potsdam, Schauspielhaus, 30. 5. 1941. Regie: Alfred Richter-Anschütz. Als Dona Angela mit Udo Langhoff als Don Juan Foto: Zander

AM HOHEN MEER von Richard Billinger
Potsdam, Schauspielhaus, 28. 1. 1942. Regie: Walter Pittschau

Als Gabriele Dambrone mit Fritz Schröder-Jahn als Paul Medina
Foto: Zander

Seite 15
Johannisfeuer (Sudermann). Berlin, Schauspielhaus am Gendarmenmarkt, 9. 5. 1944. Regie: Jürgen Fehling. Als Trude mit Marianne Hoppe als Pflegetochter
Foto: Willott

Berlin und Strassburg. 1942–1944

CLAUDIA von Walter Erich Schäfer
Berlin, Staatstheater, Kleines Haus, 21. 2. 1942. Regie: Karl Heinz Stroux

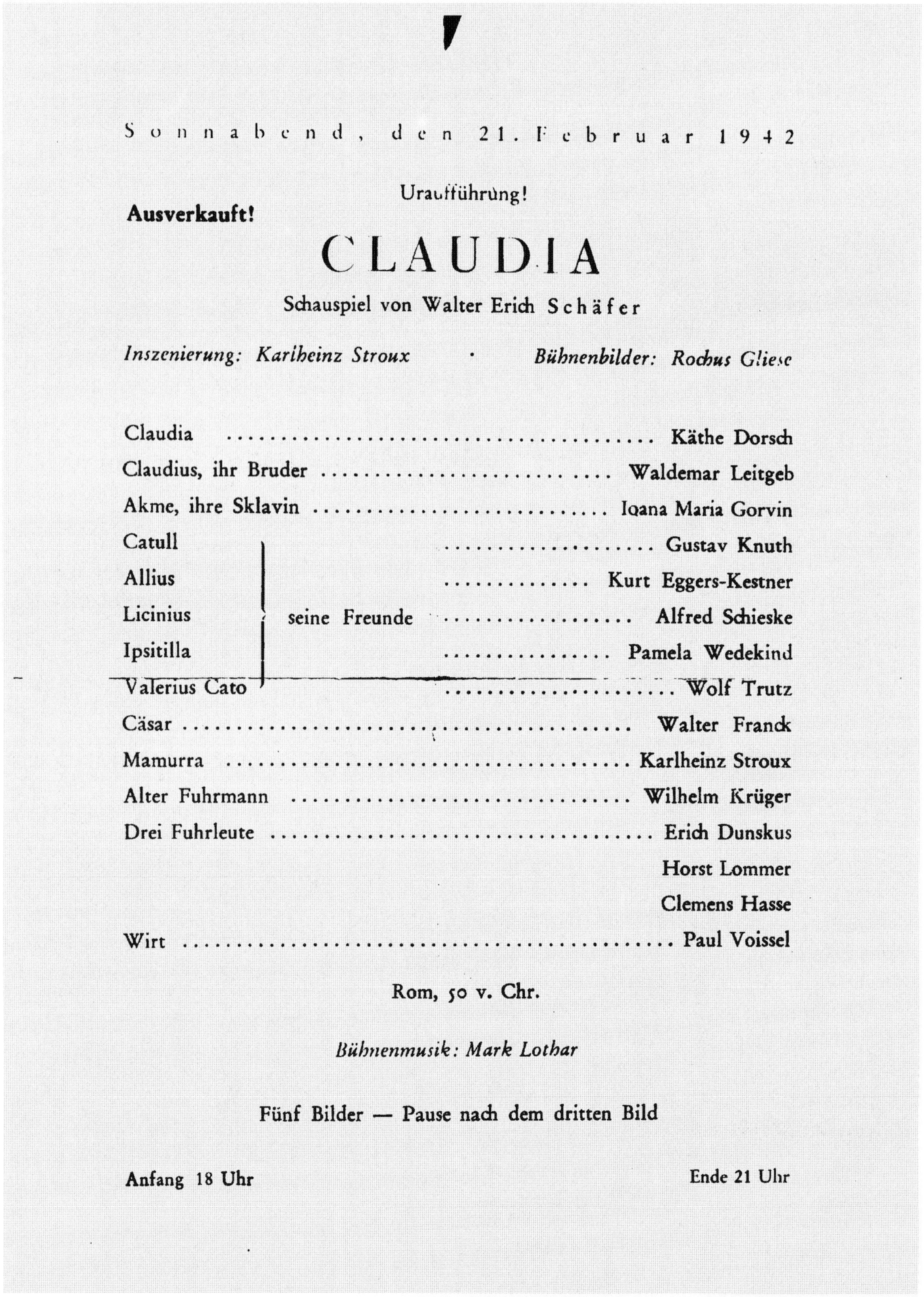

Sonnabend, den 21. Februar 1942

Uraufführung!

Ausverkauft!

CLAUDIA

Schauspiel von Walter Erich Schäfer

Inszenierung: Karlheinz Stroux · *Bühnenbilder: Rochus Gliese*

Claudia		Käthe Dorsch
Claudius, ihr Bruder		Waldemar Leitgeb
Akme, ihre Sklavin		Ioana Maria Gorvin
Catull	seine Freunde	Gustav Knuth
Allius	seine Freunde	Kurt Eggers-Kestner
Licinius	seine Freunde	Alfred Schieske
Ipsitilla	seine Freunde	Pamela Wedekind
Valerius Cato	seine Freunde	Wolf Trutz
Cäsar		Walter Franck
Mamurra		Karlheinz Stroux
Alter Fuhrmann		Wilhelm Krüger
Drei Fuhrleute		Erich Dunskus
		Horst Lommer
		Clemens Hasse
Wirt		Paul Voissel

Rom, 50 v. Chr.

Bühnenmusik: Mark Lothar

Fünf Bilder — Pause nach dem dritten Bild

Anfang 18 Uhr — Ende 21 Uhr

Diese erste Zusammenarbeit mit Karl Heinz Stroux war für die junge Schauspielerin sehr erfolgreich und für beide äußerst produktiv. Sie führte die beiden immer wieder zusammen, zuletzt in Düsseldorf am Schauspielhaus, wohin Stroux als Intendant 1955 gegangen war.

Eine Uraufführung im Kleinen Haus. »Claudia« von Walter Erich Schäfer mit Käthe Dorsch.
[…] Für die stumme Leidenschaft der Sklavin vom Elberus brachte die interessante Joana Maria Gorvin die dunkel getönte Patina des Exotischen mit. […]
Werner Höfer, B.Z. am Mittag, Berlin, 22. 2. 1942

Premierenzettel. Kleines Haus in der Nürnberger Straße, Staatstheater, Berlin, 21. 12. 1942.

DAS UNTERSCHLUG HOMER von Horst Lommer
Straßburg, Theater der Stadt, 30. 6. 1943. Regie: Jürgen Fehling

Als Helena mit Hans Krull als Paris
Foto: Schumpp

Das Theater der Stadt Straßburg brachte als letzte Neuheit der Spielzeit Horst Lommers amüsante Komödie »Das unterschlug Homer« heraus. Jürgen Fehling als Gastregisseur nahm das leichte Spiel zum Anlaß, um Text und Pointen unerhört zu mobilisieren, dem Ganzen völlig neue Reize zu entlocken und überall kecke Lichter fröhlicher Spiellaune und saftiger Persiflage aufzustecken. [...] Das ausverkaufte Haus nahm die sommerliche und mit soviel Liebe und strahlender Laune ausgestattete Regiearbeit mit stürmischer Begeisterung auf und dankte vor allem Fehling und mit ihm dem tüchtigen Darstellerstab, der mit Lust und Verständnis auf alle vielverschlungenen Wege ihres Inspirators einging: vorab die temperamentvolle und überaus spielgewandte Helena der Joana Maria Gorvin, einer jungen und begabten Berliner Nachwuchsschauspielerin.

Hans Reich, Deutsche Allgemeine Zeitung, Berlin, 3. 7. 1943
Aus: Fehling, Katalog, S. 189

Vom Bahnhof gehen wir sofort zur Kartenstelle. Hat dieser bisher schwerste nächtliche Luftangriff doch noch sein Gutes, wenigstens für uns. Wegen des heillosen Durcheinanders und der Zerstörung in Berlin hat unsere Studentenkompagnie uns beurlaubt. Wir können zivile Lebensmittelkarten empfangen und uns zu Hause verpflegen lassen.
Als wir eintreten, das übliche Bild. Zwei große, im Rechteck aufgestellte Tische, hinter denen die Angestellten sitzen, vor ihnen einige Frauen und Soldaten. Gleichmütig schließt man sich der kurzen Schlange an und beobachtet ohne sonderliches Interesse das Hantieren mit Papieren, Scheren und Lebensmittelkarten.
Irgendwie werde ich auf ein zierliches, schwarzhaariges Wesen in Pelz und Männerhosen aufmerksam, das schon rein äußerlich nicht hierher paßt, ja beinahe eine Herausforderung für die kleinbürgerlichen Schalterbeamtinnen ist. (Frauen sind so.) Aber nicht dadurch bin ich aufmerksam geworden, auch nicht durch die Spuren der Bombennacht, die heute früh ja wie bei ihr, so auch bei vielen anderen sonst sehr gepflegten Berlinerinnen nachzuweisen sind; sondern vielmehr durch ihre besondere Art zu sprechen. Eine gepflegte ungewöhnliche Art zu sprechen hat sie [...]. Als sie lebhafter zu werden beginnt, erwacht anscheinend das Interesse auch unserer Umgebung, der Hausfrauen, Soldaten und Dienstmädchen, die auf ihre Lebensmittelkarten warten. Aber darauf achte ich schon gar nicht mehr, so sehr fesselt mich dieses kleine Persönchen – ich selbst bin immerhin beinahe 1,90 m – nicht durch den Inhalt dessen, was sie da sagt, sondern w i e sie es sagt. Sie spricht von der Bombennacht, wie das viele andere heute früh auch tun [...]. Was [...] hier zum Ausdruck kommt, ist nicht nur Erlebnisfähigkeit, [...] ist nicht nur der gepflegte Wohllaut der Sprache, deren eigenartiger Akzent merkwürdig erregt – hier spricht ein Mensch, den die Fähigkeit, seinen seelischen Regungen bewußten Ausdruck zu geben, zum Künstler gemacht hat, zum reifen, überlegenen Gestalter. [...]
Der Inhalt dessen, was da gestaltet wird, ist ihnen natürlich ebenso nebensächlich wie der Frau – die für Augenblicke die Kartenstelle zur Bühne verwandelt hat.[...]
Ein halbes Jahr nach Kriegsende bekam ich in meinem Dorf im Westen die Berliner Illustrierte in die Hand. Aus ihr erfuhr ich, daß und wie sie lebte; ich sah sie auf dem Weg ins Theater, auf der Probe, bei der Zubereitung des abendlichen Rühreis und beim Rollenstudium. [...]
Und wieder zwei Jahre später sah ich sie auf der Bühne: Helena! – Hatte sie, zwischen zwei Völkern stehend, jene Bombennacht vergessen, kühl, wie sie dem nahenden Krieg zwischen Griechen und Trojanern entgegenblickte, und gleichsam spielend mit Männern und Staaten, mit Leben und Tod?
Verehrte Helena – erinnern Sie sich ?
Ihr sehr erg.
G.A. Horst

(Warum sollte das alte Manuskript nur in meinem Schreibtisch modern? Werfen Sie es fort – oder schreiben Sie mir ein paar Worte dazu – wenn Sie wollen.)

G.A.Horst, Begegnungen mit Helena, 1947

Seite 19
Urfaust (Goethe). Berlin, Jürgen-Fehling-Theater im Künstlerhaus Zehlendorf, 6. 10. 1945. Regie: Jürgen Fehling. Als Margarete mit Konrad Wagner als Faust

[...] Am 2. Mai 1945 nachmittags kapitulierte Berlin. [...]
Zu Fuß nach Berlin in zwei Tagen, nachts im Straßengraben, die Bauern schützten ihre Dörfer mit Knüppeln und Hunden gegen Überfälle. Am Stadtrand 20 Pfennig geschenkt bekommen zur S-Bahn-Fahrt von Grünau nach Zehlendorf. Die Mutter war da, der Vater noch vermißt. 26. August '45. [...] Das Regie-Volontariat bei Jürgen Fehling – in einem Zehlendorfer Kino, Berliner Straße (heute Supermarkt) wurde der Urfaust einstudiert, mit O.E. Hasse als Mephisto und Joana Maria Gorvin als Gretchen – war eine unerwartete Chance zum Lernen durch Zusehen und Zuhören, aber ich mußte es aufgeben, der Karte I zuliebe. So schleppte ich Steine als Bauhilfsarbeiter. [...]

Rainer Höynck, [Erinnerung an den 8. Mai 1945], [Berlin 1985]

Lieber Herr Höynck,
wie lieb von Ihnen sich meiner zu erinnern. Mit Neugier habe ich Ihre Erinnerungen an den Kriegsschluß gelesen. Ich habe diese »Kinder« mit über den Ohren hängenden Stahlhelmen in Buch an mir vorüberziehen gesehen. Mäntel bis über die Knöchel mit einem verlorenen Lächeln auf den Lippen und verzweifelt großen Augen im Kopf. Was tun wir in dieser Kolonne? Ein guter Freund, der Arzt Rolf Götz hatte uns, Fehling und mich nach der völligen Ausbombung November 43 dorthin geholt. Mein und unser Glück, die Russenflut scheute Krankenhäuser. Und so waren wir eine Woche Höhlenmenschen zwischen frischoperierten Frauen. Aber die Krankenschwestern! Manche brachte sich um, verstört, daß der geliebte Führer sie so verlassen hatte, verzweifelt über Vergewaltigung. Frauenschlangen standen vor dem Ordinationszimmer von Rolf Götz. Ich wundere mich wie man das alles überlebt hat, dankbar, daß nur Hunger und Kälte der Feind waren und der Entsetzensspuk zu Ende war. [...]

An Rainer Höynck, Klosterneuburg, 26. 5. 1985

Ich erinnere mich, war es gestern oder doch in einem anderen Leben? So gegenwärtig und doch so weit weg ist alles, was damals geschah. Zu Fuß sind wir, Fehling und ich, Anfang Mai von Buch bei Berlin, wo wir bei Freunden nach der Ausbombung gastliche Aufnahme fanden, zurück in die Stadt gewandert. Was für Mondlandschaften haben wir gesehen! [...] Trotz des grauenhaften Anblicks der Stadt, die wie ein schwer verwundetes Tier, bewegungsunfähig vor uns lag, trotz des grauen Elend der Menschen – mein Gott wie sahen wir selber aus, verklebte Haare, staubige Gesichter und Kleider – gingen wir beflügelt unsern Weg. Es war vorbei! Der unerträgliche Druck einer verhaßten Welt und deren Vertreter, war gewichen. Man durfte neu anfangen. [...]
Fehling in seinem Glück, die ganze verhaßte braune Bande los zu sein, glaubte wirklich paradiesische Zeiten seien gekommen, wo nur noch Kunst gemacht wird, ganz gleich wo, aber gar nicht gleich WIE. Wir landeten in Zehlendorf. [...] In einem verlassenen Kinosaal probten wir mit einer Schar getreuer Kollegen, die übrig geblieben waren, um Fehlings großartigen, aber [...] unrealistischen Höhenflug zu folgen. [...] Ein junger Mann, Gert Schäfer, tauchte eines Tages auf, [...] mit riesigen Elefantenfüßen. Er hatte sich aus Lastwagengummireifen fabelhafte Schuhe gezaubert und stapfte damit auf der Bühne herum, baute die Kulissen auf und um, spielte am Eröffnungsabend in der Szene aus »Androklus« mit Bruno Fritz, den Löwen mit köstlicher Hobelspanmähne. Fehling las Shakespeare. Ich spielte in geliehenem rotsamtenen Reitkleid Natalie, Georg August Koch als Kurfürst zum Partner. [...] Im Oktober, am 6., war Premiere von »Urfaust«, [...]. Die Scheunenbühne wurde nicht verleugnet. Ein Stadtprospekt hing an Seiten- und Hinterbühne und darin standen jeweils paraventartige Dekorationen, die leicht auf- und abzubauen waren. Kaschierte Meilensteine bei Faust – Mephisto-Ritt, mit wenig Scheinwerfern wurde viel gezaubert, Fehling war in seinem Entdeckerelement und alles war mit größter Konzentration, Begeisterung und Ernst dabei. [...]

Wir waren noch einmal davongekommen. Vor 20 Jahren: Theater als Verheißung. Saarbrücker Zeitung, 25. 9. 1965

Seite 21
In der Rolle Margarete

URFAUST von Johann Wolfgang von Goethe
Berlin, Jürgen-Fehling-Theater, 6. 10. 1945. Regie: Jürgen Fehling

Schon von jeher zeichneten sich Jürgen Fehling-Inszenierungen durch eine völlige Kompromißlosigkeit aus. [...] Karg und sparsam in den äußeren Mitteln ist diese Inszenierung, aber es ist Fehlingsche Kargheit. [...] Am stärksten knebelt die Macht des Wortes im Theater die Kulisse. Dies erkennen, heißt, sich einen großen, ganz großen Schritt vom Naturalismus entfernen. Man ist gewöhnt, daß Jürgen Fehling aus dieser sehr richtigen Erkenntnis stets die strengsten Konsequenzen zieht. [...] Grundkulisse der Bühne ist das Panorama der von einer Anhöhe aus gesehenen Stadt. Ein paar Steine, einige Bäume, Brunnen, Kruzifix und wohl auch ein Mauervorsprung deuten jeweils den Ortswechsel an. Die Wände von Fausts Zimmer, Gretchens einer Mönchzelle gleichenden Kemenate oder des Verließes schließen dann wieder – wie ein Wandschirm – einen größeren Teil der Bühne ab, so die Handlung auf ganz eng begrenzten Raum konzentrierend. Bei dem Gretchenmonolog »Meine Ruh' ist hin« und beim Gebet »Ach neige, du Schmerzensreiche«, bleibt die Bühne in unwesentlicher Dunkelheit und Leere. Alles Licht ruht allein auf der Sprecherin. Das Wort soll hier seinen eindringlichsten Triumph feiern. [...] Der Faust Konrad Wagners ist ein Fehlingscher Faust, kein Goethischer. [...] Wagner [...] bleibt immer gleich, holzschnittartig, unerbittlich, ja überdimensional, ob er in der Einsamkeit seiner Stube um Erkenntnis ringt [...] oder mit Gretchen spricht. Gerade in den Faust-Gretchen-Szenen wird diese Unmenschlichkeit fast zur marionettenhaften Groteske. [...]
Joana Maria Gorvins Gretchen machte im Laufe des Spiels eine erstaunliche Wandlung durch. Vom Stenotypistinnendasein rang sich die Künstlerin langsam zur tragischen Größe durch. [...] Fragt man sich am Anfang noch zweifelnd, ob Joana Maria Gorvin die Kerkerszene überhaupt spielen kann, so ist man am Schluß von der lebenswirklichen Tragik erschüttert. Dabei muß die Künstlerin ihre ganze Kraft aufbieten, um die Rolle lebendig gestalten zu können; denn oft genug droht auch sie durch die starke Stilisierung ihrer Gestalt nach dem Willen des Regisseurs zum Bild zu erstarren.

Ilse Jung, Tägliche Rundschau, Berlin, 9. 10. 1945
Aus: Fehling, Katalog, S. 199 ff.

Das Jürgen-Fehling-Theater, gegründet als »Sozietät zur Bildung eines freien selbstverwalteten Theaters [...] verpflichtet alle Sozietäre und zugleich alle engagierten (nicht haftenden) Mitglieder zur ausschließlichen Kunstarbeit am Sozietätstheater auf die Dauer von 1 Jahr.
Zum künstlerischen Leiter der Sozietät und zum Direktor der Truppe wird Jürgen Fehling bestimmt. [...] Das Sozietätstheater gründet sich neben diesem ersten Grundstatut auf die durch ihre Unterschrift ausdrücklich erklärte Auffassung und Verpflichtung aller Mitglieder, der gründenden, wie der engagierten, mit leidenschaftlicher und künstlerisch bedingungsloser Hingabe und unter der Leitung des von ihnen selbst gewählten Direktors den künstlerischen und materiellen Bestand des Sozietätstheaters zu mehren und zu verteidigen in dem Bestreben durch exemplarische Kunst und Ensemblegesinnung Berlin den Beweis der ungebrochenen idealistischen Kraft deutschen Schauspielertums zu erbringen. [...] Sie betont in ihrer Gründungsstunde ihren Haß gegen jede künstlerische und politische Tyrannei und ihren Glauben an die klärende und befreiende Macht des ewigen absoluten Theaters.«

Aus dem Gründungsstatut, Berlin, 17. 6. 1945. Jürgen Fehling, Katalog, S. 194 ff.

Jürgen Fehlings Vision eines ausschließlich künstlerischen Kriterien verpflichteten Theaters konnte selbst in einer Zeit voller Utopien – und dies war die Zeit nach 1945 unbestritten – nicht Realität werden. Er besaß nicht das organisatorische Talent, das ihn zum Intendanten befähigte und sein Anspruch an »seine« Künstler, die ständige Hochspannung, denen er sie aussetzte, verlangten ein Übermaß an Substanz, das sehr schnell zur Ermüdung und schließlich zu nicht mehr erträglichen Spannungen und Auseinandersetzungen führte. Die Schulden taten ein übriges, das Theater mußte nach einer Saison schließen.

Seite 23
Als Lilly Schmidt / Lilith in dem Film Der Apfel ist ab von Helmut Käutner
Foto: Borchmann

SIE IST EINE EROTISCHE NACHTIGALL

Durchbruch und darstellerischer Höhenflug. 1946–1963

Jürgen Fehling über Joana Maria Gorvin. Die moderne Schauspielerin von morgen.

Mein Durchbruch in Berlin. 1947–1949

Zwischen Lilith und Gretchen. WIR SIND NOCH EINMAL DAVONGEKOMMEN.
DIE FLIEGEN.

Hier reift eine neue Nora. München 1949–1951

Am Bayerischen Staatstheater München. MARIA MAGDALENE.

In Berlin zuhause. 1952–1957

Die Berliner Schauspielerin. BERNARDA ALBAS HAUS. MARIA STUART. ELEKTRA.
DIE RATTEN. WAS IHR WOLLT. REQUIEM FÜR EINE NONNE. HAMLET.

Düsseldorfer Jahre. 1957–1959

Bei Karl Heinz Stroux in Düsseldorf. DER KAUFMANN VON VENEDIG.
WIE ES EUCH GEFÄLLT.

Der sophokleische Ton. Antigone. 1959–1962

Wir verstanden uns ohne Worte. Hamburg 1959–1963

Gustaf Gründgens. DER SEIDENE SCHUH. GYGES UND SEIN RING.
FRÄULEIN JULIE. ACTIS. DON GIL VON DEN GRÜNEN HOSEN. TOTENTANZ.
Dank für eine wunderbare Zeit.

Aus: Die Magie des Theaters, S. 54

Joana Maria Gorvin war mit siebzehn Jahren Stipendiatin der Staatlichen Schauspielschule. Ich brauchte zu Billingers »Am hohen Meer« sieben junge Elevinnen für einen sehr Billingerschen Schneider-Akt und nahm, nachdem die Agenturen mir nur ausgeleiertes Material anboten, die sieben blutjungen Schülerinnen der Schauspielschule für diese liebliche Szene. Der Erfolg dieses zweiten Aktes war groß. Ich verdankte ihn wohl hauptsächlich dem Duft dieser Jugend. Mit siebzehn nicht schön zu sein, ist ein Kunststück, heißt ein altehrwürdiges Zitat. So lernte ich die Gorvin kennen. Sie markierte bei der Beleuchtungsprobe für Billinger anstelle der Gold. Das wurde für die Gorvin und mich schicksalshaft. Ich kann genau über sie berichten. Bemerkenswert ist, daß diese halbe Rumänin das ernste Studium von ein paar hundert Berliner Fehling-Proben jeder Provinzromantik vorzog. Sie saß »heimlich« stumm in einer Staatstheaterloge und beobachtete und »lernte«. Frau Herma Clement leistete zu gleicher Zeit ihre kostbaren Feldwebeldienste im Sprachlichen. Die kann herrlich Vokale und Konsonanten »kloppen«. Sie ist heute Sprachhilfe bei Stroux in Düsseldorf, eine sehr tüchtige Frau. Die Gorvin liebt sie. Und sie liebt die Gorvin.
Nach Berlin, statt, wie es sich für eine Rumänin eigentlich geziemte, nach Paris, ging sie siebzehnjährig, entscheidend: da gibts vier, in Deutschland zwölf Klassiker. Sie ging um des Pathos' willen also zur Bühne. Ihre Leuchtkraft ist herrlich. Im ersten und ihrem Todesakt in der »Stuart« war sie hervorragend.
Die Gorvin hat ein geheimnisvolles Etwas in ihrer hohen Kehle. Sie ist eine erotische Nachtigall. Vermuten Sie hier keine ritterlichen Romanzen. Ich kann und kenne Stimmen. Die Gorvin ist eine der seltsamsten Sprecherinnen. Sie verwaltet seltsame Geigentöne. Sie verwaltet zugleich einen geschmeidigen Körper. Ihre Gesten entwachsen ihrem Herzen. Sie ist unendlich tänzerisch.

THEATER

Frau Fehling, geb. Gorvin

Sie spielt Frau Gottschalk

Zu den Plänen der Defa gehört auch ein Joachim-Gottschalk-Film. Der Schauspieler Gottschalk, bekannt durch seine Bühnen- und Filmrollen, beging 1942 mit seiner jüdischen Frau und seinen beiden Kindern Selbstmord. Er sah sich damals vor ein brutales Entweder-Oder gestellt: Er sollte sich scheiden lassen oder seinen Beruf als Schauspieler aufgeben. Joachim Gottschalk wählte für sich und die Seinen den Tod.

Für eine der Hauptrollen des Defafilms, der das Schicksal Joachim Gottschalks behandeln soll, für die Rolle der Frau, wurde Joana Maria Gorvin verpflichtet. Von dieser Schauspielerin begann Berlin zu sprechen, als nach dem Kriege ihr Gatte, der Regisseur Jürgen Fehling, sie in Zehlendorf als Gretchen im „Faust“ und in Paul Raynals „Das Grabmal des unbekannten Soldaten“ herausstellte.

Aber richtig bekannt wurde Joana Maria Gorvin erst, seitdem sie im Hebbel-Theater die Zofe in Thornton Wilders „Wir sind noch einmal davon gekommen“ spielte. Es ist dieses eine jener auch physisch (heutzutage ein wichtiger Punkt) sehr anstrengenden großen Rollen, die nicht individualistisch sind, sondern einen allgemeinen Typus bedeuten, wie Faust oder Mephisto. Die Zofe Sabina ist eine Rolle, die daher auch einen schwachen Darsteller wohl tragen, aber ihn auch leicht erdrücken, sozusagen zur Schablone platt walzen kann. Nur von einer wirklichen Persönlichkeit können solche Rollen lebendig gemacht werden.

Die schlanke, biegsame Gestalt, der brünette Typ, die leicht dialektische Färbung mehr des Organs als der Sprechweise — Frau Gorvin stammt von einem böhmischen Vater und einer rumänischen Mutter — hoben in dieser Aufführung die Zofe Joana Maria Gorvins stark und charakteristisch ab gegen die hausbackene, ehrenfeste, instinktsichere Mrs. Antrobus der Käthe Haack.

Erster persönlicher Eindruck im Gespräch mit Frau Gorvin: Hier ist Jugend. Jugend nicht im Sinne von „Nachwuchs“, sondern einer fertigen menschlichen Erscheinungsform. Keine „Schauspielerin“ im üblichen Sinne. Fast ein Mädchen noch, aber eines, das eisern, ohne eine kalte Streberin zu sein, weiß, was es will. Sie braucht noch, und weiß es selbst und betont es sogar, den Regisseur, der aus ihr herausholt, was die Rolle verlangt.

Ein Kopf für einen romanischen Plastiker. Gar nicht malerisch, ohne Lyrik, mit klaren, großen Flächen, die energisch gegeneinanderstehen. Eine geschlossene in sich ruhende Mentalität, gleichgültig gegen alle zufälligen Impressionen, gegen das nur interessant Individuelle, sich erst in der Atmosphäre des Theaters entzündend.

Es zog Joana Maria Gorvin zum deutschen Theater, weil sie das Gefühl hat, nur in Deutschland die großen klassischen Rollen spielen zu können. In Rumänien spielt man keine Klassiker.

In Berlin spielte sie vor dem Gretchen im „Faust“ zwei oder drei Rollen, darunter eine in dem von ihr selbst übersetzten rumänischen Lustspiel „Der verlorene Brief“, im Berliner Staatstheater. Sie spielte unakademisch, neu, eigentümlich.

Wenn nicht alles täuscht, sagen Kenner, wird Joana Maria Gorvin, „die“ moderne Schauspielerin von morgen.

Der Spiegel, 1.Jg., Nr. 1, Hamburg, 4. 1. 1947

Joana Maria Gorvin spielte nicht Frau Gottschalk, aber der Film wollte sich dieses interessante Talent nicht entgehen lassen. Helmut Käutner holte sich die attraktive junge Schauspielerin für die Rolle der Lilith/Lilly Schmidt in »Der Apfel ist ab«.

Hat nicht jede Frau etwas an sich von der Lilith aus der Geschichte der ersten Menschen, von der Schlange, die sich im Paradies um den Apfelbaum ringelte? Ist das Spiel mit dem Gefährlichen, mit dem Verbotenen und deshalb so Reizvollen nicht das Lieblingsspiel jeder Frau? Die Männer verstehen das nicht; sie nehmen es uns sogar übel; sie wissen nicht, welche geheimnisvolle Anziehungskraft gerade das für uns hat, was nicht sein soll und darf. Aber die Frauen werden mich verstehen, wenn ich sage, daß die Doppelrolle der Lilly-Lilith, der Paradiesschlange in Person, [...] mich von dem ersten Blick ins Drehbuch reizte und fesselte und nicht mehr losließ, daß ich diese Rolle nicht nur spielen wollte, sondern ganz einfach spielen mußte.

Ich und die Schlange [um 1948]

Seite 27
Wir sind noch einmal davongekommen (Wilder). Berlin, Hebbel-Theater, 5. 7. 1946. Regie: Karl Heinz Stroux. In der Rolle Sabina
Foto: Borchmann

Zwischen Lilith und Gretchen

Die Schauspielerin Joana Maria Gorvin

Kein Zweifel: sie hat irgend etwas von einer Märchenprinzessin Das ist ein bedingtes Kompliment. denn Märchenprinzessinnen müssen nicht immer gut und lieb sein Aber schön, klug und verführerisch. Vielleicht so wie die Prinzessin Amaranth in Kybers indischem Märchen von Mantao, dem Königsgaukler Vielleicht so wie die listigen Fürstinnen aus Tausendundeiner Nacht. Und ganz bestimmt so wie Andersens Schneekönigin Ich möchte die Gorvin diese Rolle einmal spielen sehen, möchte einmal mit ihr die Szene erleben in der sie den kleinen Kai küßt. um ihn gegen die Kälte unempfindlich zu machen: „Und es war ihm als versänke er in einem Schneeberg."

In früheren Zeiten wäre aus der Märchenprinzessin vielleicht ein Vamp geworden Aber die Jahre haben den Vamp getötet Es gibt nur noch billige Imitationen von ihm — auf der Bühne und im Leben Lilith, die Stammutter des Böse-Verlockenden und Verlockend-Bösen ist geblieben. In den modernen Theaterstücken heißt sie Sabina (wie bei Thornton Wilder) oder Helena (wie bei Giraudoux) Die Gorvin schlüpft in die schillernde Schlangenhaut dieser Lilith-Töchter und spielt sie wie sie sind: mit gläsernem Herzen und gläserner Stimme Schneeköniginnen und Märchenprinzessinnen auch wenn sie wie Wilders Sabina zuweilen die Küchenschürze tragen müssen.

Aufn.: Borchmann

„Ihre Stimme ist wie eine Glocke" wird von manchen Schauspielerinnen behauptet Aber dies hier ist keine Glockenstimme Das ist, wie geschliffenes Glas klingt wenn man es berührt, manchmal hell, manchmal dunkler, immer mit einer sonderbaren, leise singenden Monotonie und ein wenig spröde. Sie hat einmal das Gretchen im Urfaust unter Fehling gespielt, die Gorvin Und sie soll einmal die Lulu in Wedekinds „Erdgeist" sein Jetzt ist sie Sartres Elektra und sie hat erreicht was bisher noch keine erreichte: von der gesamten Presse in den Himmel gehoben zu werden

Wie gesagt: etwas hat sie von einer Märchenprinzessin ... H H

Zwischen Lilith und Gretchen. H. H., Berlin, Nachtexpress, 1946

Karl Heinz Stroux zum 80. Geburtstag, [1988]

[…] Mein Durchbruch in Berlin gelang unter seiner [Karl Heinz Stroux] Regie in Wilders »Wir sind noch einmal davon gekommen« als Sabina. Eine der bedeutendsten Inszenierungen unter vielen außerordentlichen. Das Stück war das Thema unserer Jugend. Die tausend Jahre, der Krieg waren zu Ende. Neubeginn. Es mußte besser werden. Man fühlte sich wie neu geboren. Auf einer Probe saß ein uns vertrauter deutsch geborener amerikanischer Theateroffizier, er glaubte Stroux, wenn auch höflich über seine Art der Regie belehren zu können, wie Mr. und Mrs. Antrobus als amerikanisches Präsidentenpaar agieren müßten. Stroux unterbrach sofort die Probe, gestört in seinem Phantasiekonzept, verbat sich lauthals die Störung und überfuhr den Gutmeinenden mit einer Suada und herrlicher Darlegung wie wir diesen Text im zerstörten, verstörten, von Armut und Hunger geplagten Deutschland verstehen und spielen müßten. Kein Boulevardtheaterpräsidentenpaar, was wußten die Deutschen damals über Amerikas Probleme, Lebensweisen.
Unser Leben wurde abgehandelt. Und das Überleben. Stroux hat gewußt, was das Stück damals bedeutete. Keine Beschönigung, wahrhaftig, tiefgründig wurde unter seiner Regie gespielt, mit großem Ernst die Unfähigkeit, Verführung durch Macht, Geld, Ruhm angezeigt, mit Humor, geistvoll, nie plump und zäh. Die Welt drehte sich, die Menschen wandelten sich, aber änderten sich nicht, seine Inszenierung spiegelte die Essenz menschlichen Lebens mit dem ewigen Scheitern, obwohl der beste Wille, die besten Vorsätze vorhanden sind. Das Gleichgewicht seiner Inszenierung war wunderbar ausgelotet.
Es war ein großer Theaterabend. […]

WIR SIND NOCH EINMAL DAVONGEKOMMEN von Thornton Wilder
Berlin, Hebbel-Theater, 5. 7. 1946. Regie: Karl Heinz Stroux

In der Rolle Sabina
Foto: Borchmann

w.e., Der Morgen, Berlin, 18. 8. 1946

[...] Ein Klang blieb haften, damals schon, als man sie – ein paar Jahre ist es wohl her – auf der Potsdamer Bühne sah. Ein Klang, der zart war und herb, bitter und süß, wie wenn in Geigenjubel ein Cello unvermutet hineinklingt. Auf dem Theaterzettel las man den Namen: Joana Maria Gorvin, und Eingeweihte sagten, sie sei in der Südostecke Europas geboren [...]; ein gertenschlankes, junges Geschöpf, mit den Bewegungen einer Dame, die einen Führerschein besitzt und dennoch traurig ist. Jetzt spielt sie in Wilders Katastrophenschau eine Rolle, die (mindestens) drei Rollen ist: die Sabina. Zuerst in der Eiszeit ein Dienstmädchen beim alten Antrobus, ein Trampel, der bevor die Eisschollen den Fußboden schrubben, noch schnell den Staub vom Tisch wischen muß und ein »Is-mir-janz-egal-Gerede« führt. Dann im zweiten Teil ist sie sündhaft angemalt, mit langen schwarzen Seidenstrümpfen und sichtbarem Haltemechanismus, die Katastrophen-Lulu, die dem Antrobus ins Ohr zischt: Nun mach schon, laß dich scheiden! Und im Schlußteil, nach der Entwarnung, läuft sie mit großen Schritten im langen Soldatenmantel zwischen den Trümmern herum, die Hände tief in den Taschen, und ist der einzige Mensch, der nicht lamentiert, sondern sieht, was ist (und war und kommt). Sie kann das alles. Eine ganze Tonleiter läuft sie hinauf und hinab, besitzt die schönste aller Gaben: Stilgefühl. An die Höflich denkt man, an die Orska, an die Bergner. Zwischen den dreien steht sie und ist ganz sie selbst. Kopfklar, auch wenn des Herzens Stimme flüstert. Ein schlanker Kristallpokal, ein schillernder, leuchtender, in hartem Schliff. Sie trägt den Ausweis in der Hand, die Nachfolge der großen Schauspielerinnen Deutschlands anzutreten.

Seite 30
Als Sabina mit Ensemble
Foto: Borchmann

Seite 30
Als Sabina mit O. E. Hasse als Mr. Antrobus
Foto: Borchmann

Paul Hoffmann, Generalanzeiger, Düsseldorf, 25. 10. 1960

Sabina in großer »zweiter Besetzung« – Stroux-Inszenierung »Wir sind noch einmal davongekommen« begeistert aufgenommen. Diese Pointe konnte sich Joana Maria Gorvin, die anstelle der erkrankten Nicole Heesters die Rolle der Sabina übernommen hatte, nicht entgehen lassen: als sie im zweiten Akt rollengemäß die Darstellung unterbricht, weil Sabina die Verführungsszene mit Mr. Antrobus nicht weiterspielen will [...], drohte ihr der Regisseur – Arthur Mentz ist prachtvoll in dieser kleinen Rolle – [...] er werde sie abtreten und die »zweite Besetzung« spielen lassen. Darauf Sabina – Joana: »Sie haben ja m i c h schon als zweite Besetzung!«

Als Sabina mit Martin Benrath als Henry, Gerda Maurus als Mrs. Antrobus, Evelyne Balser als Gladys

DIE FLIEGEN von Jean Paul Sartre
Berlin, Hebbel-Theater, 7. 1. 1948. Regie: Jürgen Fehling

In der Rolle Elektra
Foto: Kowalewsky

Als Elektra mit Kurt Meisel
als Orest
Foto: Kowalewsky

Als Elektra mit Walter Suessen-
guth als Ägisth
Foto: Kowalewsky

Als Elektra mit Chor
Foto: Kowalewsky

Als Elektra mit Chor
Foto: Kowalewsky

[...] Im Hebbel-Theater, unter Jürgen Fehlings Regie, erlebte man das sonderbare Zusammenspiel zweier sich überschneidender Versuche. Hier war das Lehrstück unversehens zum Schaustück geworden. Zwei eigenwillige Persönlichkeiten waren am Werk; Fehling hatte über Sartres Gedankendrama eine höchst theatralische Tragödie gestülpt, glanzvoll und bewegt, von einer realistischen Darstellungskraft, die ihren eigenen Gesetzen gehorchte. Langsam und mächtig schleppend wie ein blutiger Königsmantel schleifte das Atridendrama noch einmal über die von Kilger höchst eindrucksvoll gestaltete Szene und erstickte in seinen großartigen Falten die gedankliche Spontaneität und Spitzfindigkeit.
Diese, die Fehlingschen »Fliegen« enthalten Höhepunkte einer phantasievollen Regie, die den Massenszenen symphonische Bedeutung verleiht, das Erkennen des Bruders durch die Schwester unsäglich ergreifend gestaltet, und über dem grandiosen Trotz Orests angesichts des planetenbestickten Himmels für einen Augenblick die Fragwürdigkeit seiner Auflehnung vergessen läßt. Der nervösen Grazie Joana Maria Gorvins (Elektra) und der gescheiten Verhaltenheit Roma Bahns (Klytämnestra) verhilft Fehling zur stärksten Wirkung. [...]

Hilde Spiel, Die Welt, Hamburg, 10. 1. 1948

[...] Fehling legte das Schwergewicht auf [...] Orest und Elektra, Kurt Meisel und Joana Maria Gorvin. Diese Schauspielerin war in den »Fliegen« von einer Besessenheit, die einer Flamme gleich über die Rampe schlug. In den ersten beiden Bildern war sie allein die Führende. Sie riß den Zuschauer in den Strom, den sie über die Deiche brechen ließ. Die Töne, die die Gorvin im letzten Bilde fand, trugen die ganze Qual der Menschheit, ihre unselige Klage über die Last der Fesseln, die sie sich selber, wollüstig und erschauernd, über die Schultern wirft. [...]

Adalbert Norden, Berliner Palette, 2. Jg., H.4., 23.1.1948

[...] Mut zum Einsatz bis zur Erschöpfung. Orest und Elektra haben ihn. Und so geben sie ihr Letztes. Kurt Meisel ist Orest, der Rebell, der eine Welt zu entgöttern wagt. Er war noch niemals so stark, so geladen, so wenig (nur) Sprecher, so blutvoll, so herb. [...] Er reißt die Führung an sich, die er in den zwei ersten Akten an Joana Maria Gorvin abgeben muß. Sie prägt die beiden ersten Akte. Sie spielt sich über sich selbst hinaus. Ihre Erotik, die bisher auf Lulu als ihre Höchstleistung hinwies, steigt in die dunklen Affekte hinab, wo das Weibchen zum Weib, zur Natur wird, wo diese Natur die Schleusen öffnet. Sie spielt jetzt nicht mehr das, was sie kann, sie spielt, was sie ist. Und was sie ist, ist vielleicht das größte Versprechen, das uns heute das Theater in ihrer Person zu geben hat. [...]

Fritz Schwiefert, Berlin, Der Telegraf, 9. 1. 1948

[...] Faszinierend ist das Spiel der Joana Maria Gorvin als Elektra: Wie aus der geduckten, getretenen Kreatur fanatische Verzückung hervorbricht, die sich zu schriller Hysterie steigert, wie diese gläsern helle Stimme von kaltem schneidendem Zynismus zu einer keuschen, scheuen Innigkeit hinübermoduliert, wie dieser schlangenhaft geschmeidige Leib sich, jede Nuance seelischer Erregung in die adäquate physische Expression umsetzend, gespannt aufbäumt und dumpf verzweifelt zusammensackt, wie diese Augen zwischen eisiger Bosheit und demütiger Ergebung zwischen sprühendem Haß und Melancholie hin und her irrlichtern – das alles ist eine unvergleichliche Leistung. [...]

Wolfgang Harich, Tägliche Rundschau, Berlin, 9. 1. 1948

[...] Wie er den Ton des noch in der Verzerrung schönen Hasses aus Joana Maria Gorvin lockte. Der laszive Schwung dieser schwarzhaarigen, im Ton des äußersten Bösen herrlich variierenden Elektra. Wie sie dann vor dem Bild des Apoll, mit dem Bruder vor den Fliegen Schutz suchend, ins Mädchenhafte, ins Liebende und endlich in die Verzagung umkippt, das bleibt zu hören, und man weiß (wußte man es nicht), daß diese Begabung in der jüngeren Generation ohne Beispiel ist. Eine verzehrende Leistung, jedesmal Bilder und Töne schaffend, die nicht wieder zu verlöschen sind. Vier Stunden lang Furie zu sein und nicht nachzulassen – wo sah man das so sonst ? [...]

Friedrich Luft, Die Neue Zeitung, Berlin, 10. 1. 1948

Seite 37
Nora (Ibsen). München, Theater am Brunnenhof, 22. 3. 1950. Regie: Jürgen Fehling. In der Rolle Nora
Foto: Fasch

30. MÄRZ 1950

IV. JAHRGANG NR. 13

DER SPIEGEL

PREIS EINE D-MARK
ERSCHEINT JEDEN DONNERSTAG

THEATER

GORVIN

Die Gläserne

(s. Titel)

Drei Monate hatte Jürgen Fehling verbissen geprobt, der Spielplan des Bayerischen Staatstheaters war darüber durcheinander ger ten. Dann war es soweit: Ibsens „Nora" von Fehling ging in Szene

Fehling leistete sich einen neuen Homburger und verbat sich kategorisch alle „Nora"-Gespräche in seiner Gegenwart. Die Intendanz des Staatstheaters atmete auf. Joana Maria Gorvin, die Nora 1950, widmete sich einer alten Leidenschaft: dem Nichtstun.

Sie hat es sich verdient. Sie war auf ihrem Weg nach ganz oben einen großen Schritt vorwärts gekommen — dies war die einhellige Meinung im sonst zwiespältigen Chor der Kritiker und ihrer Meinungen über Ibsen und Fehling, über Werktreue und Vergewaltigung.

Der Weg der Schauspielerin Gorvin begann 1939 mit einem unternehmenden Sprung aus Siebenbürgen nach Berlin, vom Hermannstädter Gymnasium zur Schauspielschule der Berliner Staatstheater. Mit 10 Mark in der Tasche.

19 Rollen hat die Gorvin in den elf Jahren seither gespielt, mehr nicht. Dabei sind noch einige Aufführungen des Theaterschulstudios mitgerechnet. Joana Maria erklärt das: „Ich brauche Zeit, ich muß mich konzentrieren können, ich kann schlecht aus der Routine heraus spielen"

Sie verläßt sich nicht auf ausprobierte Wirkungsmöglichkeiten. sie sucht nach einem neuen Weg, an eine Rolle heranzukommen, gleichsam von der Wurzel her. So wie sie von Fehling sagt: „Er fängt bei jedem Stück wie bei Adam und Eva an."

Fehling verdankt sie alles. das weiß sie. „Wenn Fehling sich nicht um mich gekümmert hätte. nachdem er gesehen hat. daß ich ein klein bißchen was kann ." — ein Schulterzucken.

Die Berliner Schuljahre — mit Nebenverdienst durch rumänische Sprachstunden — waren bitter, wie sie bitter angefangen hatten: Der Stadttheater-Portier hatte sie schon vor der Aufnahmeprüfung deprimierend angesprochen: „Wo sind Sie her? Aus Siebenbürgen? Da gehen Sie man gleich wieder nach Hause. Leute mit Dialekt nehmen wir nicht." Sie fühlte sich „wie auf der Schlachtbank"

Ihre Provinzzeit absolvierte sie in Potsdam. Nach einem kurzen Abstecher nach Straßburg, schon unter Fehlings Fittichen — er hatte sie entdeckt, als sie im Billinger-Stück „Am hohen Meer" ein kleines Schneidermädchen spielte — kehrte sie nach Berlin zurück, an die Staatstheater.

Im totalen Goebbels-Krieg auf der deutschen Bühnenfront blieb Joana Maria Gorvin dank ihrer rumänischen Staatsangehörigkeit vor dem „letzten Einsatz" lange Zeit bewahrt. Dann kamen die Aufforderungen zum freiwilligen Zwangsdienst immer drohender. Sie wanderten ungelesen in den Ofen.

„Auf so etwas reagiere ich nicht, da bin ich eben noch in jeder Beziehung vom Balkan". erklärt sie heute.

Die erste Nachkriegssaison brachte Fehling sein eigenes Zehlendorfer Künstlertheater, Joana Maria den ausgiebigen Gretchen-Triumph und beiden Ausgebombten eine Zehlendorfer Villa als Gastdomizil.

Die Zeit an der Zehlendorfer „Bruchbude" nennt die Gorvin ihre schönste Theaterzeit. „Damals hatten wir soviel Hoffnungen, wenn auch alles unsagbar schwierig war."

Mit knurrendem Magen lief sie den Kudamm hinunter, abends stand sie im „Urfaust" auf der Bühne. 50mal spielte sie Gretchen, davon 25mal en suite. Nur einmal fiel sie aus der Rolle.

„Wir spielten die Szene im Gartenhäuschen. Konrad Wegener. sprich Faust, hielt mich umarmt. Wir warteten daß Mephisto klopfte." Aber Mephisto klopfte nicht. Er saß in der Garderobe und spielte Skat

Die Gorvin überbrückte die Pause und fing noch einmal an. „Bester Mann, von Herzen lieb ich dich." Mephisto klopfte nicht. Pause. Faust verlor die Nerven, schrie „Wer da?" und stürzte von der Bühne.

Mutterseelenallein stand die Gorvin auf der Bühne und rief fassungslos in den fallenden Vorhang: „Ihr seid wohl wahnsinnig?"

Das war das einzige Mal, daß sie auf der Bühne die Nerven verlor. Aber sie hatte in der Rolle eine solche Faszination ausgestrahlt, daß keiner bei der Panne lachte.

Am meisten Freude hatte sie an der „Sabina" in Wilders „Wir sind noch einmal davongekommen". Am Hebbeltheater spielte sie sie unter der Regie von Karlheinz Stroux 110mal, und Theaterfans sahen sich die Aufführung zwei- oder dreimal an, allein um die ersten Worte des Stubenmädchens Sabina zu hören:

„Oh, oh, oh, schon 6 Uhr vorbei, und der Herr ist noch immer nicht zurück." Die Gorvin sprach das mit spitzer, ein wenig schnippisch frecher, ein wenig verärgerter und zugleich lustiger Stimme.

Dutzende von Theaterreferenten haben in Hunderten von Druckzeilen versucht, den Klang, den Reiz dieser Stimme einzufangen. Sie ist glasklar, glashell, ohne jemals schrill überzuschlagen, sie ist von tiefer, eigentümlicher Resonanz. Allerdings nicht in der Tonapparatur des Films.

Diese Stimme ließ Albert Norden, den Autor der östlichen „Weltbühne" und heutigen Pressechef der Pieck-Regierung, überschwenglich werden: „Diese Stimme, die wie Musik ist und die man lachen hören möchte in den Komödien Shakespeares. Etwas Koboldhaftes ist in ihr verborgen, ein Schalk, der hinter dem Ernst noch wartet"

Norden prägte das Gorvin-Attribut, das immer wieder auftaucht: „Die Gläserne".

Max Christian Feiler, erfolgreicher Münchener Bühnenautor („Die sechste Frau") und scharfzüngiger Kritiker, beschloß eine beinahe hymnische Kritik: „Alles ist Wohllaut. ist Musik."

Das Musikalische liegt in der Familie. Joana Marias Vater, aus Böhmen gebürtig, hatte Musik studiert, bevor er Bankangestellter wurde. Die Mutter war rumänische Schauspielerin. Bruder Karl Egon ist Kapellmeister, in Göttingen durch Hilperts Anti-Opern-Kurs existenzbedroht.

Joana Maria selbst hatte zuerst vor, Tänzerin zu werden und Musik zu studieren. Sie liebt Musik, Mozart, Bach, Beethoven, heute noch sehr. Nur: „Ich bin so blöd anspruchsvoll geworden. Wenn ich mich auf dem Klavier stümpern höre, wird mir schlecht!" Da spielt sie lieber nicht.

Antike
„Der trojanische Krieg"

Eiszeit
„Wir sind noch einmal davongekommen"

Mittelalter
„Faust" (Mit Konrad Wegener)

Der Spiegel, Hamburg, 30. 3. 1950

Der Spiegel, Hamburg, 30. 3. 1950

Drei Monate hatte Jürgen Fehling verbissen geprobt, der Spielplan des Bayerischen Staatstheaters war darüber durcheinander geraten. Dann war es soweit: Ibsens »Nora« von Fehling ging in Szene. Fehling leistete sich einen neuen Homburger und verbat sich kategorisch alle »Nora«-Gespräche in seiner Gegenwart. Die Intendanz des Staatstheaters atmete auf. Joana Maria Gorvin, die Nora 1950, widmete sich einer alten Leidenschaft: dem Nichtstun.
Sie hat es sich verdient. Sie war auf ihrem Weg nach ganz oben einen großen Schritt vorwärts gekommen. [...]
19 Rollen hat die Gorvin in den 11 Jahren [seit ihrem Debüt 1938] gespielt, mehr nicht. Dabei sind noch einige Aufführungen des Theaterschulstudios mitgerechnet. Joana Maria erklärt das: »Ich brauche Zeit, ich muß mich konzentrieren können. Ich kann schlecht aus der Routine heraus spielen.«
Sie verläßt sich nicht auf ausprobierte Wirkungsmöglichkeiten, sie sucht nach einem neuen Weg, an eine Rolle heranzukommen, gleichsam von der Wurzel her. [...]
Die erste Nachkriegssaison brachte Fehling sein eigenes Zehlendorfer Künstlertheater, Joana Maria den ausgiebigen Gretchen-Triumph und beiden Ausgebombten eine Zehlendorfer Villa als Gastdomizil.
Die Zeit an der Zehlendorfer »Bruchbude« nennt die Gorvin ihre schönste Theaterzeit. »Damals hatten wir soviel Hoffnungen, wenn auch alles unsagbar schwierig war.«
Mit knurrendem Magen lief sie den Kudamm hinunter, abends stand sie im »Urfaust« auf der Bühne. 50mal spielte sie Gretchen, davon 25mal en suite. Nur einmal fiel sie aus der Rolle.
»Wir spielten die Szene im Gartenhäuschen. Konrad Wagner, sprich Faust, hielt mich umarmt. Wir warteten, daß Mephisto klopfte.« Aber Mephisto klopfte nicht. Er saß in der Garderobe und spielte Skat.
Die Gorvin überbrückte die Pause und fing noch einmal an: »Bester Mann von Herzen lieb ich dich.« Mephisto klopfte nicht. Pause. Faust verlor die Nerven, schrie »Wer da?« und stürzte von der Bühne.
Mutterseelenallein stand die Gorvin auf der Bühne und rief fassungslos in den fallenden Vorhang: »Ihr seid wohl wahnsinnig?« [...] Aber sie hatte [...] eine solche Faszination ausgestrahlt, daß keiner [...] lachte.
Am meisten Freude hatte sie an der Sabina in Wilders »Wir sind noch einmal davongekommen«. Am Hebbeltheater spielte sie sie unter der Regie von Karlheinz Stroux 110mal, und Theaterfans sahen sich die Aufführung zwei- oder dreimal an, allein um die ersten Worte des Stubenmädchens Sabina zu hören:
»Oh, oh, oh, schon 6 Uhr vorbei, und der Herr ist noch immer nicht zurück.« Die Gorvin sprach das mit spitzer, ein wenig schnippisch frecher, ein wenig verärgerter und lustiger Stimme.
Dutzende von Theaterreferenten haben in Hunderten Druckzeilen versucht, den Klang, den Reiz dieser Stimme einzufangen. Sie ist glasklar, glashell, ohne jemals schrill überzuschlagen, sie ist von tiefer, eigentümlicher Resonanz. Allerdings nicht in der Tonapparatur des Films.
Diese Stimme ließ Albert Norden, den Autor der östlichen »Weltbühne« und heutigen Pressechef der Pieck-Regierung überschwenglich werden: »Diese Stimme, die wie Musik ist und die man lachen hören möchte in den Komödien Shakespeares. Etwas Koboldhaftes ist in ihr verborgen, ein Schalk, der hinter dem Ernst noch wartet.«
Norden prägte das Gorvin-Attribut, das immer wieder auftaucht: »Die Gläserne«. [...]
Das Musikalische liegt in der Familie. Joana Marias Vater, aus Böhmen gebürtig, hatte Musik studiert, bevor er Bankangestellter wurde. Die Mutter war rumänische Schauspielerin [Operetten- und Konzertsängerin]. Bruder Karl Egon ist Kapellmeister, in Göttingen durch Hilperts Anti-Opern-Kurs existenzbedroht.

Joana Maria selbst hatte zuerst vor, Tänzerin zu werden und Musik zu studieren. Sie liebt Musik, Mozart, Bach, Beethoven, heute noch sehr. [...]
In den 15 Monaten der Fehlingschen Inaktivitäten [...] absolvierte die Gorvin ihren Filmabstecher und übte sich in der Kunst des Wartens.
Sie war die Lilith in Käutners »Der Apfel ist ab«, sie spielte die Hauptrolle in Kurt Meisels »Tragödie der Leidenschaft«. Aber weder sie noch andere waren glücklich.
»Der Film fragt wenig nach mir, und ich frage gar nicht nach ihm. Er macht mich nervös. Beim Film ist der Schauspieler genau so wichtig oder unwichtig wie jeder andere Gegenstand, den die Kamera einfangen will. Ich lasse mich nicht gern so versachlichen. Für mich ist das Blut nicht durch die Leinwand zu ersetzen.«
Sie meint auch, daß der Film mit seiner Neigung zur Typisierung die Karriere eines Schauspielers gefährde. Und: »Als Leinwandmensch kann man keine Faszination haben.« »Faszination«, die unmittelbare Wirkung und Rückwirkung zwischen Bühne und Parkett, ist ihr Lieblingswort, wenn sie von ihren Erfolgen spricht.
»Ich werde nie besser spielen, ganz gleich, ob zwei Menschen unten im Parkett sitzen oder das Haus voll ist.« Aber zwei Menschen müßten dort sitzen. »Wenn ich merke, die Leute gehen mit, bekomme ich etwas Machtgefühl, etwa das Gefühl des Magiers. Manchmal kommt man sich vor wie ein Medizinmann, der die Leute in seinen Bann zieht.« [...]
Wie damals, als sie in der Schauspielschule ihr Gretchen und ihre Julia herunterbetete, hat sie heute noch vor Premieren dasselbe »Wie-auf-der-Schlachtbank«-Gefühl. »Sie ist schlimm, die eine Stunde, bevor man aufs Trapez geht. Aber wenn ich erst draußen stehe, ist es das glücklichste Gefühl der Welt.«
Auch die Proben zählt sie zum Schönsten in ihrem Beruf – obwohl sie »unsäglich« dabei leidet. Das bedeutet nicht Hysterie. Die Gorvin geht ganz in der Rolle auf, sie identifiziert sich mit der Figur. Darum auch ist es ihr nicht möglich, viele Rollen gleichzeitig zu spielen, bei aller Vielseitigkeit und allem Talent, sich von innen her zu verwandeln.
Sie erarbeitet sich die Rollen schwer – »ich ringe wie mit einem Engel« – und allein. »Ich kann mich nicht darüber unterhalten, warum ich spiele, wie ich spiele. Man kann doch nicht während einer Geburt sagen wie geboren wird.« [...]

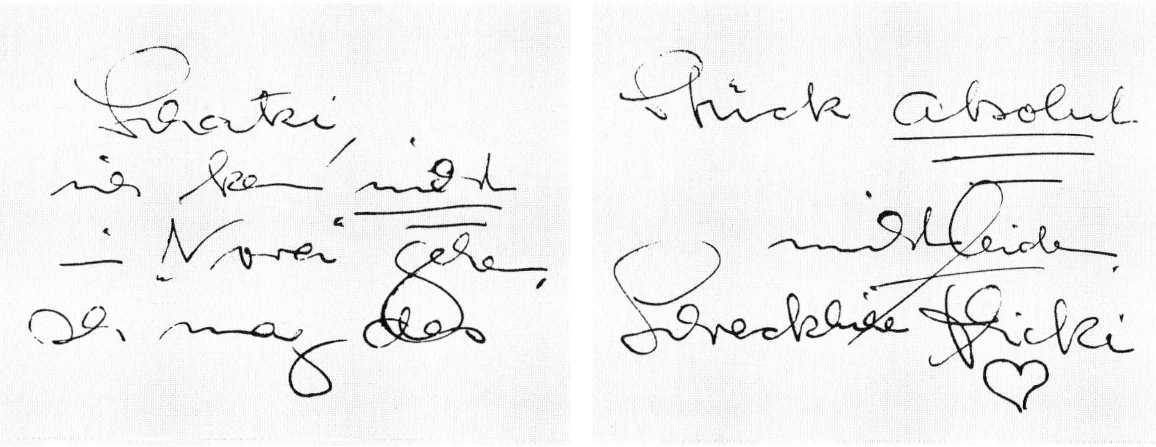

Elisabeth Flickenschildt,
[München 1950]
Schatzi, ich kann nicht in »Nora« gehen, ich mag das Stück absolut nicht leiden. Schreckliche Flicki

MARIA MAGDALENE von Friedrich Hebbel
München, Theater am Brunnenhof, 8. 5. 1949. Regie: Jürgen Fehling

Als Klara mit Otto Wernicke
als Meister Anton
Foto: Betz

Meine liebe Joana Maria
in der letzten »Maria Magdalene«-Aufführung habe ich der Versuchung nur schwer widerstanden, Sie in der Pause zu stören, um Ihnen zu sagen: »herrlich wie am ersten Tag.« Von der Anstrengung der langen letzten Proben war nichts zu spüren. Ich danke Ihnen wieder und denke mit allen guten Wünschen an Sie.
Für heute abend wünsche ich Ihnen vor allem Freude – und sei es auch nur ein geringer Teil der Freude, die Sie geben werden.
Von Herzen Ihre Annemarie Holtz

Annemarie Holtz, München, 22. 3. 1950.

Die Schauspielerin war Partnerin von Joana Maria Gorvin bei deren Debüt in Berlin in »Begegnung mit Ulrike«.

Fehlings leidenschaftliche, hellwache, grell ausleuchtende Inszenierung verdeutlicht die Problematik dieses Trauerspiels, macht sie qualvoll sichtbar und hörbar. In einem kegelbahntiefen Bühnenbild (Wolfgang Znamenacek) beschwört der Regisseur eine drängende Dichte der Stimmung, die etwas von der grandiosen suggestiven Kraft Edvard Munchscher Gemälde hat. Verwandelt, verankert scheinen unter Fehlings Führung die Schauspieler des Theaters zu sein. Die letzten, bisher kaum zu ahnenden Möglichkeiten eines jeden Darstellers sind zu stärkstem Leben geweckt worden. Harmonischer hat sich das Ensemble selten vorgestellt. Gespenstisch die Tischlersfrau (Anne Kersten), wie von Barlach gezeichnet der Meister Anton (Otto Wernicke), beklemmend die moluskenhafte Natur des Leonhard (Gerd Brüdern), die Klara endlich: Joana Maria Gorvin, fremdartig, dunkel, leidvoll, vom Regisseur mit einer Behutsamkeit ohnegleichen in den Mittelpunkt gestellt, eine bedeutende Schauspielerin, die vielleicht eine letzte höchste Möglichkeit noch in sich birgt: Verstand und Herz in vollendetes Gleichgewicht zu bringen. [...]

epd., Der Tagesspiegel, Berlin, 21. 5. 1949

[...] Die reifen schauspielerischen Leistungen bewiesen wieder einmal, daß der Kristallisationsprozeß einer Ensemblebildung eines zwingenden Kristallisationspunktes bedarf. Nämlich eines außerordentlichen Regisseurs. [...] Die Titelrolle: Joana Maria Gorvin. Ihre Haltung, ihre Bewegungen, die zarte, fließende, liebliche Linie ihres Körpers, ihr Gehen, Stehen, Sitzen, alles ist Wohllaut, ist Musik. Doch dicht daneben auch der Mut zum häßlichen Gesicht, zu den Verzerrungen des Schmerzes, der Verzweiflung und des Heulens. Und die Stimme wie gesprungenes Glas. Der Bogen von der mädchenhaften Heiterkeit der ersten Szene über den unsentimentalen Kampf um das Glück des Vaters und damit um ihr Leben bis zum verwirrten Stoßgebet und zur klaren Todesbereitschaft, und schließlich die reiche Skala der Ausdrucksmöglichkeiten zwischen dem liebevollen Blick für die Mutter und der tödlichen Verachtung für Leonhard – diese Art weiblicher Schauspielkunst ist für München neu. [...]

Max Christian Feiler, Münchener Merkur, 20. 5. 1949

[...] Schauspielerisch die Gipfelleistung und zugleich die äußerlich stillste war Joana Maria Gorvins Klara. Dies war überzeitliche Schauspielkunst, neu-alt. Selbstverständlich in jeder Gebärde, darin das riesenhaft überhandnehmende Leid sich ausdrückt. Wie sehr es Fehling gelungen war, dieser Schauspielerin im Unauffälligen das Innigste abzufordern, dafür zeugt etwa ihre Schlußszene, wo sie still mit dem Rücken an einen Rohrstuhl gelehnt, verharrt. Es ist, als sähen wir sie aufs Rad geflochten, aufs Rad der Ausweglosigkeit! [...]

Hanns Braun, Süddeutsche Zeitung, München, 21. 5. 1949

Nach der von der Kritik und dem Publikum nicht besonders freundlich beurteilten Inszenierung von Ludwig Tiecks »Blaubart« nahm Joana Maria Gorvin das Angebot von Boleslaw Barlog gerne an, nach Berlin zurückzukehren.
Boleslaw Barlog, der seit 1945 das Schloßpark-Theater leitete, hatte 1951 auch die Leitung des Schiller-Theaters übernommen; er blieb Intendant der beiden Berliner Bühnen bis 1972.

Als Klara mit Hans Baur
als Karl
Foto: Betz

Als Klara mit Gerd Brüdern
als Leonhard
Foto: Betz

In der Rolle Klara
Foto: Betz

Seite 45
Requiem für eine Nonne (Faulkner). Berlin, Schloßpark-Theater, 10. 11. 1955.
Regie: Erwin Piscator.
In der Rolle Temple Drake
Foto: Köster. DTHM

Links
nacht-depesche, Berlin,
19. 2. 1952

nacht-depesche Nr. 42 - Sei

Joana mal ganz ohne Männer

„Det sind de Beene von Dolores", sagten Kohlenträger zu Joana Maria Gorvin

Seit der Inszenierung von Sartres „Fliegen" im Hebbel-Theater sind fast genau vier Jahre vergangen. Joana Maria Gorvin, die unter der Regie von Jürgen Fehling durch ihre Darstellungskraft damals großes Aufsehen erregte, ist seit der Zeit zum erstenmal wieder in Berlin. In ihrer Garderobe im Stegzer Schloßpark-Theater hatten wir gestern ein Fünfminutenrendezvous mit ihr.

Im hochgeschlossenen langen schwarzen Kleid sitzt sie am Schminktisch vor dem Spiegel. Sie wird morgen bei der Premiere von Garcia Lorcas „Bernada Albas Haus" eine der vielen Frauen in dieser Frauentragödie in spanischen Dörfern spielen. Die Herren der Schöpfung sind diesmal von der Bühne verbannt. Nicht ein Mann wird dabei die geheiligten Bretter betreten. Dafür gibt es um Joana Maria Gorvin eine Anzahl großer weiblicher Darsteller: Franziska Kinz, Berta Drews, Heidemarie Hatheyer. Karl-Heinz Stroux führt Regie.

Und wieder in Berlin: Joana Maria Gorvin, die in München und Hamburg große künstlerische Erfolge hatte. Foto: Borchmann

Seit den „Fliegen" ist viel Wasser die Spree heruntergeflossen. Die schwarze Joana hat inzwischen in München große Erfolge gefeiert. Gleich, nachdem sie Berlin verließ, hat sie zwei Filme gemacht. Helmut Käutners „Der Apfel ist ab" mit Bobby Todd und Bettina Moissi ist allen noch in guter Erinnerung. Der andere hieß „Tragödie einer Leidenschaft" und hat ebenfalls einen guten Namen.

Im Brunnenhoftheater in München spielte die eigenwillige Schauspielerin unter Jürgen Fehling „Maria Magdalena", „Nora" mit Rolf Wernicke und Lorcas „Donna Rossita" mit der Flickenschildt. Garcia Lorca ist einer ihrer liebsten Autoren. Morgen steht sie zum zweitenmal mit einem seiner Stücke auf der Bühne.

Wie ein Wasserfall sprudelt es aus dem kirschrot geschminkten Mund der Schauspielerin, die jede Sekunde auf das Einläuten zur Hauptprobe wartet. Sie freut sich riesig, wieder in der Stadt ihres ersten großen Erfolges Theater spielen zu können. Auf dem Schminktisch vor ihr sind zwei Bilder Jürgen Fehlings aufgebaut. „Er kommt auch zur Premiere", sagt sie, als wir sie betrachten. Ob er in Berlin Gastregisseur sein wird, steht noch nicht fest. Auch, ob Joana Gorvin hier weitere Gastspiele geben wird, ist noch fraglich.

„Wissen Sie, woran ich erst richtig merkte, daß ich wieder in Berlin bin?" plaudert sie munter drauf los. „Als ich, nachdem ich angekommen war, zum erstenmal wieder durch Berlin bummelte und Nylons und Schuhe mit hohen Absätzen spazierenführte, riefen mir zwei Kohlenträger nach »Kiek mal, det sind die Beene von Dolores!«. Nicht das Kompliment, sondern der Tonfall freute mich so. München ist herrlich, aber Berlin ist schöner." Das ist ihre Ansicht über unsere Stadt, die sich in den vier Jahren viel verändert hat und doch so geblieben ist.

Als wir ihr, nachdem die Klingel unerbittlich den Beginn der Hauptprobe angekündigt hat, in den Mantel helfen wollten, entgegnete Joana mit einem kleinen bißchen Münchnerisch: „Lassen's mal, so schlimm ist's ja noch nicht. Ich bin ja inzwischen nur vier Jahre älter geworden!" —mek

Rechts
Berliner Morgenpost,
28. 10. 1952

DIENSTAG, 28. OKTOBER 1952

Man spricht von

Joana Maria Gorvin

Sie gleicht in ihrer Schmalheit, mit dieser klaren Stirn und der Entschlossenheit des Ausdrucks beinahe einer Studentin, einer überlegenen, aber so gar nicht dämonischen Persönlichkeit. Sie liebt ein gepflegtes Heim, Blumen, Bücher und — Ruhe. Dennoch: ihr Tag kennt viele Pflichten. Da hilft nur ein streng eingehaltenes Programm.

Berlin sah sie als Gretchen, als Helena in Giraudoux' „Der trojanische Krieg findet nicht statt", als Elektra, als jüngste Bernerda-Alba-Tochter und als Maria Stuart. Kritischer als ihre Kritiker — so arbeitet sie an sich und an der Gestaltung ihrer Rollen. Als die junge Rumänin von der Schule des Staatlichen Schauspielhauses ins erste Engagement nach Potsdam ging, fiel sie in ihrer eigenwilligen Besonderheit auf. Ihr Spiel gab den Rollen neue Gesichter, neue Lautfärbung. Sie hat das Geheimnis kluger Konzentration; man glaubt ihr alles, was sie spielt. Jürgen Fehling, der geniale Regisseur, der den krassen Theatereffekt liebt, gab ihr die letzte Formung zu künstlerischer Bedeutung: jene Besessenheit, die nicht nur Freude am Spiel ist, die hineinleben läßt in die Rolle. Alles ist durchdacht und dann erst der Phantasie und dem Reichtum der darstellerischen Möglichkeiten überlassen.

Im Garderobenraum des Theaters erzählt sie mit leisem Humor von ihrem Werden und Wachsen, von Pannen und Unzulänglichkeiten. Auch als Übersetzerin eines rumänischen Stückes hat sie ihre Liebe zum Theater bewiesen. Wenn sie während des Schminkens und Umkleidens spricht, spürt man jenes Element von Reflexion und Nervosität, das auch von der Bühne auf das Publikum überspringt.

Sie liebt Berlin und schätzt sein Theaterpublikum — man glaubt ihr das, man kann es ihr glauben. Und ihre liebste Rolle? „Immer die, die ich gerade spiele — also alle Rollen meines Leben."

BERNARDA ALBAS HAUS von Federico García Lorca
Berlin, Schloßpark-Theater, 20. 2. 1952. Regie: Karl Heinz Stroux

Als Adela mit Berta Drews als Angustias, Franziska Kinz als Bernarda Alba
Foto: Croner. BM

Ein Haus des Unmuts, ein Haus des verdrängten Lebens, ein Haus, in dem die spanischen Frauen wie in Särgen gehalten werden. [...] Das Stück zu spielen bedeutet einen Anschauungsunterricht gegen Unfreiheit und sittliche Beschränkung des Menschen überhaupt und überall. Solche Darbietung lohnt immer. [...] Lohnend aber ist die Aufführung des makabren Dramas auch um seiner selbst willen. Lorcas Sprache trägt den deutlichen Duktus echten Dichtertums. [...] Bernarda Alba, eine despotische Muttergestalt [...] Franziska Kinz deutete das genau an durch ein statuarisches Besserwissen, Lust an der Macht und durch eine mimische Härte, die bei dieser Darstellerin erstaunte. Sie und das altspanische Gesetz herrschen über die Töchter. Joana Maria Gorvin darf die einzige sein, die ausbricht und den Mann, der so deutlich hinter der Szene wartet, trifft. Ihr bleibt nach der Schande nichts als der Tod. Und auch der noch wird verdeckt und vertuscht, wie es die tote Sitte befiehlt. Die Gorvin spielt das mit einer schönen, bitteren Grazie vollendet. Das war nicht Leichtsinn, sie wußte dem aus dem Kerker der Konventionen ausbrechenden Mädchen einen echten Schuß Aufruhr ins Blut zu geben. Ihr schwingender Gang, ihr ziehend bestechendes Organ und die Intelligenz dieser Schauspielerin auf einer unserer Bühnen wieder zu haben, machte den Abend ohnehin bedeutend. [...]

Friedrich Luft, Die Neue Zeitung, Berlin, 22. 2. 1952

[...] Ein trostloses Lied ohne freundliche Ausblicke. So inszenierte es Stroux auch. Nur glaubte er zuweilen wohl, daß die ganz von der Intensität des dichterischen Wortes getragene Spannung nicht ausreiche, und gab Äußerlichkeiten dazu, die Theater waren. Das zerstörte dann die Stimmung, machte aus der lastenden Wirklichkeit die Unwirklichkeit eines lästigen Alptraums. [...]
Mit dem Mut zur Häßlichkeit machte Heidemarie Hatheyer ihre seelisch und körperlich schiefe Martirio zur stärksten Figur des Abends. Hier deckten sich immer Wort und Gestaltung. [...] Die erfolgreiche Gegenspielerin ist Joana Maria Gorvin, zu kurzem Gastspiel aus München ein-, leider nicht heimgekehrt. Ihre Adela, die den Sieg über die Mutter mit der Eroberung Pepes in den Händen zu halten glaubt, und die doch schwächer ist als die Überlieferung, war eindringlich in der animalischen Getriebenheit, im Aufbegehren, in der Schamlosigkeit des Triumphes über die zu kurz gekommene Schwester; alles ausgezeichnet, aber die Verzauberung, wie wir sie bei ihrer Sabina in Wilders »Wir sind noch einmal davongekommen« und zuletzt bei ihrer Elektra in Sartres »Fliegen« erfuhren, blieb aus. Ob Stroux die doch offenkundig eingetretene Entwicklung Frau Gorvins von der bewußten Triebhaftigkeit zu einer bei aller intellektuellen Klarsicht seelisch durchglühten Leidenschaftlichkeit nicht hat einkalkulieren können? Trotz aller Vollendung blieb eine Divergenz zwischen dem Angebotenen und dem, was hätte angeboten werden können. [...]

Walther Karsch, Der Tagesspiegel, Berlin, 22. 2. 1952

[...] Die zwei ungleichen Schwestern sind Heidemarie Hatheyer und Joana Maria Gorvin. Eine ganz veränderte Frau Hatheyer, mit brennendrot sprühendem Haar, in dem sich alle Lebens- und Liebessehnsucht konzentriert, saugt mit schwarzen Augen in dem weißen Gesicht der glücklichen Nebenbuhlerin das Leben aus dem »verfluchten, siegreichen« Leib. Ihr Gebrechen, ein Buckel, gibt ihr die dämonischen Kräfte dazu. Joana Maria Gorvin: Die vier Jahre sind vergessen, die sie nicht hier war, denn sie setzt genau dort ein, wo sie uns verließ. Nach wie vor ist sie die gläsern Unzüchtige, zeigt die gleichen schlangenhaften Windungen, wenn sie sich bewegt, hat noch immer die unfruchtbar, ziehend hohe Stimme, mit der sie präzise ihre Gemeinheiten versetzt. Sie ist die ephebenhafte Darstellerin geblieben, deren Stärke Hitze unter Eis ist; ihr Jünglingsgesicht ist noch mehr zur Maske geworden. [...]

Dora Fehling, Der Telegraf, Berlin, 22. 2. 1952

MARIA STUART von Friedrich Schiller
Berlin, Schiller-Theater, 27. 9. 1952. Regie: Jürgen Fehling

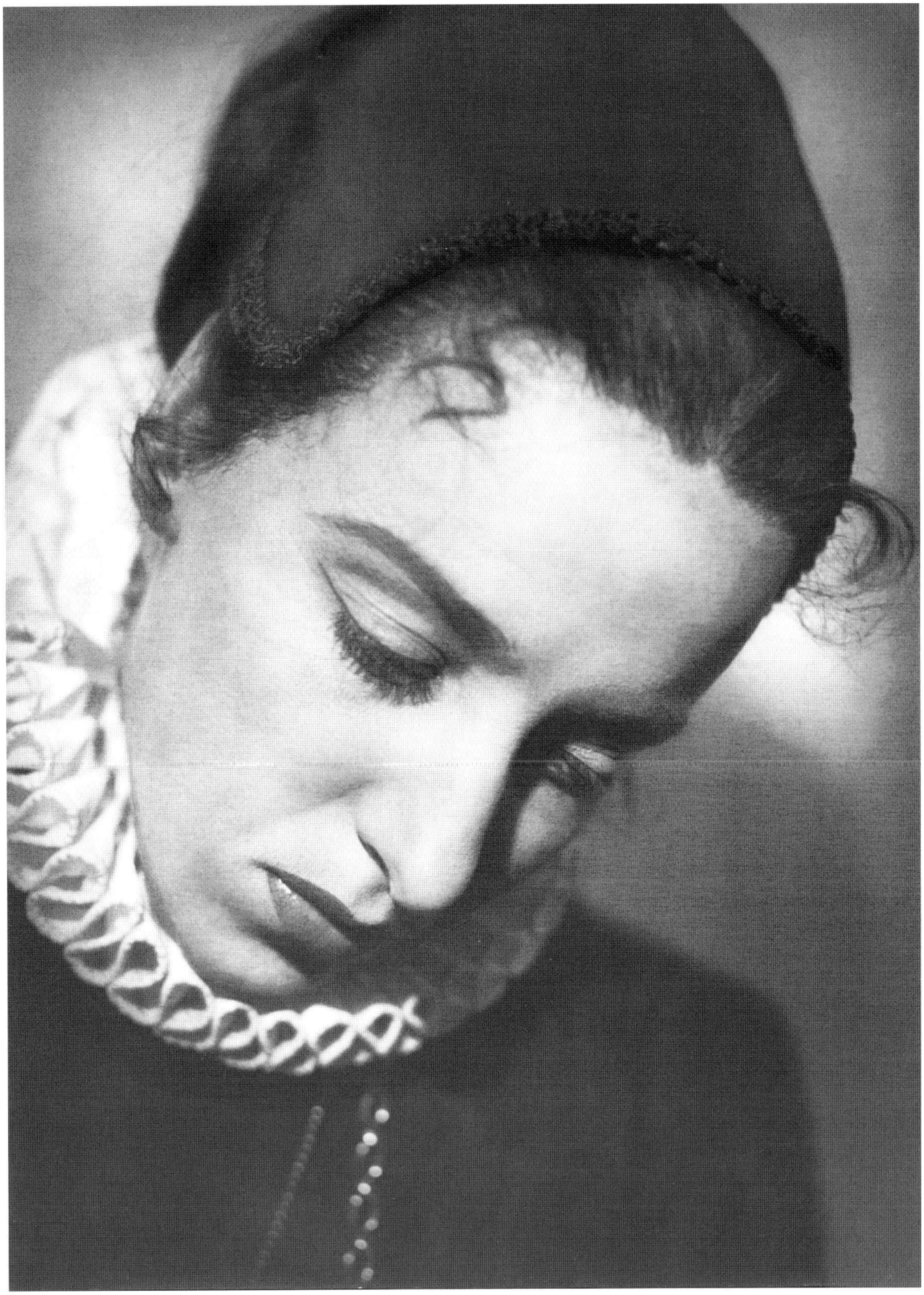

In der Rolle Maria Stuart
Foto: Wilhelmi

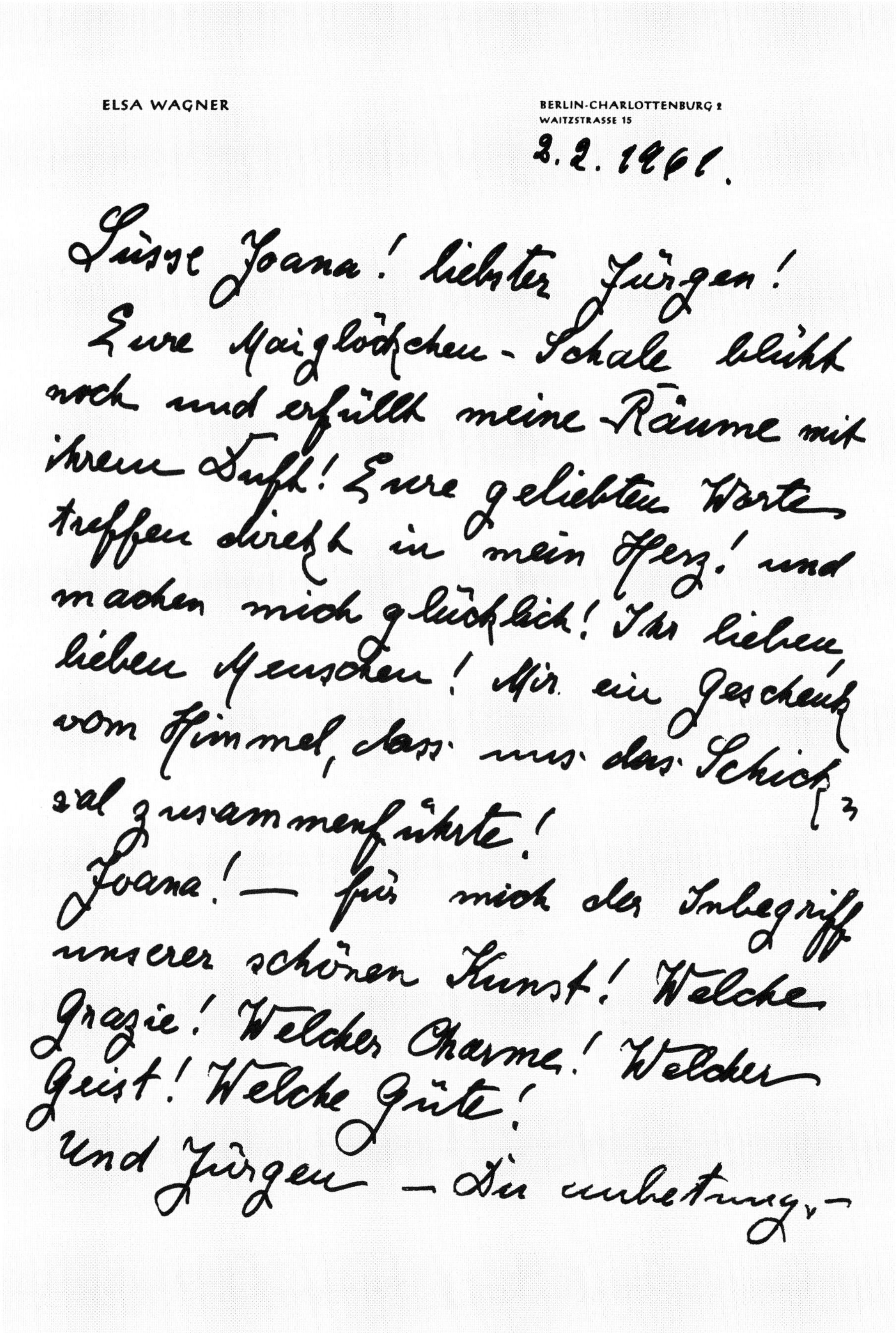
ELSA WAGNER

BERLIN-CHARLOTTENBURG 2
WAITZSTRASSE 15

2. 2. 1961.

Süsse Joana! liebster Jürgen!

Eure Maiglöckchen-Schale blüht noch und erfüllt meine Räume mit ihrem Duft! Eure geliebten Worte treffen direkt in mein Herz! und machen mich glücklich! Ihr lieben lieben Menschen! Mir ein Geschenk vom Himmel, dass uns das Schicksal zusammenführte!

Joana! — für mich der Inbegriff unserer schönen Kunst! Welche Grazie! Welcher Charme! Welcher Geist! Welche Güte!

Und Jürgen — Dir Anbetung –

Elsa Wagner, Berlin, 2. 2. 1961

Elsa Wagner, Berlin, 2. 2. 1961

Süsse Joana! liebster Jürgen!
Eure Maiglöckchen-Schale blüht noch und erfüllt meine Räume mit ihrem Duft! Eure geliebten Worte treffen direkt in mein Herz! und machen mich glücklich! Ihr lieben, lieben Menschen! Mir ein Geschenk vom Himmel, daß uns das Schicksal zusammenführte!
Joana! – für mich der Inbegriff unserer schönen Kunst! Welche Grazie! Welcher Charme! Welcher Geist! Welche Güte!
Und Jürgen – Du anbetungswürdiges Wesen! Du Hexenmeister! der Kräfte in uns aufstöbert, von welchen wir selbst nichts ahnten! Was danke ich Dir alles! Meine Herzogin von York! Den Fluch schaffte ich immer nicht! und dann spieltest Du ihn mir 5 Minuten vor einer der letzten Proben vor und – schenktest mir damit die ganze Figur! Wie dankbar und glücklich bin ich, daß ich auf meinem Theaterwege unter Deine Obhut geriet.
Deinen Brief, den du mir noch nach dem Glückwunsch schriebst, trage ich – wie eine Verliebte – bei mir! »Liebelei« am Märkischen – Wandertheater! Ich sehe Dich noch im Wirtshaus-Saal mit Stühlen hantieren, um Dekoration vorzutäuschen! Wie weit unsere Bindung zurückgeht! [...]

Elsa Wagner, eine Legende der Berliner Theatergeschichte, war bereits unter Reinhardt erste Kraft am Deutschen Theater und mütterliche Vertraute vieler junger Kolleginnen und Kollegen. Die Doyenne des Schiller-Theaters spielte in »Maria Stuart« die Rolle der Amme Hanna Kennedy.

Werner Fiedler, Der Tag, Berlin, 30. 9. 1952

[...] Eine großartige Leistung gibt Joana Maria Gorvin als Maria Stuart. Sie spielt eine Frau mit kluger, kühler Stirn, aber mit einer gefährlichen Leidenschaft des Gefühls. Sie hat eine stolze Haltung, die jedoch jähe Ausbrüche nicht scheut. Stärkster Eindruck: Ihre Begegnung mit Elisabeth. Wenn sie da ihren Stolz zu überwinden sucht, aber schließlich aus der demütigen Rolle fällt, die Königin furchtbar beleidigt und den Triumph der Rache genießt, obwohl sie damit ihren Tod besiegelt – das ist intensives Schauspiel. [...]

Dora Fehling, Der Telegraf, Berlin, 30. 9. 1952

[...] In Elisabeth Flickenschildt und Joana Maria Gorvin hatte Fehling zwei ideale Königinnen, deren Verhalten uns interessierte, als läsen wir eine heutige Gerichtsakte. Frau Gorvin war eine glasklare, intellekt-gelenkte Maria, von selbstverständlicher Würde jetzt und im nächsten Augenblick ein jubelndes Mädchen, das kindlich an der Freiheit nascht. Die Erinnerung an die Tage der Lust, der Jugend und Sünde, kamen ihr ungeschwächt und ohne sie zu schwächen. Der Kerker hatte diese Maria nicht beugen können, sondern ihr die Elastizität von Stahl gegeben; wer sie niederzuhalten versuchte, mußte damit rechnen, von der Emporschnellenden zu Tode getroffen zu werden. So verbreitete dieses in Wahrheit nicht zu demütigende Geschöpf Schrecken und Elisabeths Furcht vor der Rivalin wurde verständlich. Wie sich bei Frau Gorvin alles gedanklich hinter der jünglingshaften Stirn ordnete, ließ keine Rührung zu; selbst jene wenigen, in Bitten hinschmelzenden Töne nicht, weil sie mit Stolz verbunden waren. [...]

Herbert Pfeiffer, Der Tagesspiegel, Berlin, 30. 9. 1952

[...] In der Schottenkönigin Schillers steht nun Joana Maria Gorvin vor dem schauspielerischen Problem, in ihrem gegenwärtigen tragischen Geschick ihr sündenbewegtes Leben der Vergangenheit mitzuzeichnen. Die Gorvin meint man, kann das. Sie gibt jedoch eigentlich nur die Leidende. Wenn Schiller sagt, daß er sie »immer als physische Natur halten« wolle, so ist die Gorvin doch sehr entkörpert. Immer mehr die heilig werdende Schönheit als das Naturschauspiel [...] und ihr großer Ausbruch gegenüber Elisabeth korrigiert diese Grundlage kaum. Die Britenkönigin [...] ist bei Elisabeth Flickenschildt mehr äußerlich ein Reptil und eine von Anfang an von der Ohnmacht gezeichnete. Um die Gefahren ihrer Rollen kommen beide Schauspielerinnen nicht herum. Fehlings Aufführung betont den Kontrast zweier Dulderinnen. Die weibliche Überkraft nimmt er beiden. [...]

Als Maria Stuart mit Elisabeth Flickenschildt als Elisabeth
Foto: Croner

ELEKTRA von Jean Giraudoux
Berlin, Schloßpark-Theater, 20. 2. 1954. Regie: Leopold Lindtberg

In der Rolle Elektra
Foto: Buhs

Notiz [ohne Datum]
Es war uns nicht vergönnt, miteinander alt zu werden – ich meine auf der Bühne – mehr oder weniger glückliches Paar, ob Geliebte oder Schwester.

Joana Maria Gorvin viele Jahre später über ihren Partner Erich Schellow.

Als Elektra mit Erich Schellow als Orest
Foto: anonym

Leopold Lindtberg, [Zürich], 17.4.[1954]

Liebe Joana,
ich hatte mir vorgenommen, Ihnen gleich nach meiner Abreise von Berlin zu schreiben und wie es meistens geht, bin ich nicht dazu gekommen. Ich habe immerhin seither in Wien die »Minna« und hier »Donadieu« gemacht (denken Sie: ein stürmischer Publikumserfolg! Woester, Ginsberg, Richter, Blanc, Parker, Carlsen) und so glauben Sie mir, daß ich wenig zum Schreiben gekommen bin! Aber ich hatte mir eine »dead-line« gesetzt, ein Datum, bis zu dem ich geschrieben haben müßte und das ist Ostern. Nun, Sie sehen, ich halte mich wach und gewähre mir das Vergnügen, Ihnen zu schreiben. Denn es ist ein Vergnügen an Sie zu denken, sich Sie vorzustellen und sich der schönen Arbeit mit Ihnen zu erinnern. Damit ist eigentlich schon alles gesagt und hinzuzufügen bleibt, daß ich mich über Ihren Erfolg freue und sehr hoffe, daß uns bald eine interessante Arbeit wieder zusammenführt. Indessen singe ich (überflüssigerweise, denn jeder singt es!) Ihr Lob.
Herzlichst Ihr Lindi

An Leopold Lindtberg, [Berlin, 1954]

Lieber Lindi,
ich wollte schon schier verzweifeln, daß ich sogar nichts von Ihnen höre, da kam der schöne Brief. Herzlichen Dank, es war eine große Freude für mich, glauben Sie mir!
Wir führen Abend für Abend »Elektra« zum Sieg, immer auch Ihrer gedenkend.
Fehling hat sie leider noch nicht gesehen, da seine Gesundheit immer noch nicht so ganz in Ordnung war, jetzt geht es ihm viel besser und sein erster Weg ins Theater wird bestimmt »Elektra« sein. Er grüßt Sie herzlich wieder. Während Sie so fleißig waren, hab ich nur die »Piperkarcka« geboren, was aber viel Freude machte.
Leben Sie herzlich wohl, ich hoffe auch sehr und bald auf eine gemeinsame Arbeit –, und seien Sie ebenso herzlich gegrüßt von Ihrer
Joana Maria Gorvin

[Zum 70. Geburtstag]. Aus: Lieber Lindi, Freundesgabe für Leopold Lindtberg zum 1. Juni 1972

Lindi, Kalsi, Hirschi, Stecki, diese zärtliche schweizerische Verkleinerungsform der Namen drang ein wenig fremd in unsere Berliner Ohren. Mit Kalsi war ich gut Freund. Wir hatten schon zusammen gespielt. Eines Tages sagte mir Barlog, sie würden gerne »Elektra« von Giraudoux spielen, Regisseur: Lindtberg. Wir sollten uns »beriechen«. Im Schloßparktheater trafen wir uns. Ich glaube ich bilde es mir nicht nur ein: wir mochten uns. Lindtberg hatte, polyglott wie er ist, das französische Elektra-Exemplar unter dem Arm und war »enflammiert« von Giraudoux. Es war eine gute Flamme, die ihn beseelte, es wurde eine seiner schönsten Inszenierungen. Das Stück ist klug – er ist es auch; es ist lucide – er ist es auch; seine Dramatik ist unterschwellig, drohend, sozusagen in schwarze Watte gepackt, bei der Explosion sind alle traurig, das es geschehen muß – das entspricht meiner Meinung nach sehr Lindis Wesen. Ich darf ihn nun schon so nennen, nach all den Jahren.
Er ist ein behutsamer Regisseur, mit beharrlicher Insistenz, musikalisch, wie sich bei den drei Mädchen-Erinnyen zeigte, die er für meine Begriffe meisterlich durch die schwierigen, kaum lösbaren Passagen des Stückes führte. Wenn er gequält an einer Szene arbeitet, zupft er immer wieder an einem seiner Augenlider, fährt sich nervös über die nach hinten gekämmten Haare mit unruhigen Händen, die nach Halt suchen. Sein Lachen ist offen und breit, aber seine Augen lachen nicht mit. Sie betrachten skeptisch die Heiterkeit ihres Besitzers und bringen das Lachen auch plötzlich zum Verstummen. Ein melancholischer, intelligenter, skeptischer Ausdruck beherrscht wieder das Gesicht. Unsere Arbeit war produktiv. Einer beflügelte den anderen. Es war eine herrliche Probenzeit und gab Hoffnung auf zukünftige Arbeit. [...]

Die nächste gemeinsame Arbeit war »Das Katzenspiel« am Theater in der Josefstadt in Wien 1972. Leopold Lindtberg, als Regisseur und Schauspieler in Berlin in den zwanziger Jahren bei Erwin

Piscator tätig, mußte 1933 emigrieren, ging an das Zürcher Schauspielhaus. Gleich nach Kriegsende versuchte er, an die frühere Wirkungsstätte, nach Berlin, zurückzukehren; und wie bei vielen anderen Emigranten blieb es bei dem Versuch, in Berlin West wieder als Regisseur arbeiten zu können. War es die »tolerante Intoleranz« (Piscator) der Restaurationszeit Adenauers, waren es die Auswirkungen der Spannungen des Kalten Krieges – wie auch immer, Lindtbergs Wirkungskreis blieben die Theater in Westdeutschland, in Österreich und in der Schweiz.

[...] Joana Maria Gorvin als Elektra schien zunächst von den vielen früheren Parts der Elektra-Literatur gehemmt zu sein. Es fehlte ihr die somnambule Unverbindlichkeit, deren gerade diese Elektra im Anfang bedarf. Im zweiten Akt aber trat sie großartig in Aktion, eine Mänade, ein störrischer Racheengel. In einigen Teilen ihrer gehetzten und hetzenden Partie wußte man nicht, was man mehr bewundern soll: ihr innerliches Erfassen des Textes oder die virtuose Technik, mit der sie ihn sprach. Vorzüglich im Presto, lustvoll im Leid. [...]

Georg Zivier, Die Neue Zeitung, Berlin, 23. 2. 1954

[...] Wie wohltuend, den Lohn einer genauen Probenarbeit zu sehen! Man kann mit Lindtberg streiten, ob er Joana Maria Gorvin nicht etwas allzu düster, allzu eingleisig eingesetzt hat – auch ihren Part hat Giraudoux streckenweise etwas doppelbödig gehalten –, aber er hat damit einen besonders scharfen Kontrast geschaffen, und es war durchaus im Sinne des Autors, daß er die anderen Standardfiguren der Tragödie, die prachtvolle Klytemnästra Roma Bahns, den Aegisth Walter Francks und den Orest Erich Schellows im Düsteren der Schicksalstragödie ließ, um die Gestalten der Conférence desto unbefangener ihre lockeren und besinnlichen Arabesken flechten zu lassen. [...]

Walter Lennig, Der Tagesspiegel, Berlin, 23. 2. 1954

[...] Da war die Elektra der Joana Maria Gorvin, eine der besten Darstellerinnen aus Boleslaw Barlogs Schloßpark-Ensemble. Welche Ausdruckskraft in diesem Gesicht, (vor allem) in ihren Bewegungen, im Spiel der Arme. Charakteristisch für ihre Darstellungsweise ist eine fast musikalisch anmutende Übereinstimmung von Sprache und Bewegung, Mimik und Gestik. Einzigartig die Intensität ihres Dabeisein, das lauernde Beobachten ihrer Gegner, die sie allein durch ihre bedrückende Gegenwart zur Offenbarung treibt. [...]

eg, Iserlohner Anzeiger, 25. 4. 1956

Eine der letzten Rollen von Lucie Höflich – sie starb 1956 in Berlin – war die Frau des Narses in »Elektra«. In dem Nachruf für diese legendäre Schauspielerin erinnerte sich Joana Maria Gorvin:

Liebe, hochverehrte Frau Höflich! Mein erster Brief muß auch mein letzter Brief an Sie sein. Ich hatte das große Glück, noch in den letzten Jahren Ihnen nahezukommen und den Abglanz eines großen Künstlerlebens aus nächster Nähe erleben zu dürfen. Auf der Bühne, zuletzt und viele, viele Male in »Elektra« als Frau des Narses, gleichsam für alle Mütter dieser Erde sprechend und empfindend. Wir haben zusammen in der Garderobe gesessen, und wenn ich heiß vom ersten Akt in »Elektra« von der Bühne kam, waren Sie schon da, um sich zurechtzumachen; besorgt drängten Sie mich immer im bequemeren Lehnstuhl zu sitzen, um mich auszuruhen, mit wenig Worten, [...] wie Sie voller Verständnis in Erinnerung an eigene Anstrengung, sich um mich sorgten. Wir sind uns sehr nahe gekommen in all den gemeinsamen Vorstellungen, denn fast mehr als gemeinsame Scenen verbindet gemeinsame Garderobe. Sie sind nicht gestorben! Der Klang Ihrer Stimme wird ewig in meinen Ohren bleiben, der merkwürdige, schwimmende Ausdruck Ihres Gesichts als Frau des Narses, in dem sich alle Gretchen, Klärchen und die Schmerzen aller Mädchen und Frauen, die Sie gespielt haben, spiegelten und mir immer unvergeßlich bleiben. [...]

Nachruf auf Lucie Höflich, Berlin [1956]

DIE RATTEN von Gerhart Hauptmann
Berlin, Schiller-Theater, 6. 4. 1954. Regie: Karl Heinz Stroux

Als Piperkarcka mit Käthe Dorsch als Frau John
Foto: Köster. DTHM

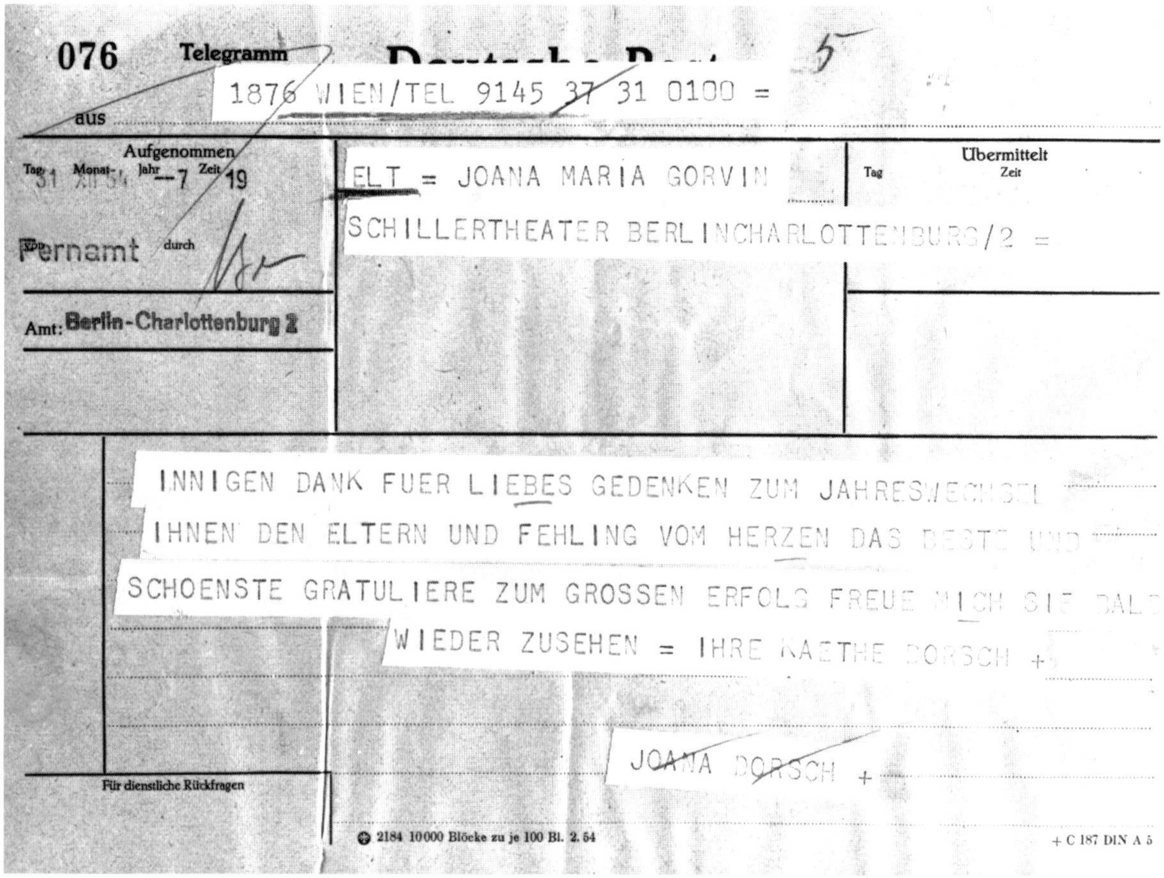

076 Telegramm

1876 WIEN/TEL 9145 37 31 0100 =

aus

Aufgenommen

Tag Monat Jahr Zeit

31 XII 54 —7 19

Fernamt durch

Amt: Berlin-Charlottenburg 2

ELT = JOANA MARIA GORVIN

SCHILLERTHEATER BERLINCHARLOTTENBURG/2 =

Übermittelt

Tag Zeit

INNIGEN DANK FUER LIEBES GEDENKEN ZUM JAHRESWECHSEL
IHNEN DEN ELTERN UND FEHLING VOM HERZEN DAS BESTE UND
SCHOENSTE GRATULIERE ZUM GROSSEN ERFOLG FREUE MICH SIE BALD
WIEDER ZUSEHEN = IHRE KAETHE DORSCH +

JOANA DORSCH +

Für dienstliche Rückfragen

2184 10000 Blöcke zu je 100 Bl. 2. 54

+ C 187 DIN A 5

Käthe Dorsch, Berlin, 31. 12. 1954

Joana Maria Gorvin feierte als Viola in »Was ihr wollt« einen außergewöhnlichen Erfolg, zu dem ihr Käthe Dorsch mit diesem Telegramm noch nachträglich gratulierte. »Die große Dorsch« und die junge erfolgreiche Joana Maria Gorvin: erstmals hatten beide gemeinsam 1942 in »Claudia« auf der Bühne gestanden. Frau John und die Piperkarcka waren ihre letzte Zusammenarbeit.

[...] Käthe Dorsch hat in Joana Maria Gorvin eine ebenbürtige Gegnerin. Da erleben wir nicht nur den bedauerlichen Fall des Dienstmädchens Piperkarcka, das sich in ihrer Enttäuschung und in ihrem Haß das uneheliche Kind abschwätzen läßt. In der Not dieses verachteten herumgestoßenen Geschöpfes spürt man Vorwurf und Anklage; sie greift ans Gewissen in ihrer Verlassenheit, in ihrer zertretenen Menschenwürde [...]

Werner Fiedler, Der Tag, Berlin, 8. 4. 1954

Was für eine Oper denkt man [...] wenn ein Teil der Schauspieler affektiert und meiningerisch in die Exposition geht; die Gorvin als Piperkarcka wie eine Harfenjule zurechtgemacht (warum ihr Theatergötter, hat man ihr das angetan!), Ernst Sattler als Hassenreuther ganz ohne Noblesse, nur rüder Schmierenfürst. [...] Joana Maria Gorvin litt an ihrer Aufmachung, die wenig von dem verkommenen, dem ordinären Charme der Piperkarcka durchkommen ließ. Man fragt sich, ob die deftige Frau John das Kind einer solchen Trauerweide akzeptiert hätte. Doch setzt die Gorvin in den großen Ausbrüchen sich beklemmend durch [...]

Georg Zivier, Die Neue Zeitung, Berlin, 8. 4. 1954

WAS IHR WOLLT von William Shakespeare
Berlin, Schloßpark-Theater, 15. 11. 1954. Regie: Karl Heinz Stroux

Als Viola mit Martin Held
als Malvolio
Foto: Pisarek. BM

FORVM

ÖSTERREICHISCHE MONATSBLÄTTER FÜR KULTURELLE FREIHEIT

REDAKTION: FRIEDRICH ABENDROTH · FELIX HUBALEK · ALEXANDER LERNET-HOLENIA · FRIEDRICH TORBERG

II. JAHR — WIEN · MAI · 1955 — HEFT 17

ALFRED POLGAR

THEATERABENDE IN DEUTSCHLAND

Alfred Polgar, Drei Kritiken, in: Forum, 11. Jg., H.17. Wien, Mai 1955.
Joana Maria Gorvin war Viola, und so waren Natur und Kunst mit von der Partie. Schon wie sparsam sie's mit dem sicheren Effekt solcher Verkleidungsrolle hielt – dem unwillkürlichen Fallen aus ihr, der verräterisch allzu fraulichen Geste –, zeugte für den Geist und Geschmack dieser bezwingenden Schauspielerin.

Text von Friedrich Torberg [1956, unbezeichneter Zeitungsartikel]

Die Schauspielerin Joana Maria Gorvin stammt aus Rumänien und hat bisher nur in Deutschland Theater gespielt. Ich habe sie erst zweimal spielen sehen, am Berliner Schillertheater als Susie Monican in der Kortnerschen Inszenierung von O'Caseys »Preispokal« und am Münchner Residenztheater in der Titelrolle von Garcia Lorcas »Dona Rosita« unter der Regie Jürgen Fehlings. Wie großartig sie beide Male war [...] ist mir von beiden Aufführungen [...] gar nichts anderes in Erinnerung geblieben als die Leistung der Gorvin.
Die Bühne kennt eine Art von Persönlichkeit, die erst nach und nach als solche hervortritt und den Beschauer unversehens in ihren Bann schlägt, ohne daß er hernach zu sagen wüßte, wann und wodurch das eigentlich geschehen ist. Joana Maria Gorvin gehört zur andern Art. Sie ist mit dem ersten Augenblick ihres Erscheinens auf eine Weise vorhanden, die sich noch weniger definieren läßt als jene allmähliche Faszination – weil sie ihre eigene Definition darstellt, weil »Persönlichkeit« ja gerade darin besteht, daß sie nicht erklärt werden kann außer durch sich selbst.
Joana Maria Gorvins Bühnen-Präsenz ist absolut. Stünde sie beim Aufgehen des Vorhangs als dritte von links in einer grauen Reihe, säße sie irgendwo hinten an einem von vielen Tischen – sie wäre nicht zu übersehen. Man wüßte sofort, daß sie eine Rolle spielen wird. Und wenn sie ihre Rolle zu spielen beginnt, weiß man sofort, daß sie von niemandem andern so gespielt werden könnte wie von ihr. [...] Eine völlig unverwechselbare Qualität, und da ihre Unverwechselbarkeit nicht gewollt ist, kann sie trotz nächster und gefährlichster Nähe niemals in Manier umkippen. Das Spiel der Gorvin ist von einer Hochspannung, von einer gebändigten und gebündelten Nervosität, wie sie vor Jahren einmal bei der einzigen wirklichen Filmschauspielerin Amerikas zu finden war, bei Bette Davis. Das tonlose Absinken ihrer Trauer ist viel erschütternder als jedes laute Schluchzen [...]. Das verhaltene Glimmen ihrer knapp vor dem Aufflammen unterdrückten Erregung ist viel packender als jeder Ausbruch – aber wenn sie dann ausbricht, brennt sie lichterloh. Stimme und Artikulation, Haltung und Gang, Gebärde und Stille – um eine kaum merkliche Kleinigkeit ist das alles bei der Gorvin anders, als man's erwarten würde. Es wirkt beinahe ein wenig herausfordernd.

Als Viola mit Eduard Wandrey
als Seemann
Foto: Croner

Als Viola mit Luitgard Im
als Marie, Gisela Mattishent
als Olivia
Foto: Buhs

[...] Zur Inszenierung paßt es, daß Joana Maria Gorvins Viola ein fescher Junge ist, nicht also ein hilflos in Männerkleidern steckendes, Forschheit mimendes Mädchen. Frau Gorvin macht das bezaubernd, sie hat einen glashellen Ton, eine herbe Süße, und der Witz springt ihr direkt aus der klaren Stirn. Sebastian Fischers Herzog hat zwar weiche Konturen, aber er hält sich fern von jeder Schwärmerei. Und Gisela Mattishents Olivia ist eine große, etwas kühle Dame, so daß selbst ihr stürmisches Werben um Cesario den Unterton des Spieles bekommt. [...]

Walther Karsch, Der Tagesspiegel, Berlin, 17. 11. 1954

[...] In den beiden weiblichen Hauptrollen sind zwei reine Erfreulichkeiten zu besichtigen: Joana Maria Gorvin spielt, schlank behost, die Viola mit einer störrischen Anmut, mit einem intelligenten Charme mit genau jenem heiteren Darüberstehen, das dieser Art Stücke wahrscheinlich heute überhaupt anstünde. Sie machte sich und uns einen superben Jux. Eine souveräne Leistung, bei der nichts Neckisches, nichts fälschlich Niedliches aufkam. [...] Die Gorvin bewies überlegen ihre Disposition zur klugen Komödie, zur Lustigkeit unter Seufzen; einfach, indem man dieser besonderen Schauspielerin künftig mehr Gelegenheiten geben sollte. [...]

Friedrich Luft, Die Neue Zeitung, Berlin, 17. 11. 1954

Liebe und Allergnädigste –
[...] Sie proben die Viola. Meine Übersetzung war soeben in Frankfurt und soll sehr erfolgreich gewesen sein, schrieb Buckwitz. [...] Berlin könnte mich schon reizen, aber nun läßt man schon wieder eine Gelegenheit vorübergehen, mich wieder anzusiedeln. Heute abend aber habe ich auf ein Telegramm hin mit Sellner telephoniert und er sagte, daß nun bestimmt mein Troilus kommt. Mir schwindelt, wenn ich denke, daß ich nun Ihnen das nächste Mal als Cressida begegne. Das Stück ist nämlich das Schicksalsstück meines Lebens. Damit habe ich 1920 angefangen – damals erschien es zum ersten Mal als erste meiner Übersetzungen auf der Bühne, im Alten Theater in Leipzig. Es wurde neu entdeckt und von allen großen Theatern nachgespielt. Nun kommt es also in Berlin. [...] dann hat Troilus wahrscheinlich schon Premiere gehabt. Vor dem 11. kann ich nicht nach Berlin kommen, denn vom 2. Nov. ab halte ich fast jeden Tag einen Vortrag in einer anderen Stadt. [...] Übrigens war meine Übersetzung von Troilus schon im Jahre 1927 in Berlin, im Deutschen Theater. Damals spielte die Koeppke die Cressida, Wieman den Troilus, Ferdinand Bonn den Agamemnon, Paul Hörbiger den Nestor, Tiedtke den Pandarus, Otto den Ulysses. [...]
Ich bin sicher, daß es für Sie in Berlin immer noch am besten ist. Der frühere Maßstab ist (unsichtbar) noch vorhanden. Sobald sich das Hinterland wieder öffnet, wird er wahrscheinlich sehr rasch sichtbar werden. Dann ist es gut und richtig gewesen, daß Sie ausgehalten haben und an Ort und Stelle sind.
Was mich am Theater immer am meisten gereizt hat, ist Schauspieler weiterzuentwickeln, sie nicht nur auszunutzen, weil sie engagiert sind. Da Fehling im Augenblick nicht Regie führt, denke ich sehr oft an Sie, und wer eigentlich Ihnen so weiterhilft, damit Sie zu allem kommen, was in Ihnen liegt. Eines Tages wird jemand ein Theater um Sie herum bauen, und dann müssen Sie nicht nur alles entwickelt haben, wozu Sie imstande sind, Sie müssen auch so sicher sein, daß Ihnen die Versuchungen eines solchen Theaters nichts mehr anhaben können. Das Schlimmste für jemanden wie Sie ist, daß die Zeit Sie nicht auffordert, sich zur Zeit zu äußern. Elektra ist natürlich eine Ausnahme, aber schon eine Viola können auch andere spielen, während für Sie offenbar noch nicht die Stücke geschrieben sind, die Sie zu dem machen, wozu Hauptmann einst Else Lehmann gemacht hat. [...]

Hans Rothe, Florenz, 29. 10. 1954

REQUIEM FÜR EINE NONNE von William Faulkner
Berlin, Schloßpark-Theater, 10. 11. 1955. Regie: Erwin Piscator

Als Temple Drake mit Eva Bubat als Nancy
Foto: Wilhelmi. DTHM

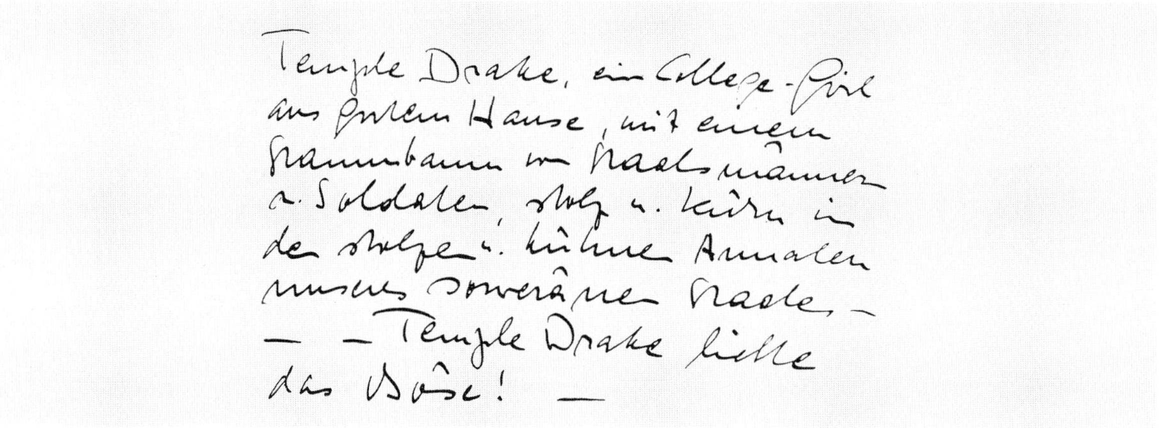

Temple Drake, ein College-Girl
aus gutem Hause, mit einem
Stammbaum von Staatsmännern
u. Soldaten, stolz u. kühn in
den stolzen u. kühnen Annalen
unseres souveränen Staates –
– – Temple Drake liebte
das Böse! –

Zur Rolle der Temple Drake, [um 1955]

Temple Drake, ein College-Girl aus gutem Hause, mit einem Stammbaum von Staatsmännern und Soldaten, stolz und kühn in den stolzen und kühnen Annalen unseres souveränen Staates – Temple Drake liebte das Böse!

An Boleslaw Barlog, Berlin, 27. 9.1955

Lieber B.B.
Es ist so schade, daß ich in der letzten Zeit immer deprimiert und unzufrieden Dein Büro verlassen muß. Es ist nicht sehr ermunternd eine Rolle angeboten zu bekommen, von der man genau weiß, daß sie nicht für einen geplant war und auf die Frage, was denn nun in dieser Saison überhaupt für mich geplant ist, keine Antwort bekommt. [...]
Ich habe im vorigen Jahr »Columbus« gespielt, und dieses Jahr »Eboli«, zwei Komplettierungsrollen, die in keiner Weise mich ausfüllten, und meinen Ansprüchen an Deinem Institut gerecht wurden. Und jetzt wird mir eine Rolle angeboten, die man wenn man mich schon im Ensemble hat, mir als Erster hätte anbieten müssen. Theaterspielen muß auch Freude machen, man muß Laune haben und Bestätigung auch von seiner Intendanz. Mein Erfolg in Wien, und meine Gage bei Dir rechtfertigen meine Ansprüche auf Rollen und Abende, die mich voll ausnützen und befriedigen und nicht nur verwenden. Für das »Requiem« ist mir die Lust völlig vergangen, durch die Umstände unter denen Du oder Deine Dramaturgie (die aber bestimmt ohne Dein Wissen nichts unternehmen kann) mir diese Rolle anbieten. [...] Das Stück ist äußerst schwierig, die Rolle noch mehr, und es hätte viel Behutsamkeit, Zureden, Liebe und Bestätigung meiner selbst durch die Intendanz bedurft, um mir genügend Mut zu machen, diese Rolle zu bewältigen. Aber gut genug dafür gehalten zu werden, wenn zwei Kolleginnen, die man schon darum gebeten hatte, absagen, dann die Rolle zu spielen, das macht mich tief traurig und deprimiert und nimmt mir die letzte Lust und auch den Mut, dessen es bedarf, eine fast unspielbare Rolle zu bewältigen. Ich weiß von keiner Rolle, auf die ich mich dieses Jahr freuen könnte, ich habe nur Enttäuschungen der letzten Zeit zu überwinden. Wieso das bei meinem Talent und meiner Position sein muß, versteh ich nicht.
Da die Temple für mich nicht gedacht war, wird meine Absage kein Problem bedeuten. Für mich bleibt der Schmerz und das Nichtbegreifen, daß es scheinbar unmöglich ist, für eine Schauspielerin meiner Qualität in Deinem Hause die richtigen Aufgaben zu finden. Warum dann aber die Rollen, die offensichtlich mir zugehören, anderweit vergeben werden, ist mir unbegreiflich und stellt meine Geduld und mein Verständnis auf eine harte Probe.

Ernst Stahl-Nachbaur, Berlin,
13. 3. 1956

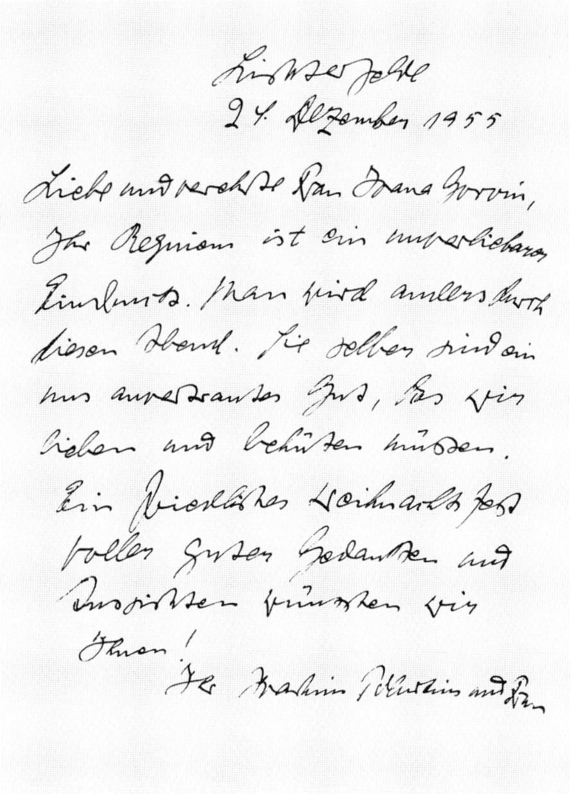
Lichterfelde
24. Dezember 1955

Liebe und verehrte Frau Joana Gorvin,
Ihr Requiem ist ein unverlierbarer Eindruck. Man wird anders durch diesen Abend. Sie selber sind ein uns anvertrautes Gut, das wir lieben und behüten müssen.
Ein friedliches Weihnachtsfest voller guten Gedanken und Aussichten wünschen wir Ihnen!
Ihr Joachim Tiburtius und Frau

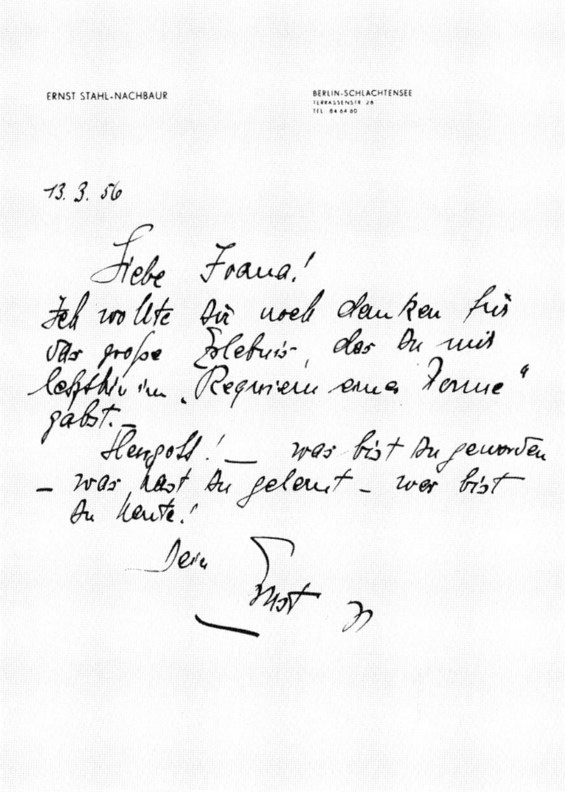
ERNST STAHL-NACHBAUR
BERLIN-SCHLACHTENSEE

13. 3. 56

Liebe Joana!
Ich wollte Dir noch danken für das große Erlebnis, das Du mir letzthin im „Requiem einer Nonne" gabst.
Herrgott! – was bist Du geworden – was hast Du gelernt – was bist Du heute!
Dein Ernst

Joachim Tiburtius, Berlin,
24. 12. 1955

Liebe und verehrte Frau Joana Gorvin,
Ihr Requiem ist ein unverlierbarer Eindruck. Man wird anders durch diesen Abend. Sie selber sind ein uns anvertrautes Gut, das wir lieben und behüten müssen.
Ein friedliches Weihnachtsfest voller guter Gedanken und Aussichten wünschen wir Ihnen!
Ihr Joachim Tiburtius und Frau

Joachim Tiburtius, Senator für Volksbildung von 1953–1965. Ihm kommt das Verdienst zu, daß Berlin (West) zu einem kulturellen Zentrum wurde – trotz der besonderen politischen Lage der Stadt, eingeschlossen vom Territorium der Sowjetischen Besatzungszone, der DDR.

Heinrich Koch, Berlin,
12. 3. 1956

Sehr verehrte liebe Frau Gorvin!
Sie haben mir mit Ihrer Temple Stevens ein großes Geschenk gemacht. Dafür möchte ich mich bei Ihnen ganz begeistert bedanken! Was Sie da tun, bedeutet für mich eine Erfüllung dessen, was ein Schauspieler zu leisten vermag. Ich werde das nie vergessen! Und ich hoffe so sehr, daß ich einmal mit Ihnen zusammen arbeiten darf! Mit allen guten Wünschen für Sie!
Ihr Heinrich Koch

Ernst Stahl-Nachbauer, Berlin,
13. 3. 1956

Liebe Joana!
Ich wollte Dir noch danken für das große Erlebnis, das Du mir letzthin im »Requiem einer Nonne« gabst. Herrgott! – was bist Du geworden – was hast Du gelernt – was bist Du heute! Dein Ernst

Ernst Stahl-Nachbaur gehörte zu dem Kreis um Jürgen Fehling und war Joana Maria Gorvin freundschaftlich verbunden.

Seite 66, 67
Als Temple Drake mit Klaus Kammer als Pete
Foto: Croner. BM

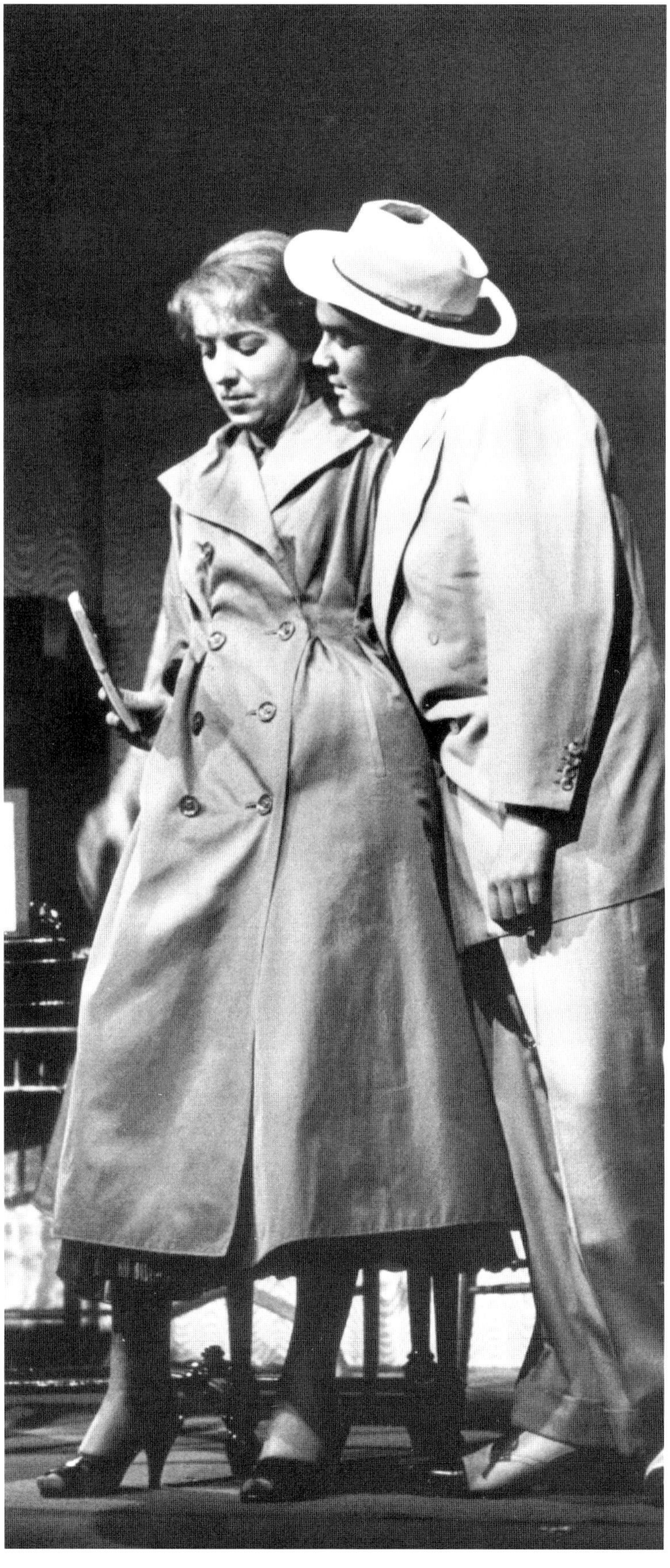

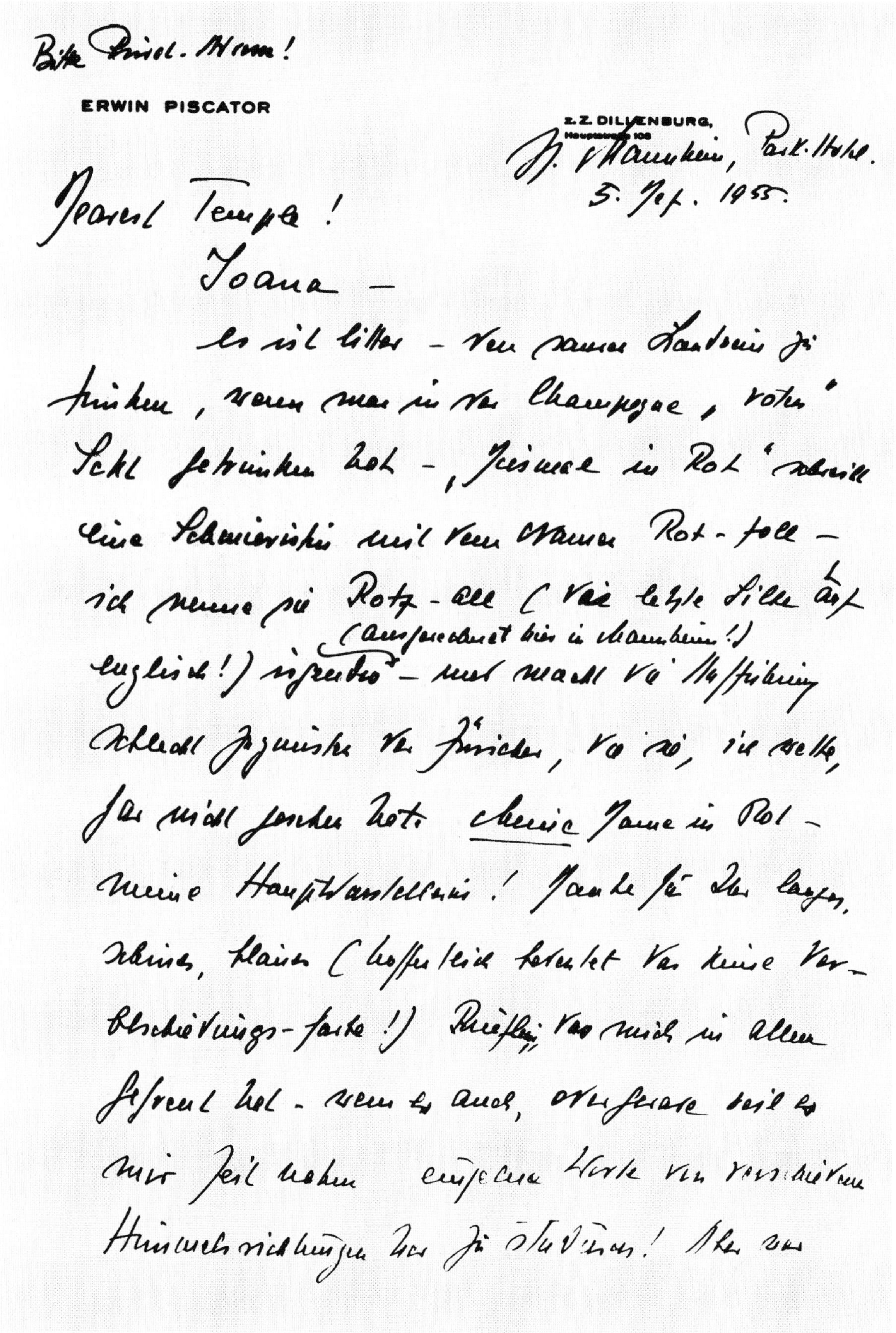

Bitte Persönl.-Hand!

ERWIN PISCATOR

z. Z. DILLENBURG, Hauptstraße 108

z. Z. Mannheim, Park-Hotel.
5. Dez. 1955.

Dearest Tempe!
Joana —
es ist bitter — den ganzen Landwein zu trinken, wenn man in der Champagne „roten" Sekt getrunken hat — „Jeanne in Rot" schafft eine Schwierigkeit mit dem Namen Rot-foll — ich nenne sie Rotz-oll (die letzte Silbe auf englisch!) irgendwo (ausgesprochen hier in Mannheim!) — und macht die Aufführung schlecht zwischen den Zeiten, die sie, ich wollte, daß nicht gesehen hat: meine Jane in Rot — meine Hauptdarstellerin! Danke für Ihr langen, schönen, klaren (hoffentlich bedeutet das keine Verabschiedungs-karte!) Brief, der mich in allem gefreut hat — wenn es auch, andererseits weil es mir Zeit nahm einzelne Werke von verschiedenen Hinweisrichtungen her zu studieren! Aber nun

Erwin Piscator, Mannheim, 5. 12. 1955

Walther Karsch, Der Tagesspiegel, Berlin, 12. 11. 1955

[...] Diese Temple Stevens, geborene Drake, ist als junges Mädchen in ein Bordell, in die Hände von Gangstern geraten, war Zeuge des Mordes an ihrem Liebhaber, hat falsch geschworen und dann in einer achtjährigen Ehe versucht, die »Vergangenheit« auszulöschen. Doch in dem sie die morphiumsüchtige Nigerdirne Nancy als Kindermädchen bei sich aufnahm, nahm sie die Vergangenheit in die Ehe auf. Dann meldet sich ein Erpresser, das sprungbereit lauernde Böse bricht aus Temple hervor, sie will dem Trieb folgen, da erstickt Nancy die kleine Tochter Temples im Bett, um ihre Herrin vor dem Rückfall in die Sünde zu retten.
Das Stück beginnt mit der Verurteilung Nancys zum Tode durch den Strang und endet in der Gefängniszelle am Abend vor ihrer Hinrichtung. Dazwischen rollt in der Rückblende und mit jener großen Beichte der Temple das Geschehen ab, das in Nancys Mord kulminierte. [...]
Die Negerin Nancy ist Eva Bubat, [...] ist nur ganz am Anfang, dann in der Rückblendszene und am Ende auf der Bühne. Dennoch entlarvt sich Temple nur für sie, sozusagen im Kampf mit ihr; [...] Joana Maria Gorvin läßt hinter der spöttisch-kalten Entschlossenheit, mit der sie sich erst gegen das Schuldbekenntnis wehrt, eine irrlichternd-nervöse Gehetztheit spüren. Wenn sich dann langsam die Kruste löst, wird das Pater peccavi nicht etwa zu einer flagellantischen Selbstanklage – die Gorvin bleibt in der letzten Zerknirschung, im letzten Aufblättern ihrer Seele selbstbewußt, würdevoll auch noch im Unwürdigen. Mit einem Wort: die Katharsis, die Reinigung von der Vergangenheit vollzieht sich bei ihr glücklicherweise nicht als Selbstbesudelung. Das ist nicht einen Augenblick unappetitlich, auch das Degoutante behält im Maßlosen noch das Maß des Weiblichen. Für das alles hat die Gorvin eine differenzierte Sprechweise, sparsame Gesten, nur selten einen Aufschrei; sie bohrt in sich hinein und gräbt sozusagen mit den Nägeln die Wahrheit aus ihrem Herzen. [...]

Friedrich Luft, Die Welt, Berlin, 12. 11. 1955

[...] Seinem [Piscator] politischen Temperament sollte man denken, kann gerade dieses Stück mit seiner im Metaphysischen endenden Aussage kaum liegen. Trotzdem fertigte er eine bezwingende Aufführung davon. Hier liegt alles bei den Protagonisten der Sünde. Nur aus der bedeutenden Interpretation der Akteure kann das Lasterstück gerettet werden. [...]
In Berlin gelang es Joana Maria Gorvin herrlich. Ihre intelligente Begabung, die nervöse Gespanntheit ihrer klaren Darstellung, die Zwangsläufigkeit, mit der sie aus der Verruchtheit in die Sphäre der Selbstüberwindung und Rettung kommt, waren großartig zu beobachten. Zuerst noch »macht« sie zuviel, läßt Piscator sie etwas fahrig von der Requisite leben, läßt sie mit Rauchen, mit »Gängen« und abrupter Gestik allzu unruhig sein. Dann aber, als es an den fast unsprechbar langen Geständnismonolog geht, gewinnt das sichere Ingenium dieser bedeutenden Schauspielerin Oberhand und volle Sicherheit. Sie ist es, die das Interesse immer wieder hochreißt. Sie bleibt Siegerin über alle bewußt degoutanten Untiefen und Dunkelheiten des Textes. [...]

Edwin Montijo, Der Kurier, Berlin, 11. 11. 1955

[...] Die Inszenierung Erwin Piscators war auf die genaue erregende Verdichtung dieser »dialektischen« Psychologie aus und vermittelte sie in einer gedrängten, bedrängenden Szenenfolge, für die Franz Mertz die Bühnenbilder und die Kostüme entworfen hatte.
Joana Maria Gorvin, flatternd vor Nervosität, flackernd in Angst, Überheblichkeit, Qual, weher Lust, bitterer Süße, verstrickt in trübe Feuer, war die Temple Drake. In ihrer nächtlichen Lebensbeichte vor dem Gouverneur, ein großer spannungsgeladener, aufwühlender Monolog, mit fahrigen, verwirrten, verirrten Händen aus der Lady-Macbeth-Landschaft, hatte sie den Rang einer großen Tragödin. Die schwarze Dirne in der Nähe des Heiligmäßigen – alle Heiligen sind Dämonen – war Eva Bubat. Auch sie überzeugend, eindringlich, angreifend, mit Zügen echter Größe im Elend und Zeichen schöner, gelassener Gotteskindschaft in der tiefsten Verworfenheit. [...]

An Erwin Piscator, Berlin, 10. 11. 1955

Lieber Piscator,
herzlichen Dank für die schönen Arbeitswochen. Sie haben mir so viel geholfen bei dieser schweren Schwangerschaft. Ich hoffe Sie hatten auch ein wenig Freude an mir. Dieser »Rückspiegel« für den braven Wagen, damit er seinen Herrn ohne Gefährdung durch den Mannheimer Großstadtverkehr steuere. Es ist zwar besser man sieht nur nach vorne, aber um keinen »Tritt von hinten« zu bekommen, muß man ab und zu auch seinen Blick nach rückwärts wenden. Da tut ein Spiegel die besten Dienste!

An Erwin Piscator, Berlin, 23. 11. 1955

Lieber und verehrter Piscator,
fast glaubte ich, Sie seien verstimmt, weil keine Nachricht kam, jetzt danke ich Ihnen für einen reizenden und mich beglückenden Brief. Es war wirklich eine so schöne Arbeitszeit. [...] Das Publikum ist nach wie vor mäuschenstill und muß zuhören. Viele gehen ein zweites Mal hinein und wenn manchen auch das Stück nicht gefällt, sie meinen es wäre so spannend zuzuhören und zuzusehen. Und die Karten werden gekauft, die arme Kassiererin muß sich Schiebung vorwerfen lassen, wenn nicht genügend da sind. Und bei mir rufen sie nach wie vor, wie bei einer richtigen Schauspielerin. Also Sie sehen, es geht alles gut. – Was ich dazu tun kann, zu verbreiten wie außerordentlich die Arbeit war, Sie können versichert sein eine gute Propagandistin in mir zu haben (ohne prozentuale Beteiligung!). Die Menschen sind Gewohnheitstiere, wenn sie einmal Schlagworte für etwas gefunden haben, bleiben sie darauf sitzen. Sie haben sicher gemerkt wie verblüfft sie über diese feinnervige, kammerspielhafte atmosphärische Inszenierung von Ihnen waren, und wie Sie von denen applaudiert wurde. Es ist ein großer Erfolg für Sie. Das Spielen macht viel Freude, man entdeckt noch eine Menge dabei, es ist enorm anstrengend, weil es mehr als den ganzen geistigen und körperlichen Einsatz erfordert. Gemütlichkeit oder Müdigkeit ist nicht am Platz. [...] Haben Sie Freude an Ihrer Arbeit in Mannheim? Ich bewundere, daß Sie gleich weiter machen können. Ich war so erschöpft, ich bin's noch, schlafe jeden Tag bis in den Mittag hinein und tu nichts, außer abends spielen. Fehling hat sich gefreut über Ihr Gedenken, es geht jetzt besser, er hat wieder etwas mehr Freude und Anteilnahme am Leben.

Erwin Piscator, Mannheim, 5. 12. 1955

Dearest Temple! Joana
es ist bitter – den sauren Landwein zu trinken, wenn man in der Champagne »roten« Sekt getrunken hat –, »Diesmal in Rot« schreibt eine Schmieristin mit dem Namen Rot-Zoll – ich nenne sie Rotz-all (die letzte Silbe auf englisch!) irgendwo (ausgerechnet hier in Mannheim!) und macht die Aufführung schlecht zugunsten der Züricher, die sie, ich wette, gar nicht gesehen hat. Meine Dame in Rot – meine Hauptdarstellerin! Danke für Ihr langes, schönes, blaues (hoffentlich bedeutet das keine Verabschiedungsfarbe!) Brieflein, das mich in allem gefreut hat, wenn es auch, oder gerade weil es mir Zeit nahm, einzelne Worte von verschiedenen Himmelsrichtungen her zu studieren! Aber was las ich ... Ich kann mich revanchieren – Meine Frau behauptet noch heute, sie könne keinen Brief lesen ... Übrigens kam gerade einer von ihr, den Barlog angefangen hatte ... »er hätte sich selten über einen Erfolg so gefreut ...«.
Ich vermisse unsere morgendliche Fahrt zum Theater – das bischen Plaudern und ein Zusammensein, das gar nicht beruflich zu sein schien, – obwohl es doch nur Arbeit war (weil gute Arbeit eben keine Arbeit ist). Und ich küsse »meiner Propagandistin« die Hände und versichere sie – daß ich auch ein guter Propagandist bin für die wunderbare Arbeit, die m.[eine] P[ropagandist]in, geleistet hat. Und wenn Rotz-all den III. Akt angreift, so wissen wir, wann und bei wem sie recht hat – und sagen es niemand, nur uns: dies Leid tragen wir gemeinsam! – Hier habe ich Pech. Mein Hauptdarsteller erkrankte – ich muß alles von vorn anfangen! Ich freue mich über Fehling's Bessergehen, grüßen Sie ihn herzlich – und erzählen Sie mir weiter, bitte!

HAMLET von William Shakespeare
Berlin, Schiller-Theater, 13. 3. 1957. Regie: Fritz Kortner

Als Ophelia mit Erich Schellow
als Hamlet
Foto: Croner

Mit Fritz Kortner bei einer Probe
Foto: Croner

Die erste gemeinsame Arbeit mit Fritz Kortner war die Susie Monican in »Der Preispokal«, sie kannten sich seit den Tagen am Hebbel-Theater 1945–1948.

An Johanna Hofer, Klosterneuburg, 20. 8. 1987

Sehr verehrte Frau Hofer,
[...] das längst fällige Buch über Kortner [ist erschienen][...]. Es entspricht so sehr dem Wesen Kortners, unkonventionell, kein unwichtiges Wort, nur »wesentliches«. Es wird diesem unbeugsamen Menschen und Künstler in Wesen und Charakter so gerecht aus seinen Äußerungen, Schriften, seinen Proben, die auch ich mit unbändiger Freude erlebt habe, seine große Persönlichkeit, die nur wahr sich äußern konnte, teilt sich mit [...]. Unbedingheit schlägt Wunden, am meisten dem, der sie schlägt im Namen der Theaterkunst. Es ist überwältigend seinen Gedanken zuzuhören in der unvergesslichen Stimme, die nie mehr aus dem Gedächtnis weichen wird [...].

In der Rolle Ophelia
Foto: Köster. DTHM

Als Ophelia mit Martin Held als Claudius
Foto: Köster. DTHM

Seite 75
Spiel zu zweit (Gibson).
Düsseldorf, Schauspielhaus, 15. 11. 1958. Regie: Leon Epp.
Als Gittel Mosca mit Günter König als Jerry Ryan
Foto: Witkowski. TMD

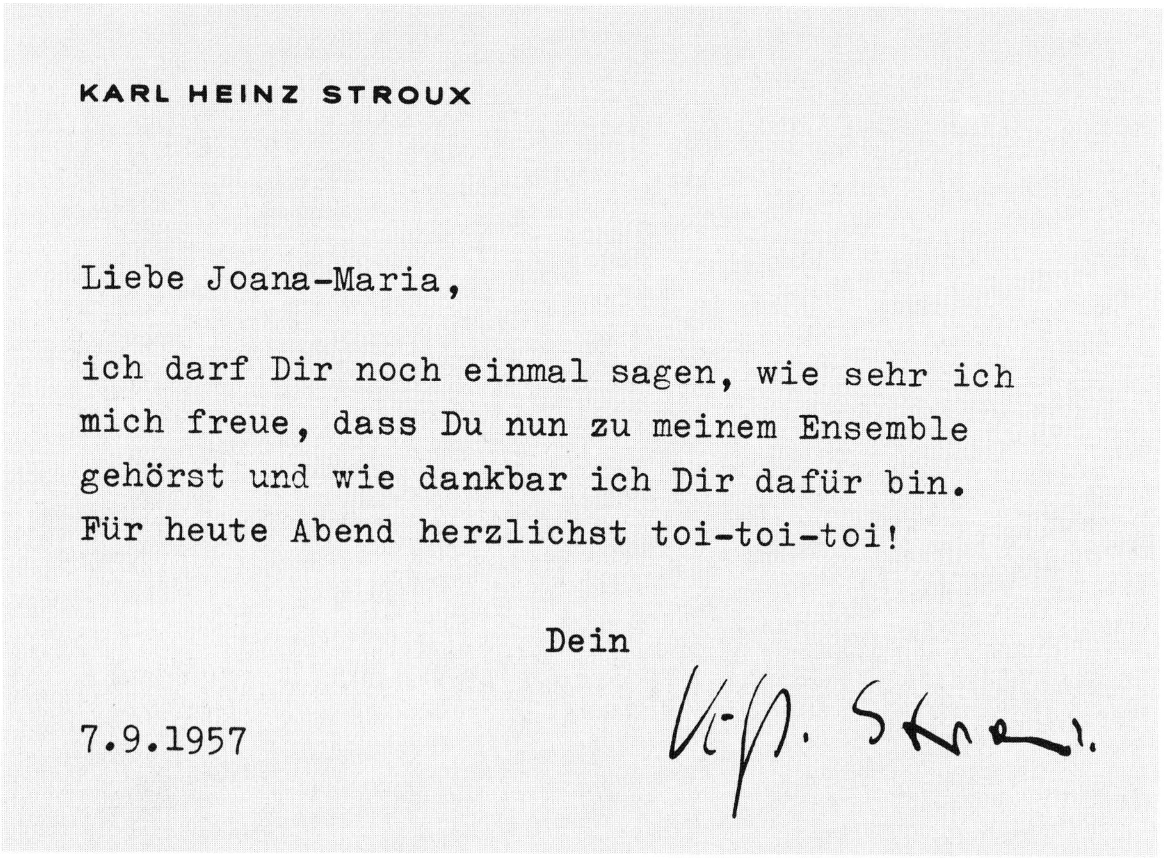

KARL HEINZ STROUX

Liebe Joana-Maria,

ich darf Dir noch einmal sagen, wie sehr ich mich freue, dass Du nun zu meinem Ensemble gehörst und wie dankbar ich Dir dafür bin. Für heute Abend herzlichst toi-toi-toi!

Dein

7.9.1957 K. H. Stroux

Karl Heinz Stroux, Düsseldorf, 7. 9. 1957

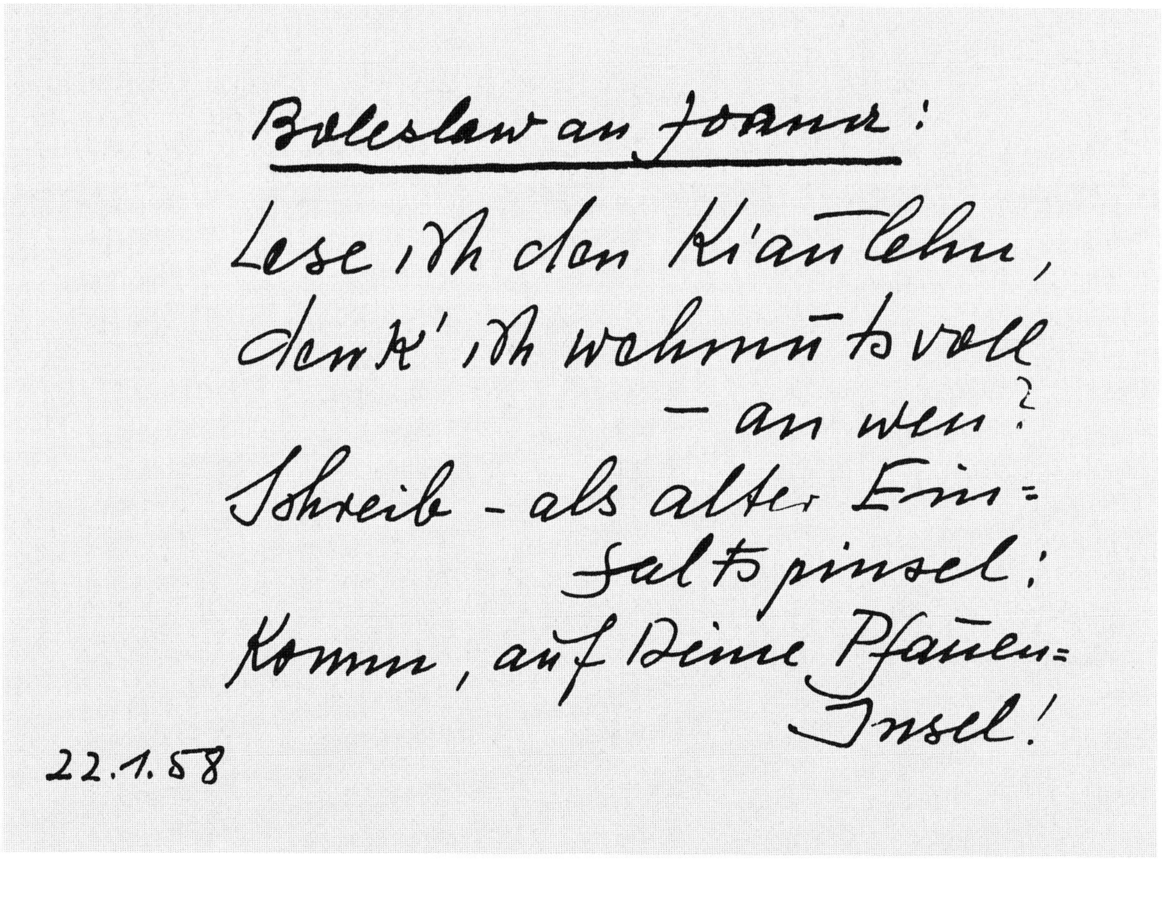

Boleslaw an Joana:

Lese ich den Kiaulehn,
denk' ich wehmutsvoll
– an wen?
Schreib – als alter Ein=
faltspinsel:
Komm, auf Deine Pfauen=
Insel!

22.1.58

Boleslaw Barlog, Berlin, 22. 1. 1958

Traurig kommentierte Intendant Barlog den Abgang seiner ersten Schauspielerin an das Schauspielhaus in Düsseldorf. Die Anspielung auf die Pfaueninsel meint die Insel in der Havel mit einem Lustschlößchen, erbaut von Karl Friedrich Schinkel, das König Friedrich Wilhelm II. seiner Geliebten Wilhelmine Encke, der Gräfin Lichtenau, schenkte.

DER KAUFMANN VON VENEDIG von William Shakespeare
Düsseldorf, Schauspielhaus, 7. 9. 1957. Regie: Karl Heinz Stroux

ıls Porzia mit Ernst Deutsch
ls Shylock
'oto: Strelow

Als Porzia mit Martin Benrath
als Bassanio
Foto: Strelow

Mit Elisabeth Bergner bei den Salzburger Festspielen, Domplatz 1983
Foto: Oscar

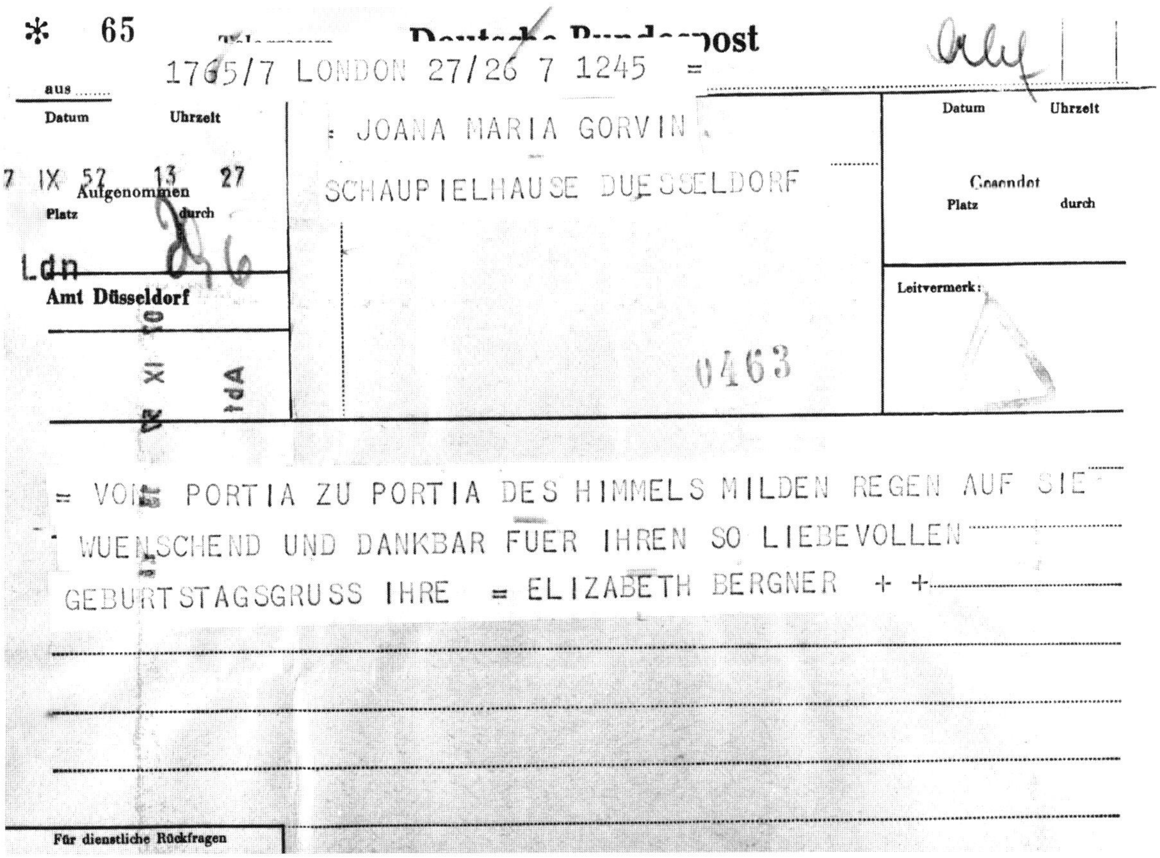

* 65 Telegramm Deutsche Bundespost

1765/7 LONDON 27/26 7 1245 =

aus

Datum Uhrzeit

7 IX 57 13 27

Aufgenommen

Platz durch

Ldn

Amt Düsseldorf

= JOANA MARIA GORVIN

SCHAUPIELHAUSE DUESSELDORF

0463

Datum Uhrzeit

Gesendet

Platz durch

Leitvermerk:

= VON PORTIA ZU PORTIA DES HIMMELS MILDEN REGEN AUF SIE
WUENSCHEND UND DANKBAR FUER IHREN SO LIEBEVOLLEN
GEBURTSTAGSGRUSS IHRE = ELIZABETH BERGNER + +

Für dienstliche Rückfragen

Elisabeth Bergner, London, 7. 9. 1957

WIE ES EUCH GEFÄLLT von William Shakespeare
Düsseldorf, Schauspielhaus, 29. 3. 1958. Regie: Karl Heinz Stroux

Als Rosalinde mit Adolf Wohlbrück als Jacques
Foto: Witkowski. TMD

Seite 81
In der Rolle Rosalinde,
Foto: Bermbach. TMD

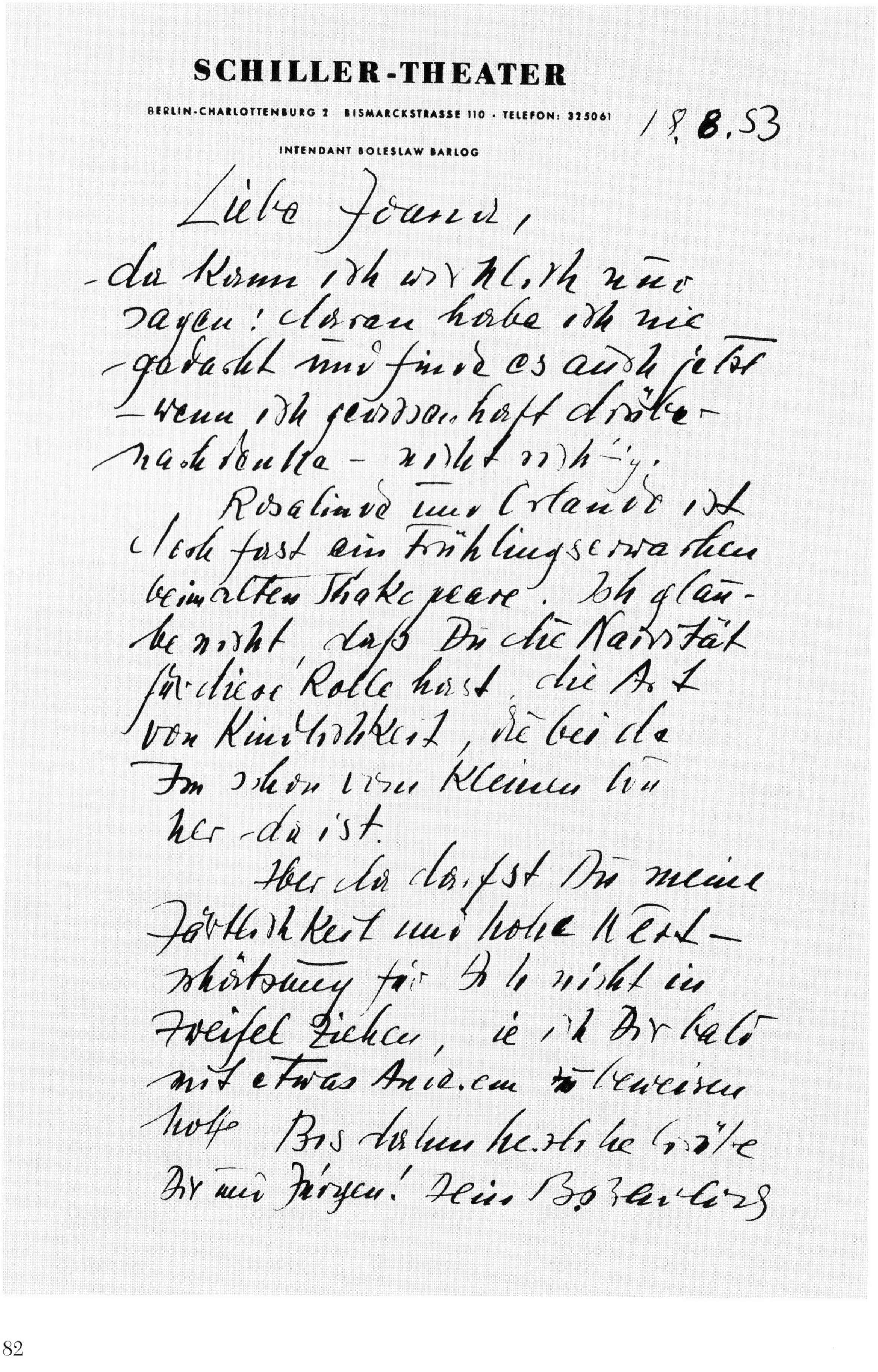

SCHILLER-THEATER

BERLIN-CHARLOTTENBURG 2 BISMARCKSTRASSE 110 · TELEFON: 325061

INTENDANT BOLESLAW BARLOG

18.8.53

Liebe Joana,

da kann ich wirklich nur sagen: daran habe ich nie gedacht und finde es auch jetzt – wenn ich gewissenhaft drüber nachdenke – nicht richtig.

Rosalinde und Orlando ist doch fast ein Frühlingserwachen beim alten Shakespeare. Ich glaube nicht, daß Du die Naivität für diese Rolle hast, die Art von Kindlichkeit, die bei der Jm schon von Kleinen bis her da ist.

Aber da darfst Du meine Zärtlichkeit und hohe Wertschätzung für Dich nicht in Zweifel ziehen, die ich Dir bald mit etwas Anderem zu beweisen hoffe. Bis dahin herzliche Grüße Dir und Jürgen! Dein Boleslaw

Boleslaw Barlog, Berlin, 18. 8. 1953

Boleslaw Barlog, Berlin, 18. 8. 1953

Liebe Joana,
da kann ich wirklich nur sagen: daran habe ich nie gedacht und finde es auch jetzt wenn ich gewissenhaft drüber nachdenke – nicht richtig.
Rosalinde und Orlando ist doch fast ein Frühlingserwachen beim alten Shakespeare. Ich glaube nicht, daß Du die Naivität für diese Rolle hast, die Art von Kindlichkeit, die bei der Im schon vom kleinen Wuchs her da ist.
Aber da darfst Du meine Zärtlichkeit und hohe Textschätzung für Dich nicht in Zweifel ziehen, die ich Dir bald mit etwas Anderem zu beweisen hoffe. Bis dahin herzliche Grüße Dir und Jürgen!
Dein BBarlog

Joana Maria Gorvin hatte sich schon 1953 um die Rolle der Rosalinde bemüht und sie damals Barlog vorgeschlagen. Barlog spielte »Wie es euch gefällt« am 18. September 1953 im Schloßpark-Theater, allerdings ohne die Gorvin, in folgender Besetzung: Luitgard Im, Johanna Wichmann, Martin Held, Sebastian Fischer, Erwin Kalser.

Grischa Barfuß, Neue Rhein-Zeitung, Düsseldorf, 31. 3. 1958

[...] Die herrliche Gorvin! Vielleicht ein bißchen zuviel Hosenrolle in einer halben Spielzeit (zuerst die Porzia und jetzt die Rosalinde). Vielleicht zu bewußt die Lieblichkeit ihrer Rosalinde. Mag sein, aber mich stört's nicht. Mich stört's nicht, wenn man soviel kann wie sie. Das, was ich einzuwenden hätte: Diese große Schauspielerin trägt ein Stück Trauer unsichtbar stets mit sich herum. Davon bekommt auch ihre Rosalinde etwas ab (was nicht sein muß). Aber noch mal: Eine wunderbare Schauspielerin, der man jetzt eine andere Rolle geben sollte – eine Ibsensche, eine Strindbergsche, eine russische etwa. [...]

Albert Schultze-Vellinghausen, Frankfurter Allgemeine Zeitung, 2. 4. 1958

[...] Unvermeidbare Vergleiche! Sie legten sich auch bei Frau Gorvin nahe. Wer Barnowskis Inszenierung – vor dreißig Jahren! – gesehen hat, dem sitzt noch heute in Tonfall und Schwebung der androgyne, unendliche Zauber der jungen Elisabeth Bergner im Gedächtnis. [...] Was nun Frau Gorvin zuwege bringt, ist – ohne das andre vergessen zu machen – eine neue, von Grazie gelenkte Erfüllung. Sehr aktiv, sehr total, die ganze Bühne mit kraftvoller Spannung beseelend; wunderbar deutlich akzentuierend; die Stimme klingt wie ein Geigenbogen und dringt in die innigsten Falten des Textes. Nichts wird – was sehr zu danken ist – verzärtelt; es herrscht bis in die Griffe und Obertöne des herrlichen Nachspruchs Geist einer hellen, klärenden Plastik. [...]

A.N., Düsseldorfer Nachrichten, 31. 3. 1958

[...] Nun also: »Wie es euch gefällt«. [...] Stroux hat eine außerordentliche Rosalinde: Joana Maria Gorvin. [...] Ihr Spiel ist, noch entschiedener als bei der Porzia im »Kaufmann«, jene nicht mehr zu analysierende Mischung aus Kunst und Natur, der auch das ganze Streben von Gustaf Gründens gilt und die in Düsseldorf schon nicht mehr allzu hoch geschätzt wird. Die »Natürlichkeit«, jener für Gründgens so verhaßte Begriff, gewinnt an Wertschätzung, und bei der Gorvin wittert man das Gegenteil, pure Künstlichkeit. Man bedenke aber, ob es einer rein intellektuell operierenden Schauspielerin möglich wäre, den alten Schlegeltext mit seiner unübersehbaren, sprach-geschichtlich bedingten Verschleierung so funkelnd frisch, so durchleuchtet, federnd und bedeutungssicher zu artikulieren, wie es dieser wunderbaren Künstlerin gelingt. Sie tut nichts weiters als das Preziöse der Form und der Situation aufzunehmen. Die »Wahrheit«, die Plastik des Menschenbildes, die sie trotzdem oder vielmehr dadurch, gewinnt, wiegt doppelt schwer.
Die Ausstrahlung einer Darstellungsweise, die bei schönster Beweglichkeit und feuriger Temperamentsentfaltung tänzerische Ordnung wahrt, wird deutlich bei den unmittelbaren Partnern der Gorvin. Wolfgang Arps als Orlando entwickelt zwar keine aufregenden Liebhaberqualitäten, aber er

steht doch wenigstens sicher im Formgerüst, und die Celia von Eva Böttcher setzt präzise die feinen Kontraste, die die beiden Muhmen trennen.
Der Regisseur Stroux steht zu dem zierlich intensiven, geistsprühenden Spiel seiner Rosalinde und kontrapunktiert es glücklich auf weite Strecken. Es wird überwiegend gut, musikalisch schwingend gesprochen. [...]

Helmuth de Haas, Die Welt, Hamburg, 11. 4. 1958

Von einer Spitzenbühne erwartet man nicht unbedingt wirtschaftliche Erfolge dadurch, daß jedes Mitglied des Hauses in die Speichen des Thespiskarren hineinlangt. Von ihr erwartet man, daß sie Maßstäbe setzt. [...] Konzentration heißt die Erkennungsmarke. Mit welchem Recht danach gerufen zu werden verdient, beweisen ja gerade die gelungenen Partien dieser Aufführung, die hinreißenden Alleingänge der Gorvin, der Monolog des melancholischen Jacques. [...] Joana Maria Gorvin, ihre vehemente Lyrik, ihre Bewußtseinsimpulse, ihre Fähigkeit, bis zu kicherebsigem Witz das eingeübte trockene Spiel auf diesen Brettern zu durchdringen, es aufzulichten, es hinaufzureißen.
Die Gorvin als Rosalinde ist gehämmertes Silber. Und hämmernd, webend, pochend, überredend. Ganz moderner Ton aus gestochenen Silben und geprägtem Vers, dann wieder leichter Wurf und Inbegriff begreifender Schauspielkunst. [...]

In den 20er Jahren galt Elisabeth Bergner als ideale Verkörperung der Rosalinde. Generationen schwärmten von ihr, so auch Barlog oder die Berliner »Stimme der Kritik«, Friedrich Luft, der – sonst eher trocken – in Verzückung geriet, wenn er sich an die Rosalinde der Bergner erinnerte: »Sie machte die Männer selig verrückt.« Die beiden Schauspielerinnen hatten sich am Schauspielhaus kennen- und schätzengelernt; es wurde eine behutsame Freundschaft.

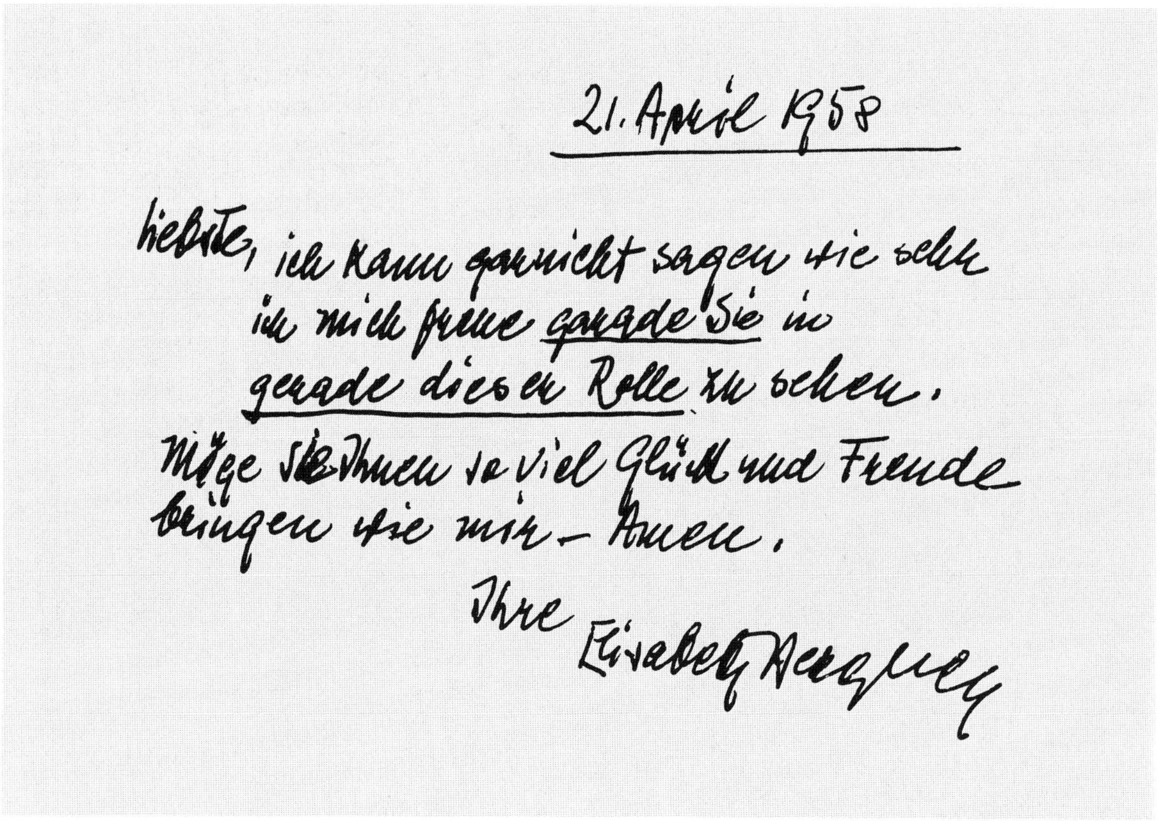
21. April 1958

Liebste, ich kann garnicht sagen wie sehr ich mich freue gerade Sie in gerade dieser Rolle zu sehen.
Möge Sie Ihnen so viel Glück und Freude bringen wie mir – Amen.
Ihre
Elisabeth Bergner

Elisabeth Bergner, Hamburg, 21. 4. 1958
Liebste,
ich kann gar nicht sagen, wie sehr ich mich freue gerade Sie in gerade dieser Rolle zu sehen.
Möge Sie Ihnen so viel Glück und Freude bringen wie mir – Amen.
Ihre Elisabeth Bergner

Seite 85
Antigone (Sophokles). Bad Hersfeld, Festspiele, 7. 7. 1962.
Regie: Pelos Katselis.
In der Rolle Antigone
Foto: Thannhäuser

Staatsintendant Helmut Henrichs hatte es sich mit seiner ersten Münchner Inszenierung nicht leicht gemacht. Er wählte die Hölderlin'sche Übertragung der »Antigone« von Sophokles. [...] Die Antigone der Joana Maria Gorvin gehört zu den stärksten Gestaltungen, die wir in jüngster Zeit sahen. Eine schmale, zerbrechliche Gestalt voll geistiger Härte, mit zarten Gebärden und einem unbeugsamen Eigen-Sinn, ein lebendes, freies Wesen, dessen Abschied von der Sonne – aller Brecht'scher Illusionsverdammungen ungeachtet – an das Herz greift.

Fritz Rumler, Abendzeitung, München, 13. 4. 1959

Zwei Jahre später debütierte Joana Maria Gorvin am 24. 4. 1961 in dieser Rolle am Burgtheater in Wien. Mit »Antigone« setzte Burgtheaterdirektor Ernst Haeusserman den von ihm 1960 mit dem sophokleischen »König Oedipus« begonnenen Antike-Zyklus fort. Und wieder stand das bereits bewährte Team zur Verfügung: Gustav Rudolf Sellner als Regisseur, Bildhauer Fritz Wotruba als Ausstatter, der Dramatiker und Lyriker Rudolf Bayr für eine neue Nachdichtung. Sellner, der mit Joana Maria Gorvin schon in Berlin am Schiller-Theaeter gearbeitet hatte, wünschte sich die Schauspielerin für die Titelrolle.Trotz ihres Erfolges blieb es bei diesem einmaligen Gastspiel am Burgtheater.

Liebe Frau Gorvin,
ich begrüße Sie in unsrer alten Wiener Schlangengrube und würde mich freuen, Sie mal bei mir zum Essen zu sehen. Merkwürdig genug, steht die alte Bude noch, vielleicht gibt's wieder ein Gewitter mit turbulentem Einsturz! Aber so lange werden Sie ja hoffentlich nicht warten! Ich schlage vor, daß Sie kommen, ehe noch die letzten Proben beginnen und alles hysterisch wird und das Essen nicht schmeckt! Bitte rufen Sie an. Am besten so gegen 9h morgens!
Herzlichst Ihre Gustl Mayer

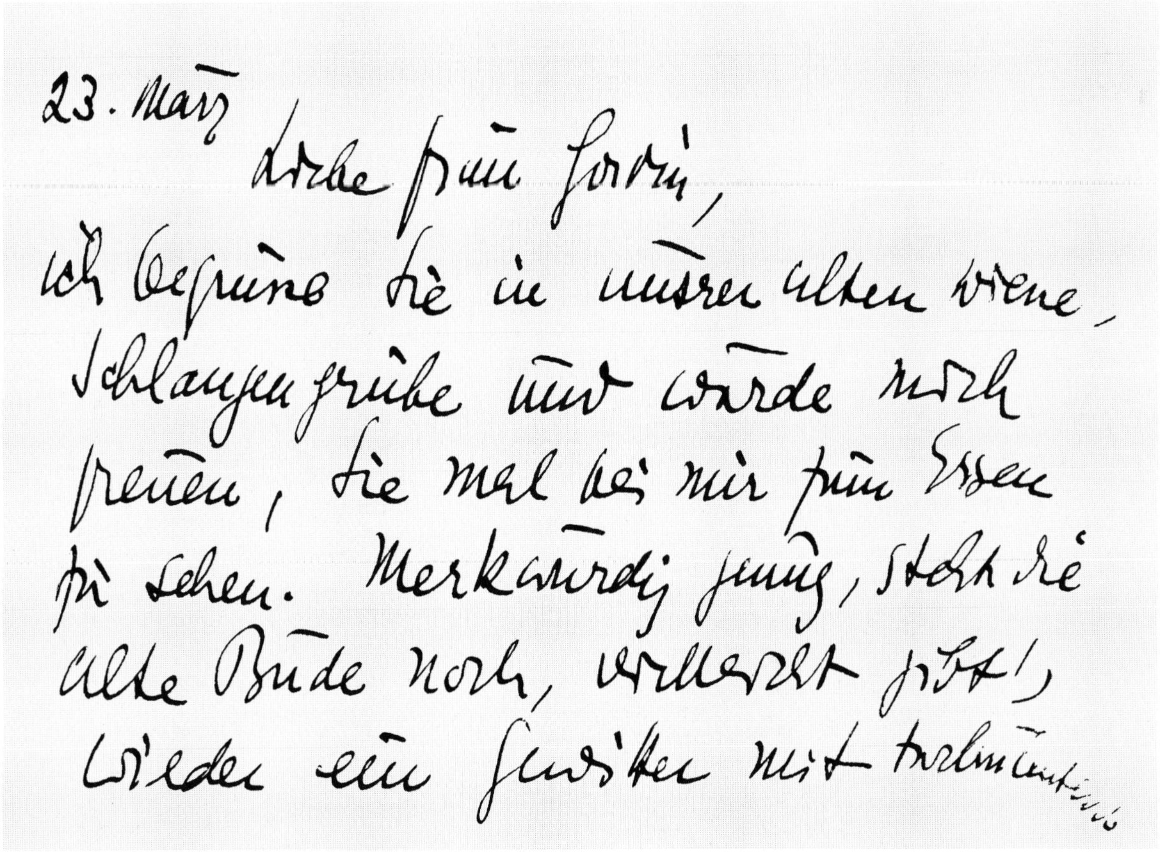
23. März
Liebe Frau Gorvin,
ich begrüße Sie in unsren alten Wiener-
Schlangengrube und würde mich
freuen, Sie mal bei mir zum Essen
zu sehen. Merkwürdig genug, steht die
alte Bude noch, vielleicht gibt's
wieder ein Gewitter mit turbulentem

Gustl Mayer, Wien, 23. 3. [1961]

Gustl Mayer kannte Joana Maria Gorvin noch aus den Tagen des Schauspielhauses am Gendarmenmarkt in Berlin. Sie kam vom Deutschen Theater, wo sie bei Max Reinhardt und Heinz Hilpert arbeitete, 1934 zu Gustaf Gründgens.

ANTIGONE von Sophokles
Wien, Burgtheater, 24. 4. 1961. Regie: Gustav Rudolf Sellner

ls Antigone mit Albin Skoda
ls Kreon
oto: Hausmann

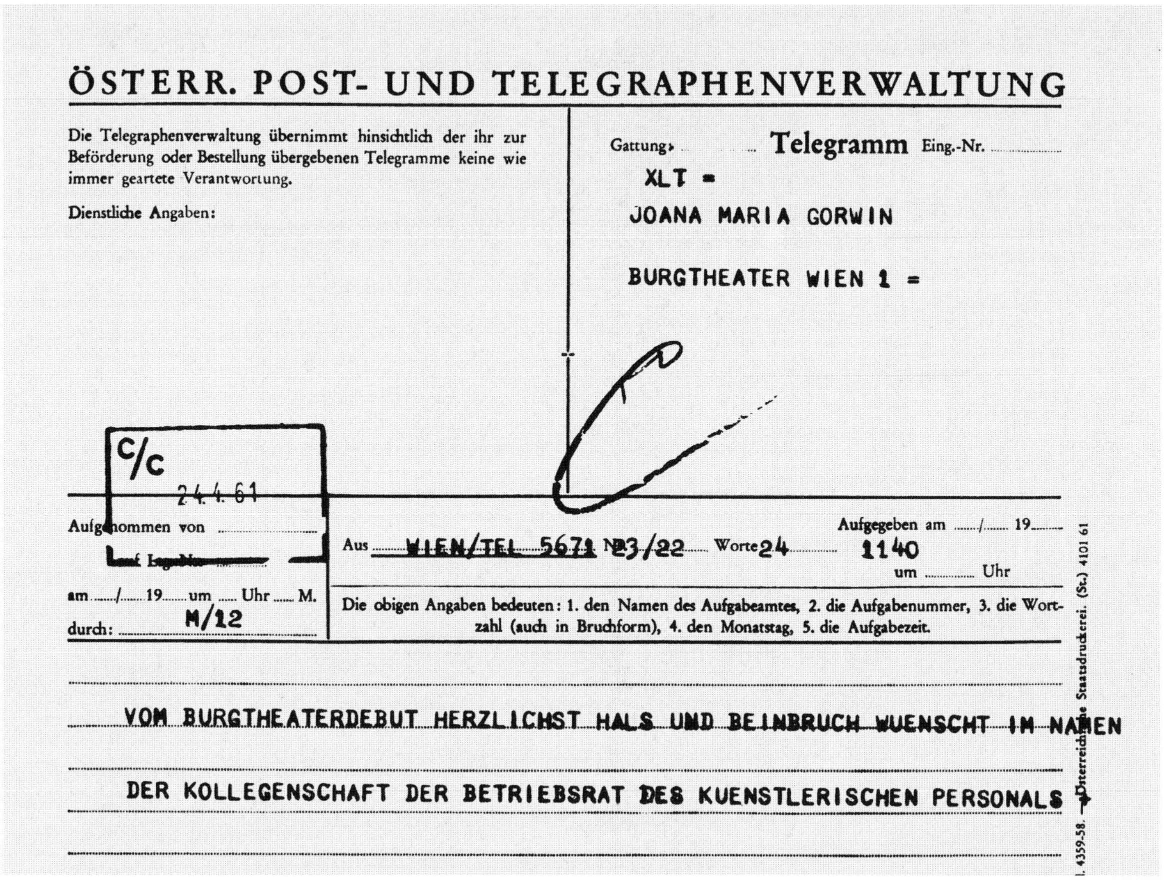

ÖSTERR. POST- UND TELEGRAPHENVERWALTUNG

Die Telegraphenverwaltung übernimmt hinsichtlich der ihr zur Beförderung oder Bestellung übergebenen Telegramme keine wie immer geartete Verantwortung.

Dienstliche Angaben:

Gattung: Telegramm Eing.-Nr.

XLT =

JOANA MARIA GORWIN

BURGTHEATER WIEN 1 =

C/C 24.4.61

Aufgenommen von

am .../... 19... um ... Uhr ... M. durch: M/12

Aus WIEN/TEL 5671 N23/22 Worte 24 Aufgegeben am .../... 19... 1140 um ... Uhr

Die obigen Angaben bedeuten: 1. den Namen des Aufgabeamtes, 2. die Aufgabenummer, 3. die Wortzahl (auch in Bruchform), 4. den Monatstag, 5. die Aufgabezeit.

VOM BURGTHEATERDEBUT HERZLICHST HALS UND BEINBRUCH WUENSCHT IM NAMEN

DER KOLLEGENSCHAFT DER BETRIEBSRAT DES KUENSTLERISCHEN PERSONALS +

L 4359-58. – Österreichische Staatsdruckerei. (St.) 4101 61

Betriebsrat des künstlerischen Personals des Burgtheaters Wien, 24. 4. 1961

Oskar Maurus Fontana, Salzburger Nachrichten, 26. 4. 1961

[...] Ebenso wie beim »Ödipus« vereinten sich auch bei der »Antigone« Sellner und Wotruba zur Interpretation der sophokleischen Tragödie. Durch die sinnvolle Gliederung und Akzentuierung des Textes, die Sellner auf die Darsteller übertrug, kamen alle Teile der Dichtung, auch die schwerer sprechbaren, zu klarem Ausdruck. [...] Joana Maria Gorvin mit ihrem wirren, schwarzen Haar glich mehr einer Elektra als einer Antigone. Die Revolte gegen die Unmenschlichkeit, mit der die Tragödie einsetzt, kam seltsam gehemmt und gebrochen heraus. Später, besonders am Ende, im Unglück fanden ihre schönen Gebärden auch im Wort den sophokleischen Ton. [...]

Friedrich Torberg, Süddeutsche Zeitung, München, 26. 4. 1961

Für die Darsteller ist es nicht immer ganz leicht, solch anspruchsvoll sich beschränkenden Stil einzuhalten, und zumal eine Schauspielerin von der eminenten Feinnervigkeit Joana Maria Gorvins muß sich bisweilen fast spürbar Einhalt gebieten, um ihre Fraulichkeit nicht allzu hingebungsvoll verströmen zu lassen. Da sie obendrein eine sehr disziplinierte Schauspielerin ist, gelingt ihr das auch, und man möchte fast sagen: leider. Denn ihre Antigone verkörpert solcherart doch eher das Prinzip einer moralischen Auflehnung, als die Unendlichkeit der schwesterlichen Liebe, und noch ihre schönsten, sanftmütigen Worte (»Nicht mitzuhassen, mitzulieben bin ich da«) haben etwas von einer Kampfansage an sich. Albin Skodas Kreon begegnet ihr mit königlicher Würde, durchdrungen von der Unantastbarkeit seines Standorts und desto härter zu Boden geschmettert, als er erkennen muß, welches Unheil er angerichtet hat. [...]

Bei den Hersfelder Festspielen 1962 spielte sie nochmals die Antigone; diesmal in der Übertragung von Friedrich Hölderlin; Regie führte der griechische Regisseur Pelos Katselis.

Als Antigone mit Erika Pluhar
als Ismene
Foto: Hausmann

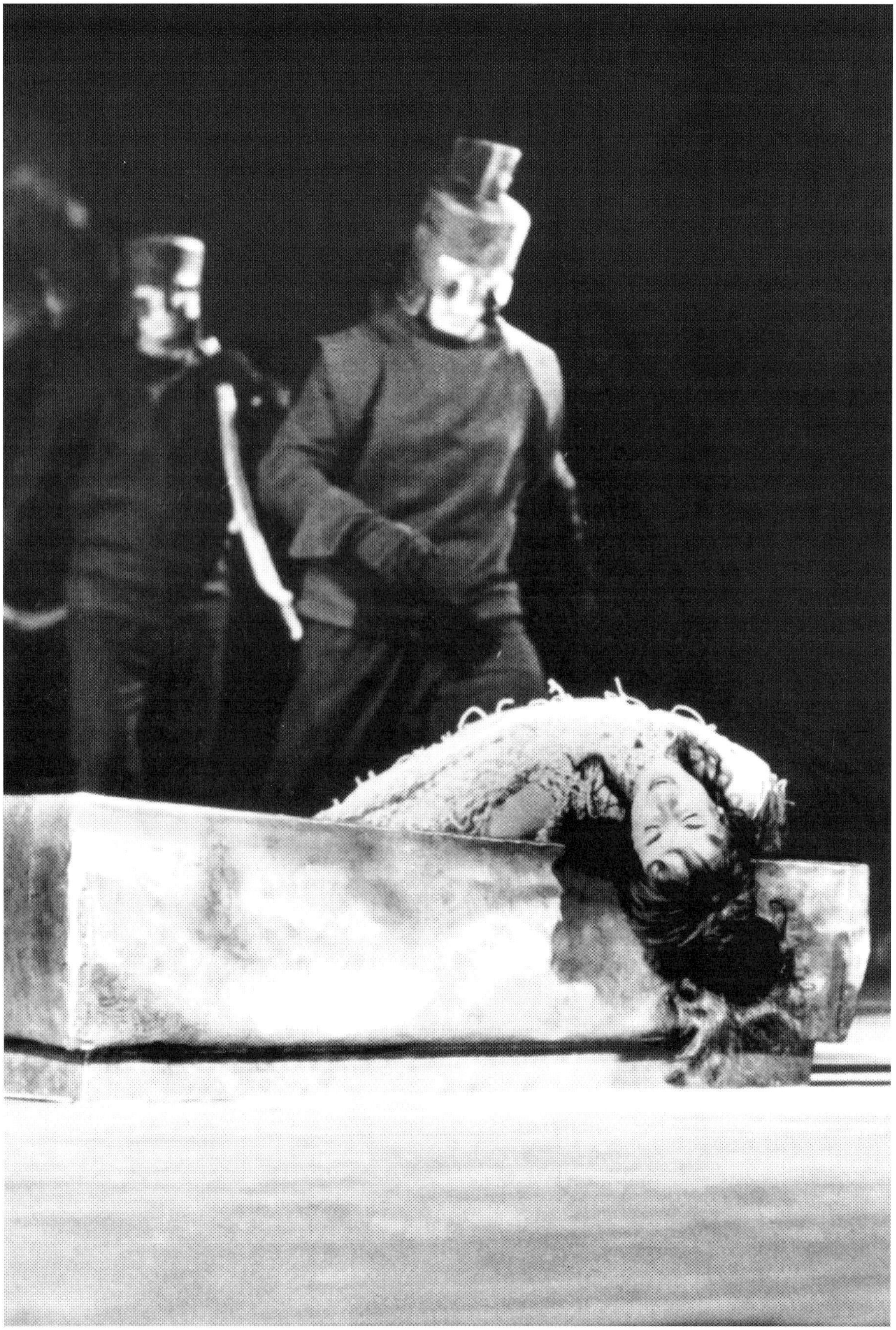

In der Rolle Antigone
Foto: Hausmann

Seite 91
Fräulein Julie (Strindberg).
Hamburg, Deutsches Schauspielhaus, 22. 11. 1960.
Regie: Gustaf Gründgens.
In der Rolle Julie
Foto: HHThs. Clausen

Wir verstanden uns ohne Worte. Hamburg 1959–1963

DEUTSCHES SCHAUSPIELHAUS IN HAMBURG

Gustaf Gründgens

Hamburg 1, den 13.4.1957
Kirchenallee 39-41
Ruf: 24 14 71

Frau
Joana-Maria Gorvin
Z ü r i c h
Schauspielhaus

Liebe Joana!

Unsere neuliche Begegnung läßt mir keine Ruhe. Ihre Elektra hat mich sehr beeindruckt, und ich hätte große Lust, Sie einige Zeit bei uns zu sehen.
Ich weiß nicht, wie Ihnen "Rosmersholm" gefällt, aber vielleicht könnte man es hier mit Münch spielen.
Aber auch sonst hätte ich ein mehr als geneigtes Ohr für Ihre Vorschläge.

Ich grüße Sie sehr herzlich

Ihr

Gustaf Gründgens, Hamburg, 13. 4. 1957

An Gustaf Gründgens, Zürich, 13. 4. 1957

Lieber Gustaf!
Sehr herzlichen Dank für Ihre schönen Worte. Die Begegnung mit Ihnen hat mich sehr angerührt und es wäre schön, wenn es zu einer Verbindung käme, wie Sie sie anregen. Haben Sie auch dafür Dank.
Meine Verhandlungen mit Berlin sind noch nicht abgeschlossen, vermutlich würde aber zweite Hälfte der Spielzeit in Frage kommen. Zu Ihrem geneigten Ohr bringe ich mein offenes Herz für Ihre Vorschläge, wie Sie sich die Realisierung denken.
Auf »Rosmersholm« möchte ich noch nicht antworten, wer weiß wie's wird. Münch gefällt mir sehr gut – nun, darüber wenn's gewesen ist, man weiß nie welche Teufel die Finger dazwischen haben, eh' man sich's versieht ist man ausgerutscht! Sobald die Premiere hinter mir ist, werde ich mir den Kopf zerbrechen, vielleicht wissen Sie auch noch was gutes.
Sie sind vor dem »Faust«. Meine besten Gedanken und Wünsche begleiten Sie, mögen es schöne Ostern werden, – in jeder Beziehung!
Mit herzlichen Grüßen bin ich
Ihre
Joana Maria Gorvin

Wie sehr Joana Maria Gorvin den künstlerischen Gleichklang brauchte und wie sehr sie von ihm bestimmt wurde, wie einstmals bei Fehling, wenn auch anders nuanciert, formulierte sie in ihrer Rede zum 10jährigen Todestag von Gustaf Gründgens:

Rede anläßlich des 10.Todestages von Gustaf Gründgens Hamburg, 7. 10. 1973

[...] Man blickt nostalgisch zurück auf die »klassischen Großen« des Theaters. Man sollte nicht vergessen, woher auch sie aufgebrochen sind. Mit dem Tod von Gustaf Gründgens und dem kurz darauf folgenden von Hilpert, Engel, Fehling, Kortner, war die deutsche Bühne leergefegt von einer Generation, deren Wirken jahrzehntelang das deutsche Theater beherrscht hat. Warum vergessen wir, daß, gleich den jungen Künstlern, die nun aufbrechen, um das Theater für sich zu entdecken, auch die ausgereiften Männer einmal gärender Most im alten Wein des Theaters waren. [...] Aufbruch zu neuen Ufern muß nicht bedeuten, alle Schiffe erst einmal zu verbrennen und zu behaupten, nur schwimmend könne man sie erreichen. So reich ist die Natur an Begabungen nicht, daß wir am Theater nur Genies hätten, die von Grund auf neue Welten zu bilden imstande wären. Einen Weltenbildner habe ich erlebt: Fehling, der mit jeder Inszenierung zu neuen Ufern aufbrach. [...] Aber das Theater lebt auch von den Stilleren, von den Erhaltern. Gründgens hat in einer Pressekonferenz gewarnt: »Eine andere und viel größere Gefahr besteht, [...] daß man, um nicht in die Gefahr zu geraten, unoriginell zu sein, originell wird um jeden Preis. [...] Ihering nannte meine Regie einmal ›anwendbar‹. Ich habe das gern akzeptiert und überlasse die Epitheta ›genial‹ und ›grandios‹ gern anderen.« Und an anderer Stelle, sehr bezeichnend für sein Wesen, greift er den Cocteauschen Begriff des »Beleidigers« auf. [...] »Auf dem Theater ist der Mensch das Maß aller Dinge, also auch das Maß für die moderne Kunst auf dem Theater, d.h. nicht, daß das Theater die Kraft hätte, der Bremsblock für alle Ungezogenheiten zu sein. Wir Schauspieler haben viele Stile über uns ergehen lassen müssen. [...] Ich weiß natürlich, daß auch das Theater ohne die großen Beleidiger von Maß und Ordnung stagnieren würde. Aber wir müssen aufpassen, daß wir das Beleidigen nicht für Kunst halten. Und daß wir ihm keinen größeren Anspruch einräumen als den, von Zeit zu Zeit auf neue Aspekte aufmerksam zu machen. Ich habe 10 Jahre mit einem Mann gearbeitet, der im Beleidigen wie in der Kunst gleich groß war, und der dem Theater ungeheure Impulse zugetragen hat. Es ist Jürgen Fehling [...].«
Er [Gründgens] hatte wohl, um sich zu erfüllen, an Disziplin, an Ordnung und »Form«, wie er es nennt, so eisern gearbeitet, so lebensgefährlich in einer Leben gefährdenden Welt arbeiten müssen,

daß er allen Aufruhr, alles Beleidigen auch im positiven Sinne – [...] »satt« hatte. Er hat [...] gesagt: »[...] daß ich nie die Ambition gehabt habe, für einen ›Erneuerer des Theaters‹ zu gelten. Das deutsche Theater wird viel zu oft erneuert, anstatt sich auf seine Position zu besinnen.« Und weiter »[...] Wir sollten aber getrost von den großen Theaterleitern, Regisseuren und Schauspielern unserer Vergangenheit lernen. [...]«

Lernen, eine der wichtigsten Vokabeln in unserem Beruf. Nicht vom Katheder her. Es gibt nur die Überredung durch Begabung. Anfänger sollten sich ruhig anhören, wenn aus Erfahrung, nicht aus Routine ihnen etwas gesagt wird. Und wir alten Hasen sollten zur Kenntnis nehmen, wie begabte, junge Theaterleute frisch und unverbraucht an Probleme herangehen, lernen, neue Aspekte aus Gedanken, die an uns vorübergegangen sind, zu begreifen. Die Wahrheit ist nicht auf bequemen Wegen zu erreichen. Wahrheit tut oft weh. Und je ernster wir unsere Arbeit nehmen, umso härter werden wir um diese Wahrheit ringen. Daher die Legenden, die sich und andere nicht schonten und nicht schonen, um diese Wahrheit aufzuspüren, und wie es sich für das Theater gehört sichtbar zu machen. Die Sage vom Vergewaltiger Fehling ist so unwahr wie die vom ewig liebenswürdig-charmanten Gründgens. Wo gearbeitet wird, wird geschwitzt, gerungen, geflucht und verzweifelt aufgeheult – und auch gelacht.

Es erscheint mir wichtig [...] klarzumachen, daß es unter künstlerischen Menschen Auseinandersetzungen über Interpretationen geben wird und soll, daß aber, ob jung oder alt, alle mit Herzblut und nicht nur mit Lippenbekenntnis dem Theater dienen wollen. Am Theater haben die Begabten kein Alter. [...]. Werke künstlerischen Schaffens entspringen bei allen wirklich inspirierten Menschen einem existentiellem Bedürfnis. [...]

Gyges und sein Ring. Hamburg 1960. Als Rhodope mit Gustaf Gründgens als Kandaules

DER SEIDENE SCHUH von Paul Claudel
Hamburg, Deutsches Schauspielhaus, 16. 2. 1960. Regie: Kurt Horwitz

In der Rolle Doña Proëza
Foto: HHThs. Clausen

Als Doña Proëza mit Will Quadflieg als Don Rodrigo
Foto: HHThs. Clausen

Als Doña Proëza mit Ullrich Haupt als Don Camillo
Foto: HHThs. Clausen

An Gustaf Gründgens, München, 5. 6. 1959

Lieber Gustaf!
Ich beeile mich Ihnen zu schreiben, damit wir noch vor Ihrer Abreise zu einem Resultat kommen. Den »Seidenen Schuh« hab ich nun gelesen, hab etwas mehr verstanden als vor Jahren, bin sehr angerührt davon, selbst das Unverständliche klingt so herrlich! Quadflieg als Rodrigo ist ideal und ich könnte mir denken, daß Proëza für mich gut wäre. Schwierig ist das Problem des Regisseurs, davor hab ich bei diesem Stück ein wenig Angst. Ich kenne Gielen nicht, soviel ich weiß, ist er sehr konventionell. Es ist schade, daß Sie es nicht machen wollen. Wie ist es mit Lindtberg? Seine Giraudoux-Elektra war schön. Ich könnte ihn mir gut denken.
Wenn ich richtig verstanden habe, wollen Sie Anfang Januar mich für den »Seidenen Schuh« haben. Ich verhandle augenblicklich mit München und Berlin über die erste Hälfte der Spielzeit. Wenn es München wird, könnte es sein, daß man mich im Januar noch zu ungefähr 10 Vorstellungen, nicht en suite natürlich, im Cuvilliés Theater braucht. Das ließe sich doch vereinbaren. Mit Berlin gäbe es keine Berührung.
Ein wenig unglücklich bin ich über den finanziellen Vorschlag. Es ist im Monat durch die geringe Garantie sehr viel weniger als ich erwartete. Ich würde folgende Vereinbarung vorschlagen: 650.– pro Vorstellung, 12mal im Monat garantiert. Es ergibt zwar immer noch nicht die erwartete monatliche Endsumme, aber die Chance, daß durch »Gyges« dann mehr als 12 Vorstellungen im Monat sein werden oder könnten, würde mir genügen.
Ich hoffe, Gustaf, wir sind nun am Ziel angelangt und grüße Sie sehr vorfreudig auf die Arbeit in Ihrem Haus und vor allem mit Ihnen
Ihre
Joana Maria Gorvin

An Gustaf Gründgens, München, 4. 9. 1959

Lieber, verehrter Gustaf Gründgens!
Ich komme heute mit einer mir sehr wichtigen Angelegenheit zu Ihnen und bin sicher, gerade bei Ihnen Verständnis zu finden.
Ich weiß nicht, wer die Bühnenbilder zu »Seidenen Schuh« und »Gyges« machen wird. Aber wer es auch immer sein wird, meine Erfahrungen in puncto Kostümen mit den Herren und Damen sind immer sehr negativ, besonders was die Ausführung anbetrifft.
Nun bin ich der Meinung, daß sowohl die Proëza als auch Rhodope ganz besonders reizvoll und apart aussehen müssen. Der Provinzgeschmack auch der Theaterschneidereien, wenn nicht ein guter Kopf sie überwacht, ist horrible!
Mein dringender Wunsch wäre nun, meine Kostüme – natürlich in Absprache mit dem jeweiligen Bühnenbildner –, von einem erstklassigen Modeschöpfer entwerfen – und unter seiner Anleitung ausführen zu lassen, denn die Möglichkeit an Stoffe von aparterer Ausführung – nicht Krefelder Dutzendgeschmack – heranzukommen und vorzuschlagen sind für ihn viel leichter. Hier in München gibt es einen ausgezeichneten, durchgesetzten Mann, Horst Klöss, eigenes Atelier und gleichzeitig Leiter der Münchener Modeschule, der auch für mich arbeitet, der sehr interessiert und fähig wäre diese Aufgabe für mich zu übernehmen, sicher auch ohne große Forderungen.
Ich bitte Sie herzlich, diesen dringenden Wunsch im Herzen zu bewegen. Ich finde die Rücksichtnahme auf den schlechten Geschmack der Bühnenbildner, die an Kostümfragen meistens gar nicht interessiert sind, wird für eine Schauspielerin allmählich katastrophal. Man ist ja eine Frau und kein Besen. In Paris macht man sich die Fähigkeiten der Haute-Couturisten längst zu Nutze und Barrault, Jouvet und die anderen Regisseure und Direktoren lassen gerade historische Stücke von ihnen ausstatten und es entstehen Kostüme in Farbkombinationen und Stoffen, die man so bewundert, an die ein Uneingeweihter aber nicht herankommt und die dabei nicht teuerer sind als unser Kram.
Proëza und ebenso Rhodope (die ich sehr östlich, Persisch-Indisch, angesiedelt sehe und die für

meine Begriffe besonders apartes, auch äußerlich reizvolles Wesen sein muß). Beide brauchen raffinierte Kostümunterstützung und ich möchte nicht darauf verzichten müssen. Bei Ihnen, glaube ich, kann ich auf wirkliches Verständnis stoßen und bitte Sie herzlich mir die Möglichkeit zu schaffen, diese so wichtigen Wünsche zu realisieren. Vielleicht lassen Sie sich Horst Klöss einmal kommen, um sich zu überzeugen, ob er der Richtige ist. Meiner Meinung nach für beide Stücke sehr geeignet, da er kein Freund von Schi-Schi ist, sondern große Linien verfolgt und sehr geschmacks- und farbensicher ist und wirklich modisch-schöpferische Phantasie mit Stilfragen verbinden kann.
Ich bin über den Bayerischen Hof zu erreichen und wäre über eine Nachricht sehr dankbar.
Mein Griechenlandbesuch war wieder unbeschreiblich schön, ich hoffe Madeira hat auch bei Ihnen die erwünschte Wirkung gehabt.
Sehr herzlich grüßt Sie
Ihre
Joana Maria Gorvin

Johannes Jacobi, Düsseldorfer Nachrichten, 27. 2. 1960

[...] Eine Leistungsspitze besondere Art wurde während Gründgens' Abwesenheit unter dem Münchener Gastregisseur Kurt Horwitz erarbeitet. Das war »Der seidene Schuh« von Paul Claudel. Für Hamburg bedeutete diese Werkwahl durchaus keine Selbstverständlichkeit. Im protestantischen Norden fehlt die katholische Glaubensgrundlage, die in anderen Gegenden auch dann noch »trägt«, wenn das kolossalische »Welttheater« Claudels mit thematischen Bezügen und geistigen Chiffren, die weder Drama noch Theater geworden sind, Andersgläubige im Stich läßt. Horwitz hatte – als Regisseur der deutschsprachigen Erstaufführung 1944 in Zürich dazu noch vom Autor selbst ermächtigt – das Stück auf dreiunddreiviertel Stunden Spieldauer »gekürzt«. Die geistige Intensität, mit der über eine Reihe ausgefeilter künstlerischer Leistungen die Dichtung auch an widerstrebende Zuschauer herangebracht wurde, bedeutete eine Ruhmestat. [...]
Unter den herausragenden Leistungen – vorzüglich als Ansager gleich Richard Münch – begegnete man in Hamburg erstmals Joana Maria Gorvin. Sie spielte die weibliche Hauptgestalt Doña Proëza. [...] Die Gorvin setzte den Akzent von Anfang an auf die Geistigkeit der Gestalt. Mit deren steil zunehmender Konzentration vollbrachte die Schauspielerin eine so überzeugende, großartige Leistung, daß sich die Gorvin gleich mit ihrer ersten Rolle beim Hamburger Publikum durchsetzte. Ihrer darstellenden Verwesentlichung des sublimen Textes kam Will Quadflieg als Don Rodrigo nur in Augenblicken der Verschattung des Gemütes nahe. Im übrigen bedeutete Quadflieg natürlich eine ideale Erscheinung für den stürmenden Welteroberer, der Schaden an seiner Seele nimmt. [...]

Klaus Wagner, Frankfurter Allgemeine Zeitung, 22. 2. 1960

[...] Unverkennbar zielt die sorgsam erarbeitete Inszenierung des Claudel-Kenners Horwitz auch in der tönenden Dimension allenfalls aufs Halbrelief. [...] Seine Sprachregie meidet konsequent alterierte Tonlagen. [...] Horwitz klammert mit dieser Auslegung fast durchweg das als Farbträger wie als Gerüst unentbehrliche Element der Wortoper aus dem monumentalen Gefüge.
Einzig Will Quadflieg als Rodrigo hat über weite Strecken hin diese Töne parat, dann freilich komplett bis zum Tremolo. Alle Ausflüge zur Exaltation werden ihm diesmal wirksam gebremst; im pathetisch vibrierenden letzten »Duett« mit Proëza wird er vom Gegenüber her abgedämpft. Joana Maria Gorvins hochgetriebene Sprechkunst, ihre glitzernde mimische Intelligenz darf man wieder bewundern wie die Qualitäten eines Kristalls. Die »lohende Liebende, der himmlische Stern«, wie Hans Urs von Balthasar im Nachwort zu seiner imponierenden Übersetzung die Gestalt dieser Doña Mirabilis nennt – Proëza als steile Flamme der Leidenschaft und der Schmerzekstase ist sie nicht. Damit steht diese Besetzung ein für die gesamte Aufführung, die eigentlich an keiner Stelle das Grundthema der Dichtung unmißverständlich intoniert; es heißt im doppelten Wortsinn »Passion«. [...]

Christiane Schröder, Hamburg, 19. 2. 1960

Die junge, viel zu früh verstorbene Schauspielerin Christiane Schröder war die Tochter des Schauspielers und Regisseurs Ernst Schröder.

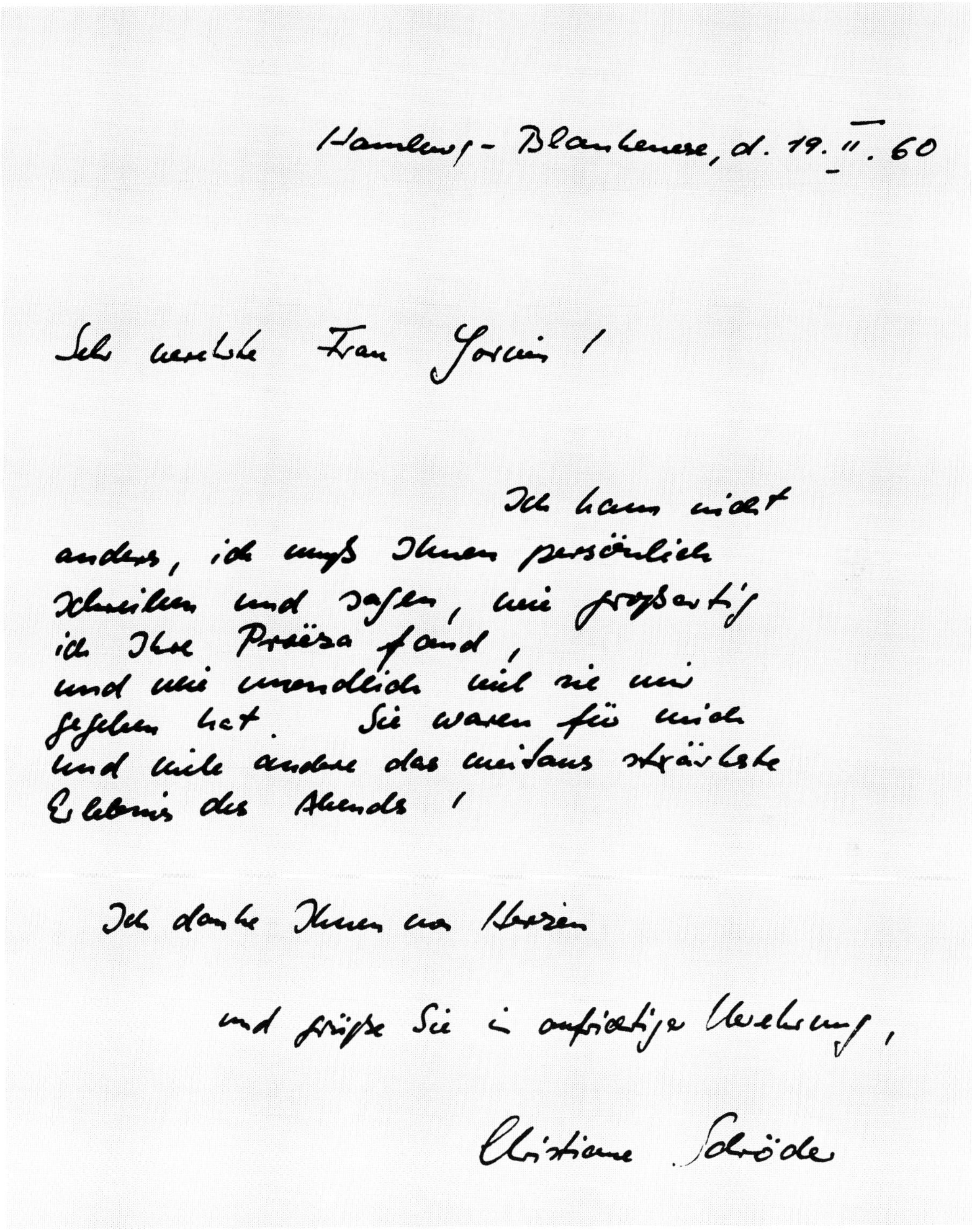

Hamburg-Blankenese, d. 19. II. 60

Sehr verehrte Frau Gorvin!

Ich kann nicht anders, ich muß Ihnen persönlich schreiben und sagen, wie großartig ich Ihre Proëza fand, und wie unendlich viel sie mir gegeben hat. Sie waren für mich und viele andere das weitaus stärkste Erlebnis des Abends!

Ich danke Ihnen von Herzen

und grüße Sie in aufrichtiger Verehrung,

Christiane Schröder

Sehr verehrte Frau Gorvin !
Ich kann nicht anders, ich muß Ihnen persönlich schreiben und sagen, wie großartig ich Ihre Proëza fand! Und wie unendlich viel sie mir gegeben hat. Sie waren für mich und viele andere das weitaus stärkste Erlebnis des Abends! Ich danke Ihnen von Herzen und grüße Sie in aufrichtiger Verehrung
Christiane Schröder

GYGES UND SEIN RING von Friedrich Hebbel
Hamburg, Deutsches Schauspielhaus, 21. 5. 1960. Regie: Gustaf Gründgens

In der Rolle Rhodope
Foto: Clausen

An Gustaf Gründgens, München, 28. 5. 1959

Lieber und sehr verehrter Gustaf Gründgens!
Der Anruf Ulrich Erfurths erreichte mich noch im Schlaf und ich bin nicht ganz sicher, ob ich ihn richtig verstanden habe. Ist der »Gyges«-Plan endgültig fallen gelassen oder nur zeitlich verschoben? Ich wäre sehr betrübt, wenn nichts daraus würde. Das Bestechende für mich war daran die künstlerische Begegnung mit Ihnen. Sie können sich denken, daß mich diese Constellation besonders reizte, deshalb war ich auch nicht recht glücklich mit dem Vorschlag vor dem Gyges, ohne Sie, einzusetzen.
Ich habe mich in die Gyges-Idee richtig verliebt und kann mich schwer davon losmachen. Ein Auftreten in Hamburg ist für mich in erster Linie reizvoll im Zusammenhang mit Ihnen und von dieser vielversprechenden Idee geh ich so ungern ab.
Bitte, Gustaf, bevor Sie in weitere Pläne einsteigen, bedenken Sie, ob nicht ein Projekt realisiert werden kann, wo diese für mich wichtigen Wünsche erfüllt werden können: eine Zusammenarbeit mit Ihnen, sei es als Partner oder als Regisseur.
Der Vorschlag »Antonius und Cleopatra« ist bestechend aber offenbar wieder verworfen? Und den »Seidenen Schuh«, wollen Sie ihn inszenieren? Ich bin offengestanden ein wenig verwirrt jetzt und warte auf Ihre Antwort mit Ungeduld.
Herzlich zugetan grüßt Sie
Ihre
Joana Maria Gorvin

Gustaf Gründgens, Hamburg, 30. 5. 1959

Liebe Joana!
Eben trifft Ihr Brief ein, und ich will ihn postwendend beantworten. Selbstverständlich hat sich am »Gyges«-Plan nichts geändert. Lediglich in die Vorausplanung für die Spielzeit wurde unsere Abmachung einbezogen, wonach Sie eine zweite Rolle spielen sollten, und da ergab sich plötzlich in bis jetzt zwei Fällen, daß sich eine Partnerschaft zwischen Ihnen und Quadflieg, der am 1. Januar sein Engagement antritt, geradezu anbietet. Das eine war »Antonius und Cleopatra« und das andere der »Seidene Schuh«. Vom ersten sind wir abgekommen, doch das zweite wollen Sie bitte nur als Vorschlag nehmen.
Ich bin im Januar nicht in Hamburg und komme erst zu den »Gyges«-Proben wieder zurück.
Ich darf also noch einmal sagen, daß ein Ja oder Nein zu unseren Januar-Vorschlägen unsere Besprechung wegen »Gyges« gar nicht tangiert. Ich ging nur von der Möglichkeit aus, mit Ihnen auch die zweite Rolle gleich besprochen zu haben.
Ich werde um den 10. Juni von hier wegfahren und wäre dankbar, wenn wir bis dahin zumindest über »Gyges« zu einer klaren Absprache gekommen wären.
Herzliche Grüße
Gustaf Gründgens

An Gustaf Gründgens, München, 14. 10. 1959

Lieber Gustaf Gründgens!
[...] Einen Regisseur für »Gyges« zu finden der unseren Wünschen entsprechen soll, scheint ein müßiges Unterfangen. Die Regisseurlosigkeit wird mich eines Tages von der Bühne treiben. Es ist entsetzlich langweilig nur die Rolle zu spielen in einer mittelmäßigen Aufführung. [...]
Ich war in Berlin mit Lindtberg sehr glücklich bei »Elektra«, habe aber keinen Klassiker von ihm gesehen. Ihnen wird es zu viel werden, Kandaules zu spielen und inszenieren. Oder ginge es?
Von allen Regisseuren, die überall inszenieren und von denen man weiß, scheint mir keiner, ehrlich gesagt, geeignet. Es wird ja zu einem Kompromiß kommen müssen. Nur, mit w e m ? Wälterlin,

Sellner, (kann wohl nicht) was ist mit Schalla? Von Düggelin hab ich eine völlig unfähige und kindergartenhafte »Jungfrau von Orleans« in Darmstadt gesehen. Unmöglich. Was ist mit dem Opern-Rennert? Verzeihen Sie, daß ich so unkompliziert hin- und herspringe mit Namen. Es zeigt nur, wie verzweifelt man aus dem Nichts etwas hervorholen will. Aber vielleicht haben Sie einen Zaubervorschlag?
Zu meiner Bitte wegen der Kostüme: gerade die köstlichen Bühnenbildner Neher und Otto, mit beiden habe ich, was die Kostüme anbetrifft, besagte Erfahrung, daß sie selig sind, wenn sie sich nicht drum kümmern brauchen. Wenn ich an die Figurine von Neher denke, die er zu Elektra anbrachte, eine vermummte Figur, nicht zu erkennen, nicht was vorn und hinten, oben und unten war. (Und das bei einer Frau!) wirklich ein Witz. Bitte, Gustaf, lassen Sie es uns versuchen. Sie ersparen mir ungeheure Nervenkraft, wenn Sie mir jemanden an die Seite geben, auf den ich mich und Sie sich verlassen können. Warum muß es einem so schwer gemacht werden? Wenn ich die Hilfe von Klöss habe, weiß ich, daß die Entwürfe, natürlich in Absprache mit dem Bühnenbildner, erstklassig sind und die Ausführung und meine Anproben, die sonst Stunden und Stunden dauern und mir Kräfte wegnehmen, sich auf ein Mindestmaß beschränken, weil ein geschultes Auge alles überwacht. Bitte versuchen Sie mir diesen Wunsch zu erfüllen, gerade bei diesen beiden Stücken ist es von größter Bedeutung originell und schön angezogen zu sein.
Ein anderes Problem ist aufgetaucht, das ich ganz sachlich anschneiden möchte. Skopnik hat bei mir angerufen, ob ich Mai Proben, 10–20. Juni Premiere »Macbeth« in Recklinghausen spielen kann. Ich habe mich bisher aus all den »Festivals« herausgehalten und abgesagt, weil sich dieser Ausverkauf nicht sehr mit meinen Ansichten über Theater deckt. Die Konzentration auf die eigenen Häuser und dort, ohne Ankündigung, festivalreife Vorstellungen zu machen, erscheint mir wichtiger. Nun, meine Situation in diesem Winter ist etwas kritisch. Durch verrückte Konstellationen kam es nicht zur geplanten »Medea« – Euripides – Braun – in Berlin für Oktober, (übrigens ein Stück und eine Rolle, die mich sehr reizen) »Julie«, muß, da Fehlings Gesundheitszustand leider Fehling-Proben nicht mehr gewachsen ist, ausfallen und so bin ich bis zu meinem Hamburger Antritt in der Luft und könnte mir denken, daß Proëza, Rhodope, Lady Macbeth ein guter Speisezettel ist. Ich möchte Sie nur bitten, da ich die Spielplangestaltung Ihres Hauses nicht kenne und nicht weiß, wie oft, wie lange Claudel und Hebbel gespielt werden, vor allem im Juni, zu prüfen, ob Sie eine Möglichkeit sehen, Macbeth und Hamburg zu verknüpfen. Auf keinen Fall will ich es tun, wenn es ein ständiges Gehetze zwischen den Städten ist. Andrerseits wäre es mir natürlich auch aus finanziellen Gründen nicht unangenehm, zumal jetzt Oktober, November, Dezember für mich ausfallen und ich nicht gewillt und fähig bin aus Notwendigkeit »irgendetwas« zu tun.
Bitte erwägen Sie die Situation, Skopnik wollte sich, auch auf meine Bitte hin, da ich ja bisher keine Erfahrungen mit der Ausnutzungen der Stücke in Ihrem Hause habe, mit Erfurth in Verbindung setzen.
Über den großen Erfolg in Berlin hab ich mich herzlich gefreut. Ist es nicht schade um die Stadt und um ein immer noch so gutes Publikum? [...]

Die Frage des Regisseurs für »Gyges und sein Ring« löste Gründgens, indem er selbst die Regie übernahm.
In seinem Antwortschreiben vom 27. November 1959 erklärte Gustaf Gründgens sein Einverständnis mit dem Vorschlag, daß Joana Maria Gorvin ihre Kostüme im Atelier Klöss fertigen lasse; allerdings dürfe in den Programmen der Name des Ateliers nicht genannt und auch die Kosten dürften dadurch nicht verändert werden.
Das Gastspiel von Joana Maria Gorvin bei den Ruhrfestspielen Recklinghausen kam nicht zustande.

Siegfried Melchinger, Stuttgarter Zeitung, 25. 6. 1960

[...] bin ich im Begriff, einen außerordentlichen Theaterabend zu rühmen, einen Abend mit diesem »Gyges«, den Gustaf Gründgens in Hamburg inszeniert hat, mit der sich herrlich steigernden Joana Maria Gorvin als Rhodope, mit dem ebenso leidenschaftlichen wie gefaßten Gyges von Sebastian Fischer und mit Gründgens selbst als Kandaules. Ich kann nicht sagen, daß das Stück seine Widerwärtigkeit verlor. Aber sie war vertuscht. Die Aufmerksamkeit wurde auf anderes gelenkt, auf die unglaubliche Struktur zum Beispiel. [...]

K[arl] H[einz] Ruppel, Süddeutsche Zeitung, München, 23. 5. 1960

Welch ein Vorahner Sigmund Freuds ist Friedrich Hebbel in der Tragödie vom unheilbringenden Ring des Griechen Gyges! [...] Das Theater von heute kann, von einem Meisterregisseur wie Gustaf Gründgens geführt, mühelos in dieser Sprachattitüde den modernen Menschen zeigen; es kann sie leicht, locker im Ton und biegsam in der Diktion machen, ohne ihre Bedeutungsschwere zu mindern. [...]
Die kaum mehr zu bewältigende Rolle der Rhodope – wenn sie eine Schauspielerin heute noch zu bewältigen vermag, ist es Joana Maria Gorvin. Wunderbar anzusehen wie eine lebendig gewordene Figur aus persisch-indischen Miniaturen, ist sie das Abbild des blumenhaften, geschichtslosen, den Gang der Gestirne irdisch nachschreitenden Wesens – aber nur das Abbild, nicht das Urbild; denn auch in ihr lebt ein wacher, moderner Intellekt, der die Situation, in die Rhodope durch ihren Gatten gebracht wird, sehr rasch als verhängnisvolle eheliche Komplikation, nicht mehr jedoch als Frevel gegen ein Urgesetz, als todeswürdige Versündigung an einem geheiligten Tabu, zu begreifen vermag. Daß Joana Maria Gorvin dem Zuschauer aber zum Bewußtsein bringt, daß die Erinnyen in Hebbels Ring-Tragödie nicht um eines gesellschaftlichen Skandals – der Freund des Königs im Schlafgemach der Königin – sondern um eines mythischen Konflikts beschworen werden, ist viel, sehr viel. Es ist das Maximum dessen, was eine Schauspielerin der Gestalt der Rhodope heute noch an innerer Wahrheit zu geben vermag. [...]

Johannes Jacobi, Düsseldorfer Nachrichten, 23. 5. 1960

[...] Dem Regisseur Gründgens kam es nun darauf an, in Hebbels letztem reifstem, in seinem persönlichsten Werk, in »Gyges und sein Ring«, den großen Zerfrager sichtbar zu machen. An der Schwelle der Moderne hat Hebbel, sich mit Kandaules identifizierend, den Relativismus der Werte bis zur Tragödie gesteigert. Sie umgreift geistesgeschichtlich die Spanne zwischen der optimistischen Revolution und dem Nihilismus als ihrem Ende. [...]
Joana Maria Gorvin verkörperte die Blumenhaftigkeit der Inderin Rhodope mit suggestiver Anschaulichkeit. Die Zerbrechlichkeit ihres Wesens steigert sich durch die fast beispiellose sprachliche Differenzierung zur Härte des Gedankens, auf dem Rhodopes Existenz beruht. Im Dialog mit Gyges erreichte die Gorvin absolute Höhe tragischer Verantwortung. Sebastian Fischer stellte zwischen den Gegensätzen Gründgens–Gorvin mit strahlender Anmut, die in einen Todeskreis gezogen wird, als Grieche Gyges die auf den Bühnen selten gewordene Lichtgestalt eines jugendlichen Helden in das Dreieckspiel.
Gründgens als Lyderkönig Kandaules – das war ein ungewohnter Gründgens. Wenn er den Mahnungen des alten Sklaven Thoas (Eduard Marks) widerspricht, wenn er [...] sich das leichte Diadem aufs Haupt setzt, dann witterte das Premierenpublikum in den mephistophelisch klingenden Worten – »Das sitzt« – einen Anlaß zu ironischer Amüsiertheit. Sie verdunkelt sich bald. [...] Gründgens [spielte] das Pathos der revolutionären Skepsis. Er war sich der Tödlichkeit seines Rüttelns am »Schlaf der Welt« schon früh bewußt. [...]

Als Rhodope mit Sebastian Fischer als Gyges
Foto: HHThs. Clausen

Als Rhodope mit Gustaf Gründgens als Kandaules
Foto: HHThs. Clausen

FRÄULEIN JULIE von August Strindberg
Hamburg, Deutsches Schauspielhaus, 22. 11. 1960. Regie: Gustaf Gründgens

Mit Ehmi Bessel, Gustaf Gründgens, Ullrich Haupt bei einer Probe
Foto: HHThs. Clausen

Gustaf Gründgens, [Hamburg, Oktober 1960]

Liebe Joana !

[...] Ich kenne kaum eine Schauspielerin, die so ernsthaft probiert, die sich so viel Gedanken um alles, was mit ihrer Rolle zusammenhängt, macht, und deren Intuition und Intelligenz so harmonisch miteinander übereinstimmen. Und so ist die Arbeit mit Ihnen ein reines und hoch künstlerisches Vergnügen. Ich finde das Resultat unserer Proben ein absolut höchstrangiges und bin sehr beeindruckt, wie es Ihnen gelungen ist, Ihre und meine Auffassung zu verschmelzen. [...]

Der einzige Punkt, worin wir nicht konform gehen, sind die Kostüme. Weder im »Seidenen Schuh« noch im »Gyges« noch gestern haben sie mich überzeugt. Aber ich habe mir immer gesagt, was macht solch eine Geschmacksfrage angesichts der großen Gesamtleistung, die Sie jedesmal zu bieten haben. Ich möchte doch nur eines: daß das Kostüm Ihnen zusagt, daß Sie sich in dem Kostüm wohlfühlen, und daß es Sie in Ihrer Darstellung unterstützt. Tut es das, dann stelle ich meine eigene Meinung gern zurück. Ich habe von Munch und von der äußeren Erscheinung der halb als Mann, halb als Weib erzogenen Julie eine andere Vorstellung. Gestern plötzlich schien mir die Diskrepanz unvertretbar. (So unvertretbar wie meine Reaktion darauf.) Aber ich kann doch nur Reaktionen haben, die f ü r Sie sind, nach meinem besten Wissen. Ich werde Ihnen heute nach der Probe ganz offen sagen, ob das Kostüm mich überzeugt hat oder nicht.

Was Ihre augenblickliche Beziehung zu Fräulein Julie angeht: nehmen Sie sie bitte als ein Probenstadium und nichts anderes. Sie gleicht ungefähr der meinen vor der Arrangierprobe. Noch nie hat jemand auf einer ersten Probe alle meine Bedenken so völlig zerstreut wie Sie mit dem, was Sie von sich aus auf die Probe mitbrachten. Heute teile ich Ihre Besorgnisse nicht mehr, denn Sie spielen mehr, als ich erwarten konnte, alle Voraussetzungen, die zum Verständnis dieser Rolle nötig sind; und so bleibt als Haupteindruck für mich merkwürdigerweise: Sie wirken rührend; anrührend. Also diese Bedenken sollten Sie nicht mehr haben.

Ich hoffe jedenfalls, daß wir noch oft zusammenarbeiten können, denn es gibt zu wenig Schauspieler, mit denen man sich so mühelos verständigen kann. [...]

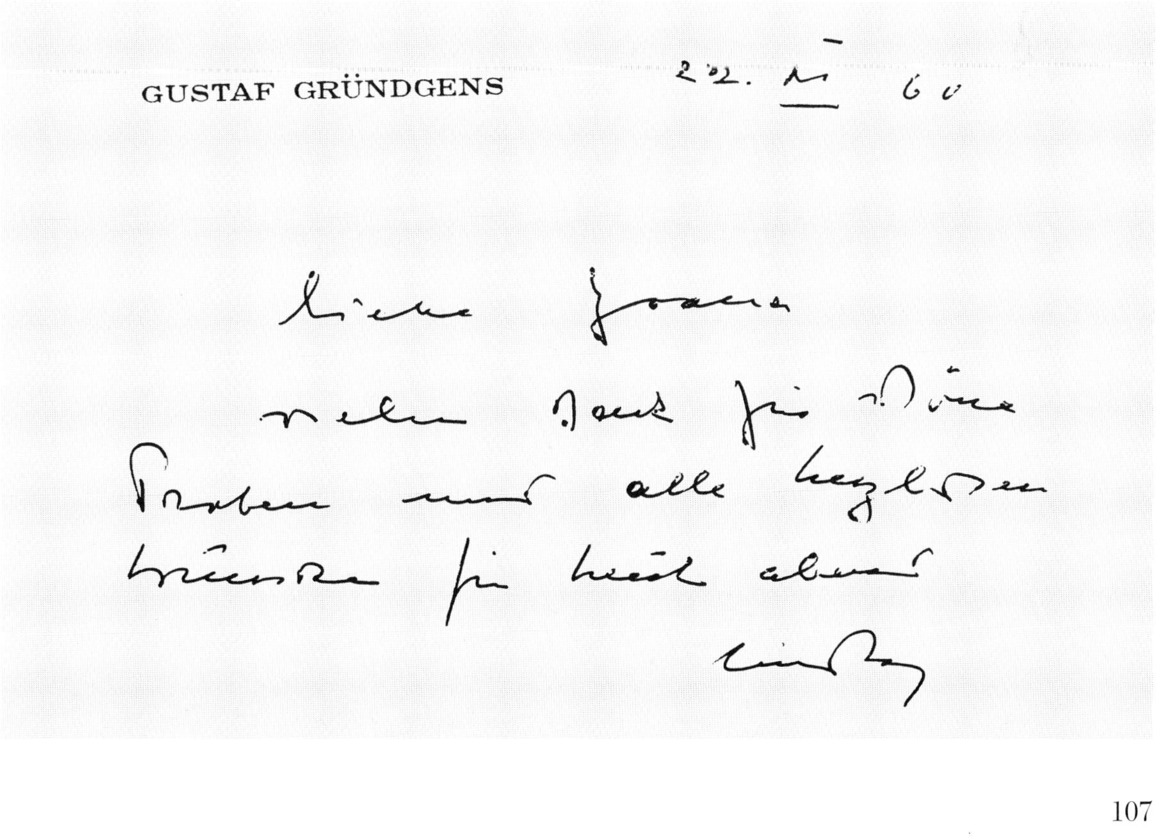
GUSTAF GRÜNDGENS

Gustaf Gründgens, Hamburg, 22. 11. 1960
Liebe Joana, vielen Dank für schöne Proben und alle herzlichen Wünsche für heute abend. Gründgens

Als Fräulein Julie mit Ullrich Haupt als Jean
Foto: Clausen

Als Fräulein Julie mit Ullrich
Haupt als Jean
Foto: Clausen

[...] Die Gründgens-Inszenierung [...] zeigt die aktuelle Abseitigkeit Strindbergs vollendet auf. Abseitig im Sonderkonflikt des Fräulein Julie. Aktuell, weil gerade betont servierte Sonderkonflikte Einfluß auf die traditionslose Dramatik vor allem gehabt haben. Diese aktuelle Abseitigkeit brachte Gustaf Gründgens als Regisseur in der Dekoration Caspar Nehers meisterhaft zur Geltung. Joana Maria Gorvin war artistisch ebenso hervorragend wie in der realistischen Charakterzeichnung. Sie blendete durch Nuancen, die aber wieder genau der Wirklichkeit des Fräulein Julie entsprachen. Sie spielte Strindberg und zugleich seine Wirkung auf O'Neill und Tennessee Williams. Ullrich Haupt überzeugte als Diener Jean und Ehmi Bessel als Köchin Christel. Daß Strindberg der Einakter »Hughie« von O'Neill vorausging, war ein guter und berechtigter kritisch dramaturgischer Witz. [...]

Herbert Ihering, Die andere Zeitung, Hamburg, Nr. 52, [November] 1960

[...] Es ist das Verdienst der Hamburger Aufführung unter der Regie von Gustaf Gründgens [...] mit dem verstaubten Vokabular in Bezug auf Strindberg aufgeräumt zu haben: [...] Allerdings hat diese Aufführung einen Bruch – er liegt bei der Titelfigur. Mit aller Behutsamkeit sei versucht ihn anzuleuchten.

Zunächst einmal müßte das Stück hier – das ergibt sich zwangsläufig aus der skizzierten Sicht – nicht »Fräulein Julie«, sondern »Herr Jean« heißen. Damit ist gar nichts gegen die großartige, technisch vollkommene Leistung von Joana Maria Gorvin gesagt, die auch den stärksten Beifall erhielt. Nur gewinnt man den Eindruck, daß in ihr etwas gegen eine Regieauffassung rebelliert hat, die sie sich nicht zu eigen machen konnte oder wollte; sie kompensiert auf ihre eigne Weise, nicht im Sinne der Inszenierung.

Anfangs ist das Begehrliche zurückgenommen, aber an die Stelle der Härte, die im Vorgang der Verführung liegt, tritt ein mädchenhafter Zug, der ihn unglaubhaft macht. Im Fortschreiten des Stückes spielt sie dann das ganze Espressivo aus, über das sie verfügt – und auch das trifft nicht ganz den Sachverhalt, den Strindberg selber so trefflich kennzeichnete: »Meine Charaktere sind ... Stücke von Menschen, abgerissene Fetzen von Feiertagskleidern, die Lumpen geworden sind.«

Diese Julie ist kein Fetzen. Sie ist Tragödin und im Untergang noch schön, von der Schönheit der sterbenden Griechen. Sie ist nicht sachlich – wie die Bestandsaufnahme von Strindberg in hohem Maße! – sondern romantisch. Demgegenüber läßt sich über Ullrich Haupt fast gar nichts sagen, weil er einfach großartig war, »poliert, aber roh, dahinter«, eitel, aber dahinter grollte es. Hervorragend das – Zeitgebundenes und Überzeitliches zusammenfassende – Bühnenbild von Caspar Neher.

Claus Henning Bachmann, Der Tag, Berlin, 25. 11. 1960

[...] Das wirklich große Ereignis der kleinen Hamburger »Saison« wurde von Gustaf Gründgens geschaffen. [...] Gründgens meißelte das Drama zwischen Mann und Weib als urmenschlichen Gegensatz heraus und traf den eigentlichen, den elementaren Grundton Strindbergs.

Er hatte ein ideales Fräulein Julie: Joana Maria Gorvin. Ihr schmaler , behender Leib umschloß gefährlichere Leidenschaften als alle Kurvenköniginnen unserer flachen Sex-Libertinage. Die messerscharfe Intelligenz der Sprecherin Gorvin umkreist verführerisch den aufstrebenden, schon ziemlich selbstsicheren Bedienten, als der Ullrich Haupt mehr ein schon herrenhaftes Mannsbild als noch ein Lakai war. Der den Sprung nach oben auf redliche Weise tun will und sich durch keine Sinneswallungen einer Nacht irritieren läßt. Die Erschütterung des Abends wurde durch die verzweifelten Windungen erzeugt, mit denen die Gorvin das kreatürlich gewordene Weib gegen den männlichen Selbstbehauptungswillen und gegen den schonungslos wahren Realismus seiner Diagnose von »Liebe« und Leben zu verteidigen suchte. Eine atemversetzende Kunst der Übergänge zwischen Aufbegehren und Demütigung bis zur Entgegennahme des Rasiermessers. [...]

Johannes Jacobi, Düsseldorfer Nachrichten, 29. 11. 1960

ACTIS von Lawrence Durrell
Hamburg, Deutsches Schauspielhaus, 22. 11. 1961. Regie: Gustaf Gründgens

Als Actis mit Werner Hinz als Nero
Foto: HHThs. Clausen

An Gustaf Gründgens, Wien, 11. 4. 1961

Lieber Gustaf,
heute, nach beinahe drei Monaten Ihr Brief, der mich in ziemliche Panik versetzt. [...] Was soll ich nun mit den Rollenvorschlägen anfangen? »Acte« hab ich bisher nur im englischen Original gelesen und Penzoldt nicht darüber im Unklaren gelassen, daß ich, so wie das Stück damals vorlag, nichts damit anzufangen wußte. Es war eine Skizze, und der Sinn des Ganzen war mir nicht ersichtlich und die Rolle sehr unergiebig.
Eboli kann ich nicht leiden. Und »Liebestrank« ist hübsch – aber wo bleibt die Rolle, die mich glücklich macht und die meines Talentes bedarf und meiner Persönlichkeit? In all diesen Vorschlägen werde ich verwertet, aber doch nicht wirklich eingesetzt. [...]
Was soll ich im Herbst spielen? Mit Betrübnis höre ich, daß im April ein Giraudoux geprobt wird, so daß ich fürchten muß, mein Wunsch Undine fällt ins Wasser. Ich hatte sehr gehofft, diese Rolle im Herbst bei Ihnen, mit Ihnen spielen zu können, nach all den tragischen, verstiegenen Rollen, eine ausgezeichnete Balance. Was sagen Sie dazu? Wäre Nora ev. mit Hinz etwas, das in Frage käme oder ein Shakespeare – »Was ihr wollt« Viola? Und was ist mit dem Fernseh-Plan Julie?
Ach Gustaf, was machen Sie mit mir, retten Sie mich aus dieser Enttäuschung. Sie sind doch selber Schauspieler, und als Intendant werden Sie auch kein ganz gutes Gewissen haben, um zu wissen, daß Ihre Vorschläge mich keinesfalls beglücken. Über die Ziege Eboli ließe ich noch mit mir reden, wenn mir ein Braten serviert wird, der mir diese Schwarzwurzel dann genießbar machte.
Sollte Ihrer Dramaturgie für eine Schauspielerin wie mich, nichts einfallen?
Lieber Gustaf, ich bleibe in ziemlicher Verwirrung zurück und ich bitte Sie nur, lassen Sie mich nicht zu lange auf eine Antwort warten und auf Pflaster für meine Wunden. Jedenfalls soll Penzoldt mir bitte sofort die »Acte« schicken, damit ich in der Übersetzung mein Urteil nachprüfen kann. [...]

Gustaf Gründgens, Hamburg, 13. 4. 1961

Liebe Joana!
[...] Weder haben Sie mit der »Acte« Recht noch mit der Eboli, weder mit der Nora noch mit der Viola, die Sie beide nicht mehr spielen sollten. Daß die Undine eine weniger »verstiegene« Rolle sein soll – wenn ich mir Ihren Ausdruck zu eigen mache – als die Proëza und die Rhodope, finde ich nicht, und die »verstiegenste« Ihrer Rollen, nämlich die Julie, war Ihr größter Erfolg.
Was soll ich zu einer Darstellerin sagen, die sich mit der Titelrolle einer Durrell-Uraufführung und mit der Eboli in dieser Besetzung nur »verwertet« vorkommt? Doch eigentlich nur das, daß wir uns bei unseren gemeinsamen Plänen mißverstanden hatten. Ich hatte geglaubt, Sie wollten sich wie meine anderen »Stars« an die Spitze meines Ensembles stellen.
Aber nun sehe ich, daß Sie durchaus eine Sonderstellung für sich in Anspruch nehmen. Das ist bei der Einmaligkeit Ihres Talentes Ihr gutes Recht, und es ist nicht daran zu zweifeln, daß wir auch auf diesem Wege zu einer Zusammenarbeit kommen. Nur ändert es sich insoferne, daß ich Sie erst dann einlade, wenn ich eine exzeptionelle Rolle für Sie habe. [...] Ich will sehen, ob es mir gelingt, meinen Spielplan noch einmal umzukrempeln und vor der »Acte« ein Stück für Sie zu finden. Die Eboli will ich keineswegs mehr mit Ihnen machen. Ich bin durchaus nicht böse, wenn Sie auch die »Acte« nicht spielen wollen. Ich habe Herrn Dr. Penzoldt große Vorwürfe gemacht, daß er mich nicht von seinem Gespräch mit Ihnen informiert hat, und ich werde dem Verlag ebenfalls große Vorwürfe machen, daß er Ihnen über meinen Kopf hinweg ein unfertiges Stück gegeben und dadurch Ihnen und mir die Lust an einer Zusammenarbeit getrübt hat. Daß Sie die beste und für den bedeutenden Dichter Durrell glücklichste Besetzung gewesen wären – daran ist nicht zu zweifeln. [...]

An Gustaf Gründgens, Wien, 30. 4. 1961

Lieber Gustaf!
[...] Eigentlich wollte ich Ihnen einen langen Brief schreiben, von den Nöten, Verzweiflungen und Bedrängnissen einer Frau am Theater, in der heutigen, zersplitterten, unkonzentrierten Theaterwelt. In dieser geschäftigen Welt noch einen einigermaßen unangetasteten Platz einzunehmen, erfordert viel Kraft. Ich bin nicht so zäh wie die Dorsch es war und sehe oft nicht, wie ich es durchstehen soll, allein, nur auf mich gestellt. Und da bleibt es wohl auch nicht aus, daß man Fehler macht im Übereifer. Aber nicht mehr davon.
Ich hatte meinen Brief eigentlich auch im Gedanken an einen Freund und nicht nur an den Intendanten geschrieben und hoffte auf eine nicht nur intendanzliche, sondern freundschaftliche Antwort und auch Belehrung wenn es sein soll, z.B. über den Durrell. Stattdessen kommt der intendanzliche Bannstrahl, der mich so unvorbereitet trifft, wie ein Donner aus blauem Himmel. Zählt unser gutes Einverständnis in der Arbeit so wenig, daß der erste Konflikt – ist es einer? – alles aufhebt? Ich will mich Ihnen nicht aufdrängen –, natürlich wäre für mich ein Vertrag auf längere Sicht beruhigender gewesen. [...]
Zu »Acte« noch Folgendes: Sie haben Recht, wenn Sie über meine törichte Formulierung [...] des »verwertet werdens« böse sind. Sie entstand wohl aus der gespanntesten Erwartung, die dann nicht so eintraf. Bitte lassen Sie mir das Stück schicken und nehmen Sie sich die Zeit, mir in ein paar Zeilen oder durch ein Telefonat, Ihre Meinung und Ausdeutung zu sagen. [...]

Gustaf Gründgens, Hamburg, 31. 5. 1961

Liebe Joana!
[...] Ich bin mit Durrell im Briefwechsel über gewisse Änderungen und Verdichtungen, und er schrieb gerade, daß er sie fast alle akzeptiert. Natürlich betreffen diese Änderungen nicht den Grundcharakter der Figuren. Über Acte schreibt Durrell:
»... ich dachte mir Acte übrigens als eine Spur verrückt – mit dem großen Charme einer hochherzigen und törichten Frau. Ebenso als eine, die in der römischen Politik völlig fehl am Platze ist, und lächerlicher Fehlurteile fähig. Ich glaube, ich habe das hier und da zum Ausdruck gebracht. Nicht ihr Gehirn soll die Sympathie des Publikums gewinnen – denn sie hat keins; sondern vielmehr die Größe ihres Herzens. So jedenfalls habe ich versucht, sie mir vorzustellen ...« [...]
Über Ihre zweite Rolle zerbreche ich mir nach wie vor den Kopf ; es ist nicht so einfach wie man denkt, der Partner wegen. Dazu kommt, daß es ein Stück sein sollte, das ich gern machen will, und nichts könnte mir lieber sein, als ein heiteres Stück zu finden. [...]

Dieter Hildebrandt, Frankfurter Allgemeine Zeitung, 24. 11. 1961

[...] Genug vom Stück, es muß nun von der Gorvin die Rede sein. Joana Maria Gorvin spielt die Titelrolle [...]. Beängstigend schlank steht sie auf der Bühne, dabei stählern und voll energischer Leidenschaft. Zornig ist sie und im nächsten Augenblick wieder ganz zärtlich, und dabei bewahrt sie immer einen Untergrund von Trauer, immer spürt man die Nähe des Todes. Sie hat die Sanftheit eines Mädchens, und sie hat den Ausbruch der großen Tragödin. Ihre Darstellung ist von einer erregenden Nähe, so daß mitunter die Figur fast aus dem Stück gelöst erscheint oder das Drama nur wie ein choreographischer Vorwand wirkt für die große Schauspielkunst der Gorvin. [...]

Rolf Michaelis, [Die Zeit, Hamburg, November] 1961

[...] Joana Maria Gorvin war ganz »exotische Blume« in einer korrupten Geschäftswelt. Schmal und zerbrechlich unter einer wilden grauen Mähne war sie gespannter Bogen kindlich unvernünftiger Kraft gegen ein Weltreich. [...] Weich und verströmend in der rückgeblendeten Liebesszene mit Fabius, gewann sie Energie und Verschlagenheit in der nächtlichen Begegnung mit Nero in den Küchenhöhlen des Palastes. Beide Szenen gehören zu den besten und wirkungsvollsten, die Durrell erdacht hat. Aber alle Szenen, auch die weniger gelungenen, erfüllte Joana Maria Gorvin mit kalter Glut. Sie machte aus Actis eine Schwester der Penthesilea. [...]

[...] Joana Maria Gorvin – ideal eingesetzt – ist eine hinreißende Actis. Sie steigert diese Figur, die großartige Umrisse besitzt, aber nicht aus dem Kosmos der Sprache leben darf, beinahe zu einer Proeza ohne Claudel. Gründgens, der bedeutende Theatermann, spürte natürlich die faszinierenden Möglichkeiten, die sich ihm boten. In einer wundervoll eingeblendeten, traumhaften Liebeserinnerung zwischen Actis und Fabius in dem plötzlich sich öffnenden römischen Garten, beschwor er – ein Höhepunkt des Abends geradezu die Poesie der romantischen Holunderbuschszene Kleists. [...]

Gerd Vielhaber, Der Kurier, Berlin, 28. 11. 1961

Meine liebe Prinzessin
Ihr Brief aus Griechenland ist heute angekommen! Und wir sind erst gestern von einer Reise nach Athen zurückgekehrt. Wenn ich gewußt hätte, daß Sie so spät im Jahr in Aegina sind, hätte ich Sie besucht oder mich doch wenigstens gemeldet. Wie schade! Wir verbrachten zehn Tage in Griechenland und machten mit dem Auto einen Ausflug auf den Peloponnes. Ich fand Griechenland nicht sehr verändert vor und so schön wie immer; aber ich habe nicht vermutet, daß gerade über dem Wasser Prinzessin Acte saß, auf einem Felsen, im Wasser ihr eigenes Antlitz schauend. Ich hoffe sehr, daß es Ihnen in Ihrem Beruf gutgeht. Ich habe mein neues Stück beendet, habe aber bis jetzt noch keine Reaktionen darauf aus Hamburg. Seit dem Abgang von Gründgens habe ich dort keine Fürsprecher mehr.
Alle guten Wünsche, Prinzessin!
Lawrence Durrell

Lawrence Durrell [um 1963]

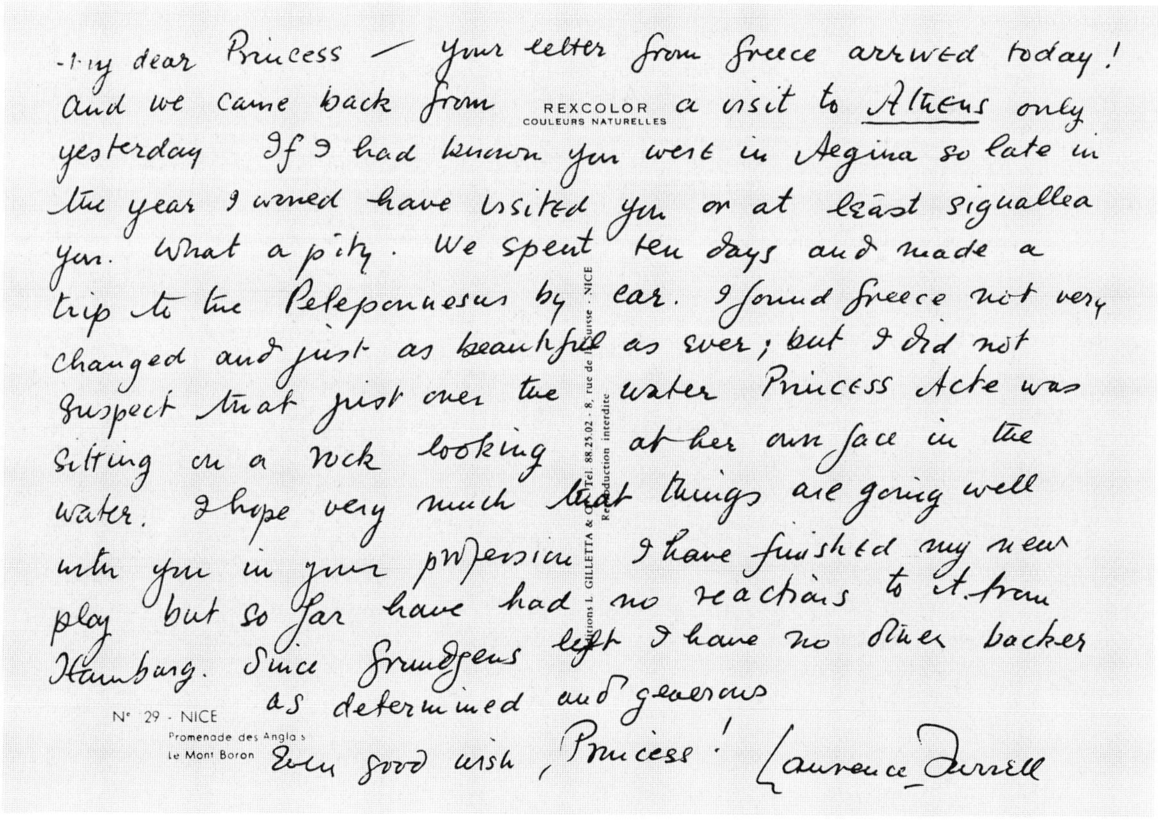
My dear Princess — your letter from Greece arrived today!
And we came back from a visit to Athens only
yesterday If I had known you were in Aegina so late in
the year I would have visited you or at least signalled
you. What a pity. We spent ten days and made a
trip to the Peloponnesus by car. I found Greece not very
changed and just as beautiful as ever; but I did not
suspect that just over the water Princess Acte was
sitting on a rock looking at her own face in the
water. I hope very much that things are going well
with you in your profession I have finished my new
play but so far have had no reactions to it from
Hamburg. Since Grundgens left I have no other backer
as determined and generous
Every good wish, Princess! Lawrence Durrell

DON GIL VON DEN GRÜNEN HOSEN von Tirso de Molina
Hamburg, Deutsches Schauspielhaus, 25. 12. 1961. Regie: Gustaf Gründgens

Als Doña Juana/Don Gil mit
Solveig Thomas als Doña Ines,
Erni Mangold als Doña Clara
Foto: HHThs. Clausen

Gustaf Gründgens machte sein Versprechen wahr – das »heitere Stück«, das er gerne inszenieren wollte und für Joana Maria Gorvin suchte, wurde Tirso de Molinas »Don Gil von den grünen Hosen«.

Gustaf Gründgens, Hamburg, 14. 6. 1961

Liebe Joana!
[...] Über »Don Gil« werden Sie hoffentlich, oder besser gesagt, haben Sie pflichtschuldigst in die Knie zu sinken. Abwechselnd Herr und Dame zu sein, in zauberhaften Kostümen nach Goya (kein Wort über den Münchner Herrn, dafür mein Schwur, daß Sie so süß aussehen werden wie noch nie in Ihrem Leben) – muß einfach Spaß machen.
Nun kommt eine Bombe: ich möchte Ihnen gern die Kunigunde im »Käthchen von Heilbronn« andrehen (ich weiß nicht, ob Sie Koppi [d. i. Maria Koppenhöfer] damals noch gesehen haben). Sie können wie keine andere diese furiose Halbhexe spielen. Aber unter diesem Gesichtspunkt allein sollen Sie das ja gar nicht sehen. [...] Dazu kommt dann der Charme, daß Sie von Rolle zu Rolle jünger werden, als Hexe beginnen und als blue boy enden; das alles im Laufe eines Vierteljahres kann nur reizvoll und hübsch sein.
Mein Brief ist etwas albern. Aber ich freue mich so sehr, daß morgen der ganze Zauber für mich ein Ende hat, daß ich nicht mehr seriös bleiben kann. [...]

Lieber Gustaf Don Gil noch nie gelesen und gesehen. Vertraue auf Ihre Wahl erbitte Stückzusendung Wiener Adresse stop Acte eingetroffen wüßte gern übrige Besetzung. Ab Juli Griechenland Adresse Aigina c/o Café Karajanni schöne Zeit im Haus in Funchal [...]

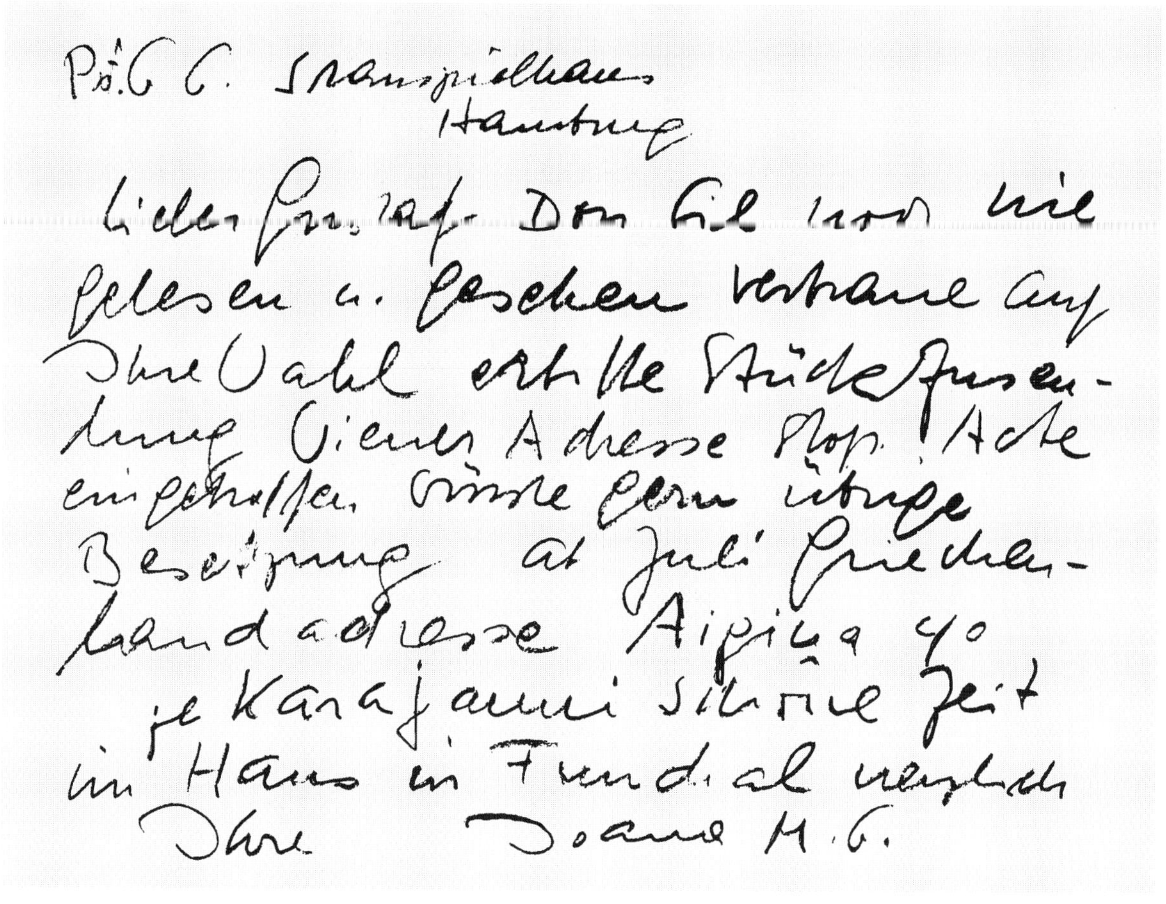
Schauspielhaus
Hamburg
Lieber Gustaf Don Gil noch nie
gelesen u. gesehen vertraue auf
Ihre Wahl erbitte Stückzusen-
dung Wiener Adresse stop. Acte
eingetroffen wüßte gern übrige
Besetzung ab Juli Griechen-
landadresse Aigina c/o
Karajanni schöne Zeit
im Haus in Funchal herzlich
Ihre Joana M. G.

An Gustaf Gründgens [Wien, 1961]

Als Doña Juana/Don Gil mit
Joseph Offenbach als Francisco
Foto: HHThs. Clausen

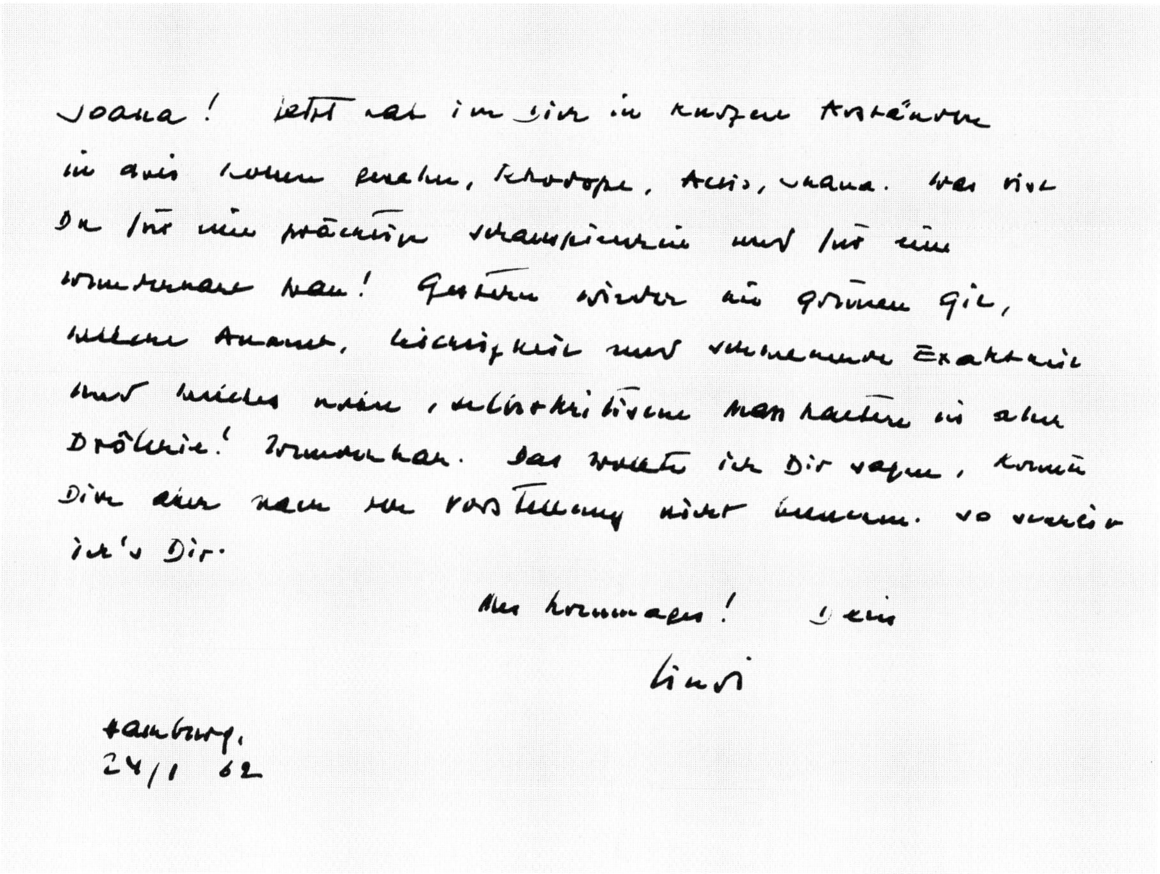
Joana! Jetzt hab ich Dich in kurzen Abständen
in drei Rollen gesehn, Rhodope, Actis, Juana. Was bist
Du für eine prächtige Schauspielerin und für eine
wunderbare Frau! Gestern wieder im grünen Gil,
welche Anmut, Leichtigkeit und schwebende Exaktheit
und welches noble, selbstkritische Maßhalten in aller
Drôlerie! Wunderbar. Das wollte ich Dir sagen, konnte
Dich aber nach der Vorstellung nicht besuchen. So schreib
ich's Dir.

Mes hommages! Dein

Lindi

Hamburg,
24/1 62

Leopold Lindtberg, Hamburg, 24. 1. 1962

Joana! Jetzt hab ich Dich in kurzen Abständen in drei Rollen gesehn, Rhodope, Actis, Juana. Was bist Du für eine prächtige Schauspielerin und für eine wunderbare Frau! Gestern wieder im grünen Gil, voller Anmut, Leichtigkeit und schwebender Exaktheit und welches noble selbstkritische Maßhalten in aller Drôlerie! Wunderbar. Das wollte ich Dir sagen, konnte Dich aber nach der Vorstellung nicht besuchen. So schreib ich's Dir.
Mes hommages ! Dein
Lindi

Herta und Boleslaw Barlog, Hamburg, 21. 1. 1962, nach dem Besuch einer Vorstellung

Liebe Joana
wir können nicht weiterreisen, ohne Dir, Sebastian und ALLEN von Herzen zu danken für diesen herrlichen »Don Gil«. Nach einigen trüben Provinzimpressionen war das ein Abend strahlendsten Staatstheaters. Gustaf hat wieder einmal gezaubert. Wir haben selten ein Theater so beschwingt verlassen! Wir umarmen Dich und grüßen Dich, Sebastian und alle hinreißenden Akteure. Bitte lege auch Jürgen unseren Gruß zu Füßen. Hoffentlich nun doch bald auch wieder einmal bei uns!

Martin Beheim-Schwarzbach [Hamburg, Februar 1962]

Lieber Don Gil – [...] ich bin so unendlich entzückt von Ihnen wie es mir kaum je im Leben ergangen ist. [...] Hinzu kommt das Glück, daß ich Sie kenne und dies sich zu den Eindrücken der Bühne addiert. [...] Alles in allem Hosen und Augen und alles sonst zusammengezählt habe ich von Ihnen das Erlebnis mozarthaften Charmes und Anmut, [...] wobei ich gewiß nicht vergesse, daß es ein populärer Irrtum ist, Mozart sei nichts als lauter Heiterkeit. – [...]

TOTENTANZ von August Strindberg
Hamburg, Deutsches Schauspielhaus, 18. 1. 1963. Regie: Gustaf Gründgens

Als Alice mit Werner Hinz als Edgar, Richard Münch als Kurt
Foto: HHThs. Clausen

Lieber und sehr verehrter G.G.

An Gustaf Gründgens, Hamburg, 18. 1. 1963

Verstaubte Lorbeerkränze auf der Bühne, die »Edgar nie bekommen wird«. Aber für Sie einen »frischen«, wenn er auch nicht »echt« ist. Aber dafür dauerhaft!
Lieber, ich danke Ihnen für eine wunderbare Probenzeit, für eine wunderbare Zeit an Ihrem Theater. Es kommt mir fast vor als ob ich nachdem ich wieder ein Heim bei einem verständnisvollen Förderer gefunden hatte, ins Waisenhaus muß. Ich will nicht denken, daß dies die letzte Arbeit war, die wir miteinander gemacht haben, aber ich fürchte, daß ich dieses Einverständnis, dies sich gegenseitig Verstehen auf minimalsten Daumendruck für lange Zeit entbehren muß. Es ist soviel schöner und beglückender in einer Inszenierung zu spielen, in der musiziert wird und nicht nur gespielt.
Ich umarme Sie und hoffe für uns alle, es geht gut heute Abend
Ihre
Joana Maria Gorvin

Zu diesem Zeitpunkt war bereits bekannt, daß Gustaf Gründgens mit Ende der Saison die Intendanz des Deutschen Schauspielhauses abgeben würde. Viele der Ensemblemitglieder waren von der Nachricht tief betroffen. Mit der Premiere des »Totentanz« wurde der 60. Geburtstag von Werner Hinz gefeiert. Zwanzig Jahre später – anläßlich des 80. Geburtstags des Schauspielers – erinnerte sich Joana Maria Gorvin in ihrer Laudatio für den langjährigen Freund und Kollegen an die gemeinsame Arbeit in dieser Inszenierung:

Mein lieber Werner,

Zum 80. Geburtstag von Werner Hinz, 18. 1. 1983

zu Deinem Geburtstage durfte ich mit Dir auf der Bühne feiern: am 18. Januar 1963 den 60'ten mit »Totentanz« von Strindberg, den Gründgens Dir als Geburtstagsgabe inszenierte. Ich sehe uns am runden Kartentischchen sitzen, höre Deine Stimme, die kargen ersten Sätze während des Kartenspiels, so unnachahmlich trocken in die Stille fallen, wie Regentropfen auf ein Kupferdach. Berlinische Knappheit, die so vielsagend sein kann, und so ehrlich ist. Nie hast Du Deine eigene Wahrheit verraten. Nie schlichen sich falsche Töne, aufgeblasene Gesten in Deine Rollen ein. Wahrhaftigkeit, Ehrlichkeit war Dir wichtig und so verschmolz Dein ehrlicher, wahrhaftiger Charakter mit den Gestalten Deiner Rollen. Die Verzweiflung Edgars über seine Lebensverhältnisse war Deine Verzweiflung über die Verhältnisse unserer Welt. Ich werde nie Deine verstörten blau-blauen Augen vergessen über das was Edgar-Strindberg angetan wird. Es war ein schöner Theaterabend für uns und ein Geburtstag, an dem Du zeigen konntest, wie große Schauspiel-Kunst mit knappen, überzeugenden Mitteln dargeboten werden kann. Es war ein großer Abend für Dich.
»1913« von Sternheim, zehn Jahre später, brachte uns wieder zusammen und hier zeigtest Du uns allen, wie man das spielen muß. Die schwierige Sprache Sternheims kam aus Deinem Herzen, das kalte Kalkül dieses Dramatikers wurde mit Deinem Blut erwärmt, verlor dabei nichts von seiner Schärfe, und durch Dich wurde der Geheimrat ein leidender Mensch, keine Kunstfigur, obwohl nichts an Präzision der Diktion, des Sternheimschen Sprachduktus verloren ging. Dein Geheimnis, wie Du sowas »machst«, wobei bei Dir das Wort »machen« ganz fehl am Platz ist. Du »bist« in Deinen Rollen. Das ist Deine Größe.
Mein Lieber, Du warst ein treuer Freund Fehlings, ich durfte daran teilhaben. Ich umarme Dich mit herzlichsten Wünschen an Deinem Geburtstag, der zu meinem großen Bedauern uns nicht wieder zu erfreulicher Arbeit unter erfreulichen Umständen zusammengebracht hat. In Gedanken verfolge ich den Bogen Deiner Laufbahn. Was für ein vorbildliches Schauspielerleben! Von keinen Kompromissen begleitet, stets auf der Suche nach Wahrheit. Hab Dank
Joana Maria Gorvin

Willy Haas, Die Welt, Hamburg, 21. 1. 1963

[...] Da sind zwei Menschen, ein Mann und eine Frau, die fünfundzwanzig Jahre miteinander gelebt haben. Erst haben sie einander geliebt. Dann haben sie einander gehaßt. Jetzt [...] brauchen sie jede Minute ihres Lebens um einander zu foltern.
[...] Was hat der Regisseur Gustaf Gründgens daraus gemacht! Es gibt doch eine Art Vollendung auf der Bühne – hier hat sie Gründgens erreicht, fast erreicht, bis auf einen ganz kleinen Schatten, der vielleicht gar keiner ist. Kein Max Reinhardt, kein Otto Brahm, kein »altes Burgtheater« hätten es je besser machen können. Niemand! Es ist eine Gipfelleistung; ausgewogen und gegliedert, voll Atmosphäre. Er macht uns wahrlich den Abschied von ihm schwer. [...]
Joana Maria Gorvin: hier steckt das kleine Problem. Sie ist tief bewegend, ja erschütternd als das leidende verzweifelte Weib. Sie wird auch jeder Frau gefallen, nämlich leid tun. [...] aber gerade das soll sie ja nicht. Sie muß auch als das böse Weib dasselbe Format haben wie er: das hat die Gorvin nicht. Als sie den »Freund« verführt – was sie prestissimo furioso in einer halben Minute ganz unwiderstehlich tut – hat man eher das Gefühl: ihre Sinnlichkeit flammt plötzlich wild auf unter den Erniedrigungen. Aber es ist ja kalte Rache – sie ist ja ganz frigid, wie die meisten Frauen bei Strindberg, nur die brennende Macht der Hölle treibt sie an. Das kommt nicht so ganz heraus; doch es ist schon eine großartige, perfekte schauspielerische Leistung.

K[arl] H[einz] Ruppel, Süddeutsche Zeitung, München, 21. 1. 1963

[...] Joana Maria Gorvin als Alice, die frühere Schauspielerin, deren künstlerisches Talent kaum bedeutender gewesen sein wird als das militärische ihres Mannes, der es nie über den Kapitänsrang hinausgebracht hat: Eine Grazie des knisternden Hasses noch im grausträhnigen Haar, eine Diva der Rache, wenn es kastanienbraun aufgefärbt ist und sie mit knisternden Seidenröcken wie eine Mondäne der »Belle epoque« erscheint, um ihren Mann, nach all den Jahren immer noch unkund seiner fürchterlichen Unverwüstlichkeit, hinzurichten. (Wenn sie mit einer gräßlich anmutigen Koketterie das Sonnenschirmchen auf ihn anlegt, erstarrt einem das Blut.) Mit ähnlicher theatralischer Brillanz mag einst Sarah Bernhard gespielt haben – mit einer so grandiosen Aufrichtigkeit der Seelenenthüllung, mit einer solchen Leidenschaftlichkeit in der Hingabe an die Flammen des Infernos wie Joana Maria Gorvin gewiß nicht. Sie ist die Danseuse étoile des Totentanzes und zugleich eine von aller weiblichen Pein befallene Wanderin auf einem Passionsweg, eine Megäre und eine Elende, eine deklassierte Kleinbürgerin und dennoch (wenn sie ihrem Vetter mit dem Handschuh ins Gesicht schlägt und ihm befiehlt, ihren Fuß zu küssen) emporgepeitscht zu hetärischem Hochmut. Und in ihrer Sprache ist eine Melodik des Teuflischen, die daran erinnert, daß zu jener Zeit, als Strindberg den »Totentanz« schrieb, »Madame Satan«, ein Wunschbild der männlichen erotischen Dekadenz war. [...]

Johannes Jacobi, Die Zeit, Hamburg, 25. 1. 1963

[...] Als Gründgens jetzt überraschend den »Totentanz« inszenierte, da bildete der 60. Geburtstag eines so bedeutenden Mitgliedes des Deutschen Schauspielhauses wie Werner Hinz den offiziell auf dem Programmzettel genannten »Anlaß«. [...] Der Höhepunkt von Gründgens' »Totentanz«-Interpretation wurde in Joana Maria Gorvins Verkörperung der Alice erreicht. Sie brachte am reinsten zur Geltung, was (neben der Archaisierung des bürgerlichen Milieus) in dieser Inszenierung für Strindberg erstrebt und geleistet wurde: die Befreiung des Dialogs von psychologischen Stimmungen. Grob gesagt, sprachen alle auf einem Ton. Dieser aber wurde zu gerufenen Signalen gesteigert. Die Gorvin erzielte dabei die Monumentalität ihrer sophokleischen Antigone (Hersfelder Festspiele). Da auch für die dritte Person, den dramaturgischen Katalysator (Vetter Kurt), eine Schauspielerpersönlichkeit vom Range Richard Münchs eingesetzt worden war, ergab sich fugenloses Ensemblespiel. [...]

Als Alice mit Richard Münch
als Kurt
Foto: HHThs. Clausen

Als Alice mit Werner Hinz
als Edgar
Foto: HHThs. Clausen

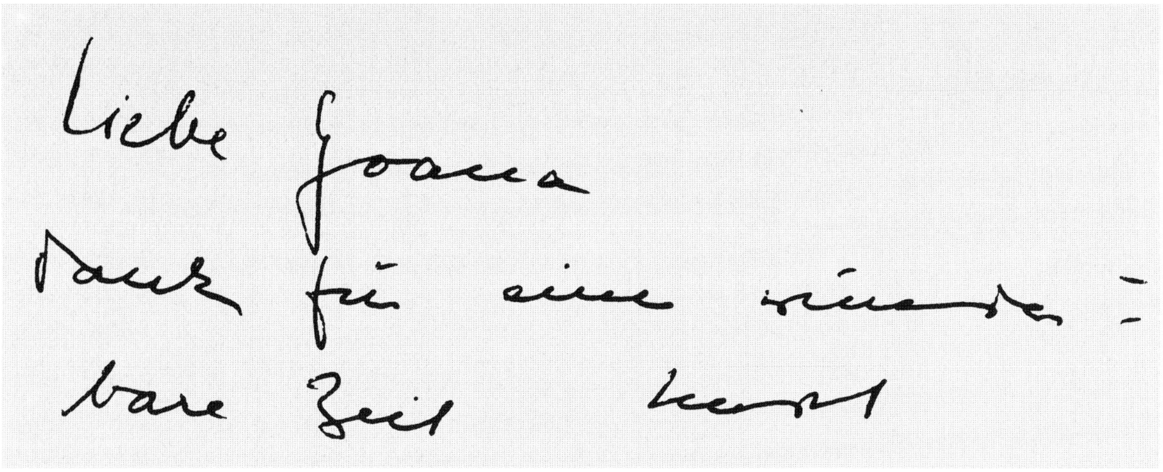
Liebe Joana
Dank für eine wunder-
bare Zeit Gustaf

Gustaf Gründgens, [Hamburg 1963]
Liebe Joana
Dank für eine wunderbare Zeit
Gustaf

»Ich komme wieder ...«
Mit diesen Worten verabschiedete sich Gustaf Gründgens von seinem Ensemble, von seinem Theater; er starb in der Nacht vom 6./7. Oktober 1963 auf Manila.
Im Studio 8 aus Anlaß einer Gedenkfeier für Gustaf Gründgens am 29.1.1964 hatte man auch Joana Maria Gorvin eingeladen:

Rede zur Gedenkfeier von Gustaf Gründgens, Hamburg, 29. 1. 1964

Der Tod von Gustaf Gründgens beendete eine Ära, an der ich künstlerisch und privat engsten Anteil hatte, und zum erstenmal hat der Tod einen großen Punkt in den Ablauf meines Lebens gesetzt. [...] Bei der zweiten Aufnahmeprüfung [...] saß Gründgens als oberster Leiter der Schule irgendwo im Dunkeln des Raumes. Ich sprach vor, was man so vorspricht: Julia, Gretchen, Gebet und eine heitere Molière-Rolle. Alles durfte ich fein aufsagen, und am Schluß sprang Gründgens spontan auf und fragte, ob ich nicht die Portia vorsprechen könnte. Es müßte doch ideal für mich sein. [...] Wenn ich mich heute an diesen Augenblick erinnere in späterer Kenntnis von Gustaf Gründgens, war das ein außergewöhnlicher Augenblick. [...] Am geeigneten Objekt erwachte sein Interesse, und er wurde lebendig und zutraulich. So war es auch auf seinen Proben. [...] Er blühte auf im Kontakt mit Gleichgesinnten, mit Könnern, die ihm apportierten, und die er dann durch seine Laune inspirierte. Er war Schauspieler, [...] er lebte unter einer ständigen Hochspannung, die sich auf mich, wenn sie der Probe galt, aufs Glücklichste übertrug, die aber auch zu unangenehmen Explosionen am falschen Platz führen konnte. Im Gegensatz zu Fehling, dem die Sache ausschließlich als Regisseur am Herzen lag, und der ungeheuer schmerzhaft litt, wenn ein falscher Ton, ein verpatzter Takt in seine Partitur kam, der einen Satz immer und immer wieder wiederholen ließ, einen Gang mit einem Schauspieler so lange »übte«, bis er dem Schauspieler in Fleisch und Blut überging, aber gleichzeitig in seine Partitur paßte – das war wohl eines der Geheimnisse Fehlings, daß wie Gründgens es ausdrückte, er nicht ruhte, bis auf der Bühne alles stimmte – insistierte Gründgens, vor allem, wenn er selbst spielte, von einem gewissen Augenblick an nicht mehr auf unbedingte Realisierung seiner Vision als Regisseur, sondern ließ den Schauspieler laufen, um sich auf seine eigene Rolle konzentrieren zu können. [...] Es war echte Werkstattluft in seiner Theaterwelt. [...] Die Mischung aus Spiel und Ernst [...] regte Fantasie und Gemüt an, und man tanzte vergnügt auf dem Seil des Probenabenteuers. [...]

Seite 125
Um 1960
Foto: HHThs. Clausen

ICH FÜHLE MICH HEIMATLOS
Hamburg 1963–1974. Wanderjahre 1974–1993
Theater soll lebendig sein.

WAS KOMMT NACH GRÜNDGENS?
OSCAR FRITZ SCHUH 1964–1968
Unter dem Intendanten Oscar Fritz Schuh.
EIN TRAUMSPIEL. LADY WINDERMERES FÄCHER.
TRAUER MUSS ELEKTRA TRAGEN. WINZIGE ALICE.
ENDSTATION SEHNSUCHT.

ABSCHIEDNEHMEN VON HAMBURG. 1968–1974
74 Tage Ära Egon Monk am Deutschen Schauspielhaus, Hamburg.
BIOGRAFIE. EARLY MORNING.
Intendanten-Zwischenspiel in Hamburg.
LANDSCHAFT. DER KIRSCHGARTEN.
Ivan Nagel wird Intendant.
DAS KATZENSPIEL. 1913. DER PELIKAN.

WIR ALTEN KÖNNEN ZIEMLICH VIEL. 1975–1993
Joana Maria Gorvin verläßt das Deutsche Schauspielhaus, Hamburg.
GESPENSTER. DAS INTERVIEW. DIE IRRE VON CHAILLOT.
IMMANUEL KANT. Ich fühle mich tatsächlich heimatlos. FAST EIN POET.
ELENA UND ROBERT. Ich bin eine Person, die lernt. SCHLUSSCHOR.

[Theater soll lebendig sein,
um 1970]

Ich bin nicht zum Theater gegangen um mich vor einem Spiegel wie ein eitler Pfau zu drehen und zu wenden und mich stets im selben Federkleid zu bewundern und bewundern zu lassen und jeden anderen wegzubeißen (als Pfau wohl »hacken«), der sich meinem Bilde nähert. Das bedeutet: Ich will mit Gleichgesinnten Theater spielen, Inszenierungen spielen, nicht allein in einer Rolle brillieren und drumherum, der Text eingeschlossen, ist Öde! Jeder Schauspieler, der diesen Beruf als geistiges Abenteuer versteht, wird ohne gleichwertige Mitarbeiter unglücklich sein.[...] Dabei ist ein hochwertiges Ensemble, wenn man so will, ein Starensemble. Wenn nämlich auch die kleinste Chargenrolle erstrangig besetzt werden kann.

Der Geist ist's, der sich das Ensemble baut. Der Theaterleiter und seine Regisseure. Sie bestimmen das Niveau. Und der Geist braucht eine Heimstatt.

Es wird in unserer Zeit soviel von Kunsterziehung gesprochen und gehalten. Sollte nur beim Theater diese Erziehung unnötig und überflüssig sein? Reinhardt hat sich ein Ensemble erzogen, am Gendarmenmarkt in Berlin wurde ein Ensemble erzogen. Jessner, Fehling, Engel hatten Schauspieler, die auf sie eingeschworen waren und im Verlauf von Jahren eine Gemeinschaft wurden. Ohne diese Gemeinschaft sind Vorstellungen, wie ich sie sah: Fehlings »Richard III.«, die Shaw'sche »Johanna«, ja selbst oder gerade »Preziosa« undenkbar. Und es war möglich, daß so verschiedene Temperamente auf ein- und demselben Instrument – dem Ensemble – spielten.

Um das zu erreichen ist kontinuierliche Arbeit zwischen Regisseur und Schauspieler nötig. Und manche Dinge brauchen Zeit um zu reifen, Vertrauen stellt sich nicht immer spontan ein. Beide können wechselseitig voneinander, miteinander lernen. Schwächen aufzudecken, Vorzüge zu unterstützen und zum Blühen zu bringen erfordert gärtnerische Arbeit. Junge Regisseure müssen das auch lernen, das können sie nur in kontinuierlicher Arbeit mit denen, die ihnen vertraut sind. Man sage nicht die Verhältnisse, die sind nicht mehr so! In vielen Interviews der Schauspieler kommt die Sehnsucht nach einer künstlerischen Heimat zum Ausdruck. Sie muß halt geschaffen werden. Man werfe nicht nur den Schauspielern vor, daß sie herumreisen.

Übrigens, wenn man »Spezialisten« braucht, kann man diese ja von Fall zu Fall engagieren, warum nicht?

2. »Startheater« ist ein vager Begriff. Ein starker Regisseur kann »Stars« zu einer Einheit zwingen. Das heißt: Regie ist auch Kraft, aus Individuen eine Gemeinschaft zu machen. Aber man kann nicht immer auf so seltene Kräfte vertrauen. Warum soll man nicht »Stars« engagieren – man sehe sich die Namensliste z.B. bei Reinhardt, Jessner an – und mit ihnen Theater machen, allerdings nicht nur auf Gastspielbasis. Das Schauspielerreservoir in Deutschland ist sehr groß. Ein tüchtiger Theaterleiter sollte es fertig bringen, »Stars« zusammen zu holen, auf längere Zeit, Schauspieler, die der Vorstellung von »seinem Theater« entsprechen.[...] Mit den Subventionen, die ein Staatstheater bekommt, sollte es möglich sein, bei guter Planung Stücke kongruent zu besetzen, bis zur kleinsten Rolle.

3. [Ich] plädiere bei Staatstheatern für ein Repertoire. Ein Publikum soll nicht wochenlang mit »Macbeth« gefüttert werden, und die Schauspieler ermüden auch leicht. Abwechslung tut beiden nur gut. Die meist schwere Kost eines Staatstheaters braucht Unterbrechung und Abwechslung. Personalmangel bei den Technikern sollte kein Argument für en suite sein. Wer heißt die Regisseure und Bühnenbildner so monströse Dekorationen bauen. Da wäre Sparsamkeit oft sogar künstlerischer Gewinn. Jedenfalls bei der Schauspielbühne.

4. Warum Spielplanänderung bei Etat-Kürzung? Versteh ich nicht. Theater soll lebendig sein. Das heißt, wenn Not ist, daraus eine Tugend machen. Nach dem Krieg waren wir arm und haben doch nicht schlechtes Theater gemacht. Als der Krieg ausbrach, wollte Fehling am Staatstheater dekorationsloses Theater spielen. Es erschien ihm als Ausdruck für den Zustand der Welt kongruent. Daß er das nicht durfte unter Goebbels und Göring, ist klar.

5. Warum die Alternative »Kollektiv – Spitzenstar«?
Selbst das Berliner Ensemble hat seine Spitzenstars, wenn man die Protagonisten so nennen will: Herrn Ekkehard Schall, Frau Weigel, Frau May u.a. Jeder Regisseur wird dankbar sein für gute Schauspieler. Fragt sich, was für Stücke gibt es in der deutschen und sonstigen Literatur, wo man auf Protagonisten verzichten könnte? Wenn ich wieder an »Preziosa« denke, eine Inszenierung, die sich mit Planchons »Drei Musketiere« vergleichen läßt, aber nicht nur rein artistisch war, sondern poetisch dazu, sehe ich wieder Protagonisten rundum zu einem »Kollektiv« geworden, d.h. aus dem selben Geist theaterspielend. Ob man nun die Brechtsche Diskussion vorzieht oder sich das künstlerische Einverständnis ohne Diskussion einstellt, ist Sache der Personen.
Sie fragen mich noch zusätzlich, in welchem Umfang ich auch bei geringerer Gage an Bühnen arbeiten würde. Ich weiß nicht, was Sie in diesem Zusammenhang mit »Umfang« meinen. Ich bin größen-wahnsinnig genug (ein bißchen gehört es ja zu unserem Metier) zu wissen, daß ich innerhalb der deutschen Theaterwelt einen gewissen Wert darstelle. Qualität kostet was. Fehling war immer der Meinung, es sei vollkommen fehl am Platz, bei den Gagen der Schauspieler sparen zu wollen. Er wußte, daß er zu 50% gewonnen hatte, wenn er eine erstrangige Besetzung zusammenbekam.
Wenn wir alle wieder arm sind, werde auch ich bestimmt nicht reich sein, aber immer noch Theater spielen, mit Gleichgesinnten, und sei es auf Fässern im Wirtshaus.

Ein Traumspiel (Strindberg). 11. 9. 1963. Bei einer Probe mit Oscar Fritz Schuh
Foto: HHThs. Clausen

Seite 129
Um 1965
Foto: Clausen

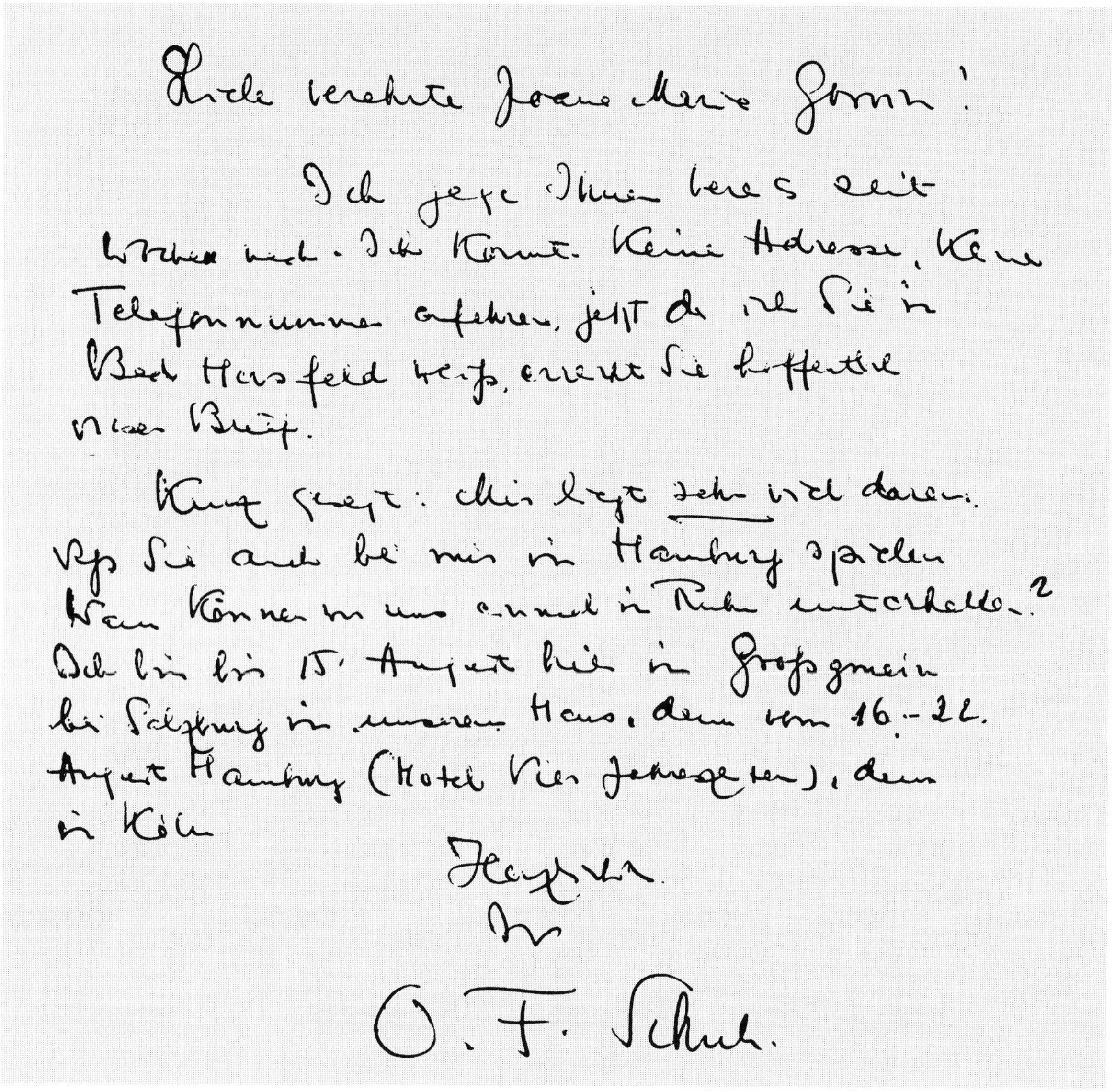
Liebe verehrte Joana Maria Gorvin!
Ich jage Ihnen bereits seit
Wochen nach. Ich konnte keine Adresse, keine
Telefonnummer erfahren, jetzt da ich Sie in
Bad Hersfeld weiß, erreicht Sie hoffentlich
mein Brief.
Kurz gesagt: Mir liegt sehr viel daran,
daß Sie auch bei mir in Hamburg spielen
Wann können wir uns einmal in Ruhe unterhalten?
Ich bin bis 15. August hier in Großgmain
bei Salzburg in unserem Haus, dann vom 16.–22.
August Hamburg (Hotel Vier Jahreszeiten), dann
in Köln
Herzlich
Ihr
O. F. Schuh.

Oscar Fritz Schuh, [Köln 1962]

Liebe verehrte Joana Maria Gorvin!
Ich jage Ihnen bereits seit Wochen nach. Ich konnte keine Adresse, keine Telefonnummer erfahren, jetzt da ich Sie in Bad Hersfeld weiß, erreicht Sie hoffentlich mein Brief.
Kurz gesagt: Mir liegt sehr viel daran, daß Sie auch bei mir in Hamburg spielen. Wann können wir uns einmal in Ruhe unterhalten? Ich bin bis 15. August hier in Großgmain bei Salzburg in unserem Haus, dann vom 16.–22. August Hamburg (Hotel Vier Jahreszeiten), dann in Köln.
Herzlich
Ihr
O.F. Schuh

Oscar Fritz Schuh hatte noch während der Intendanz von Gustaf Gründgens Zeit und Gelegenheit, das Haus kennenzulernen. Es lag ihm viel daran, die »First Lady« des Gründgens-Ensembles, Joana Maria Gorvin, weiter an Hamburg zu binden.

Oscar Fritz Schuh, Bergisch-Gladbach, 22. 1. 1963

Liebe Joana Maria Gorvin !
[...] Wir holen unser nicht zu Ende geführtes Gespräch wegen des »Macbeth« nach. Kortner legt größten Wert darauf, daß Sie spielen, und ich nicht minder. Ich glaube, daß ein großes Theater bei dem geradezu katastrophalen Mangel an Regisseuren, die überhaupt noch mit einem großen Stück umzugehen wissen, auf die Mitarbeit von Kortner nicht verzichten kann. Ich habe es mir längst abgewöhnt, in solchen Fällen noch zu fragen, ob ich die prinzipielle Einstellung eines Theatermannes zu einem Kunstwerk für richtig oder für unrichtig halte. Mich interessiert nur die Qualität und der Rang, den die Persönlichkeit einnimmt. Gerade weil ich das Deutsche Schauspielhaus nicht eng ausrichten will, weil auf meiner Bühne viele Meinungen zu Worte kommen sollen, halte ich es für wichtig, den Hamburger Schauspielern und dem Hamburger Publikum die Begegnung mit einem Theatermann wie Kortner einmal zu vermitteln. [...]

Oscar Fritz Schuh, Köln, 27. 4. 1963

Liebe Joana Maria Gorvin,
[...] Ich habe nun ein Jahr lang Zeit gehabt, die hierarchische Struktur des Deutschen Schauspielhauses zu studieren, ich habe an einer Reihe von Aufführungen ablesen können, was gedacht war, ich habe gesehen, wie das, was bei Gründgens große Form war, bei seinen Adepten und Jüngern nur noch die äußeren Kennzeichen des Emotionellen zeigte, und ich konnte meine Schlüsse ziehen für das, was ich hier verwirklichen kann oder möglicherweise sogar realisieren muß, um nicht im Management zu landen. Es war früher hier üblich, und ich entsinne mich dieser Epoche noch sehr genau, in Hamburg um der gesellschaftlichen Anerkennung willen Theater zu spielen. Dieser Standpunkt ist heute überwunden, aber hin und wieder begegnet man doch noch Rudimenten einer solchen Stadttheater-Perspektive. Herrn Gründgens ist es zu danken, daß er Maßstäbe aufgerichtet hat, die verpflichtend sind für mindestens noch eine halbe Generation.
Vielleicht haben manche von mir ein revolutionierendes Konzept erwartet, vielleicht halten mich sogar einige für zu anschmiegsam und anpassungsfähig, aber es widerstrebt mir nun einmal, nach sieben Jahren großen Theaters mit dem Motto aufzutreten »Hoppla, jetzt komm ich«. Sie werden's dann mit der Zeit schon merken, daß ich da bin. [...]

Der gemeinsame Anfang ging nicht reibungslos vonstatten. Die von Schuh angeordnete alphabetische Reihenfolge der Mitglieder seines Ensembles auf den Plakaten erregte den Unwillen von Joana Maria Gorvin.

An Oscar Fritz Schuh, Hamburg, 23. 8. 1963

Lieber und verehrter Herr Prof. Schuh!
Zum ersten Mal sehe ich die neuen Plakate unseres Hauses. Ich weiß sehr wohl, was Sie sich bei der alphabetischen Anordnung unserer Namen dachten und was Sie damit bezwecken. Man darf mich nicht verdächtigen, als ob Eitelkeit, Geltungsbedürfnis oder Größenwahn mich treiben, meinen Protest gegen diese Art der Publikation meines Namens einzulegen.
Meiner Meinung nach , – und auch Ihrer, wenn ich in Ihrem Buch richtig gelesen habe, – braucht das Theater Glanz, heute mehr denn je. Und die wenigen Persönlichkeiten, die diesen echten Glanz noch ausstrahlen, sollte man nicht zwischen natürlich auch gute, aber heute zum großen Teil mittelmäßige »auch-beim-Theater« Leute mischen. Wenn man ein paar Diamanten hat, versteckt man sie nicht unter Kieseln. Nicht einmal in der höchsten Blüte des deutschen Theaters war man so bescheiden, sich alphabetisch einordnen zu lassen. Ich empfinde es kleinlich und es entspricht auch nicht den Tatsachen; abgesehen davon, daß Sie diese Art der Publikation schon beim ersten Auftreten z.B. von Gustaf Gründgens – mit Recht – nicht aufrecht erhalten können. Und dann gibt es doch nur Ärger und Verstimmung allseits.
Ich jedenfalls bin dagegen, und wünsche nicht, nach Alphabet, sondern nach Rolle und Leistung

eingestuft zu werden und nicht in einer gänzlich unübersichtlichen Masse von A, B, C's unterzutauchen. Den bischen Glanz und Ruhm meines Berufes – es ist heute wenig genug – will ich genießen. Ich habe ein Anrecht darauf, nicht nur verwertet zu werden, sondern meinen Fähigkeiten entsprechend auch nach außen in der mir gemäßen »Verpackung« präsentiert zu werden. [...]

Oscar Fritz Schuh, Hamburg, 31. 8. 1963

Liebe Joana Maria Gorvin!
Ich bin noch etwas gehemmt und befangen nach unserem gestrigen Gespräch. Wenn die erste Schauspielerin des Hauses dem neuen Direktor fast militant entgegentritt, so bleibt doch dem Direktor nur die eine Möglichkeit, als Kavalier und nicht als Boss zu reagieren. Was mich an dieser Unterredung bekümmert hat ist eigentlich ein Mangel an Vertrauen in gewisse Praktiken des Theaters, in denen man mich immer, ob zu recht oder zu unrecht, einer gewissen Souveränität gerühmt hat. Ich glaube gerade, daß ich von Werbemethoden dieses Dezenniums etwas verstehe, auch einiges durchexerziert habe, und ich kann zu meiner Entschuldigung nur annehmen, daß ich vielleicht den Kontakt mit Hamburg, eine Stadt, die ich vor 22 Jahren verlassen habe, noch nicht so weit intensivieren konnte, um zu wissen, was auch hier heute zu recht gültig oder nicht gültig ist.
Aus meiner Erfahrung spricht allerdings nur die eine Tatsache, daß es heute kaum mehr die Möglichkeit gibt einen Schauspieler für eine Stadt durchzusetzen, weil ja Karrieren, soweit es diese noch gibt, ganz anders gemacht werden als zu der Zeit, da es die Metropole Berlin gab. Wer heute eine Karriere macht, macht sie automatisch für ganz Deutschland oder er macht sie nicht. Und diese und ähnliche Phänomene haben mich doch dazu gebracht, einmal darüber nachzudenken, welche Formen der Publizität heute und in Zukunft gelten müssen.
Sie wissen, daß ich hier den gewagten Versuch unternommen habe, mich bedingungslos einer nicht durch mich geformten Gemeinschaft auszuliefern. Ob dieses Theater, von Meisterhand geformt, aber doch nach dem Willen eines ganz bestimmten Mannes geformt, einmal mein Theater werden kann, ob es das Instrument für mich ist, ob ich der Sachwalter dieser Leute sein kann, das alles vermag ich noch nicht zu sagen. Ich habe nur gefunden, daß man heute, wo laufend der Zerstörung das Wort geredet wird, wo in journalistischen Auseinandersetzungen schon der Vorschlag auftaucht das Theater überhaupt abzuschaffen, konsolidierte Werte erhalten muß.
Ich schreibe Ihnen das alles so ausführlich, weil ich sehr betrübt wäre, wenn auf unsere Zusammenarbeit ein Schatten fiele. Ich glaube, die Tatsache, daß ich meine Eröffnungspremiere auf Sie abgestimmt habe, daß ich hinterher »Judith« oder »Macbeth« folgen lasse mit der Absicht, Ihnen den großen Klassikertrumpf dieses Jahres zuzuschieben, das beweist doch, daß ich es ernst meine. Ich wäre sehr traurig, wenn diese Absicht nicht verstanden würde. [...]

An Oscar Fritz Schuh, Hamburg, 1. 9. 1963

Lieber und sehr verehrter Herr Professor Schuh!
Es tut mir sehr leid, wenn ein falscher Eindruck entstand. Und vor allem liegt mir daran, bei Ihnen jeglichen Argwohn über meine Unzufriedenheit oder Unfähigkeit Ihren besten Willen, der sich in den Rollenangeboten und Ihrer Probenarbeit manifestiert, entschieden zu zerstreuen. Ich habe nicht den geringsten Grund zu bezweifeln, daß unsere Zusammenarbeit nicht ausgezeichnet ist und sein wird. Ich bin in meinem Leben nie eine »Jüngerin« gewesen, das ging so weit, daß ich auch mit dem mir so eng und innig verbundenen Jürgen Fehling in künstlerische Streitgespräche geriet, was uns beide nur beglückte, so daß Sie bitte in mir, durch den Wechsel im Hause, keine Hinterbliebene sehen wollen, sondern einen begierigen Menschen, der sich auf Proben mit den Problemen der Dichtung, der Bühne, der schauspielerischen Ausdrucksmittel und des Handwerks auseinandersetzen will. Und das kann ich bei Ihnen.
Wir sollten voneinander wissen, daß selbst bei Auseinandersetzungen, die gegenseitige Wertschätzung als Constante unzerstörbar vorhanden ist. [...]

EIN TRAUMSPIEL von August Strindberg
Hamburg, Deutsches Schauspielhaus, 11. 9. 1963. Regie: Oscar Fritz Schuh

Als Indras Tochter mit Tilla Durieux als Pförtnerin
Foto: HHThs. Clausen

Als Indras Tochter mit Will Quadflieg als Advokat
Foto: HHThs. Clausen

Als Indras Tochter mit Heinz Reincke als Offizier, Tilla Durieux als Pförtnerin
Foto: HHThs. Clausen

Als Indras Tochter mit Helmut Lohner als Dichter
Foto: HHThs. Clausen

Will Quadflieg

Schmidtskiefern 13
2860 Heilshorn

27. Okt. 1984

Liebe Joana,

Du hast mir einen so freundlichen, langen Brief geschrieben, den ich leider erst heute beantworten kann.

Wir alten Profis, die leider und Gottseidank das Wissen in uns tragen, was mit Theater eigentlich gemeint ist und was wirklich gutes Theater ist, werden immer seltener. Und genau da liegt unsere Aufgabe, finde ich, diese Maßstäbe hochzuhalten und allen jüngeren Kollegen, die es wissen wollen, ehrlich und schonungslos/unsere Ansicht mitzuteilen.

"Nur, [redacted] wer sich wandelt,
bleibt dem Mensch ewig wandernde Flamme"

Carl Zuckmayer

Ich wünsche Dir alles Liebe für Deine weitere Arbeit und umarme Dich fest und herzlich

Dein *Will*

Will Quadflieg, Heilshorn, 27. 10. 1984

Erinnerungen viele Jahre später an gemeinsame Arbeit.

LADY WINDERMERES FÄCHER von Oscar Wilde
Hamburg, Deutsches Schauspielhaus, 20. 11. 1964. Regie: Rudolf Steinboeck

n der Rolle Mrs. Erlynne
'oto: HHThs. Clausen

In der Rolle Mrs. Erlynne
Foto: HHThs. Clausen

In der Rolle Mrs. Erlynne
Foto: HHThs. Clausen

In der Rolle Mrs. Erlynne
Foto: HHThs. Clausen

TRAUER MUSS ELEKTRA TRAGEN von Eugene O'Neill
Hamburg, Deutsches Schauspielhaus, 25. 4. 1965. Regie: G. Klingenberg

Als Lavinia mit Maria Wimmer als Christine
Foto: HHThs. Clausen

Gerhard Klingenberg,
Die Gorvin und Ich, 1995

Das war eine dieser seltenen Begegnungen zwischen Schauspielerin und Regisseur, die knistern vor Erotik, voll Glück und Zärtlichkeit sind, getragen von einem wechselseitigen tiefen Verstehen, – eine dieser raren Beziehungen, die nie zu einem »Verhältnis« werden.
Die Lavinia in O'Neills »Trauer muß Elektra tragen«
die »Judith« von Hebbel und Shakespeares »Widerspenstige«:
drei herrliche Stücke, drei wundervolle Rollen für die Gorvin, drei Riesenerfolge.
Wie kam es dazu?
Ich kam nach mehreren Arbeiten am noch von O.F. Schuh geleiteten Schauspielhaus Köln an das nunmehr von ihm in der Gründgens-Nachfolge geleitete Deutsche Schauspielhaus in Hamburg. Er nahm mich sozusagen mit. Meine erste Inszenierung in Hamburg war O'Neill's »O Wildnis«. Schuh bot mir daraufhin einen Vertrag für zwei Inszenierungen pro Spielzeit an. Ich war glücklich, aber die Atmosphäre am Schauspielhaus war schrecklich. Ich erinnere mich noch sehr gut, wie ich mit Agnes Fink, mit der ich sehr befreundet war, und die eben »Virginia Woolf« probierte, bei »Lemke« saß und wir sehr deprimiert waren über die miserable Stimmung am Theater, an das wir doch mit so großen Erwartungen und Hoffnungen gekommen waren.
Das »Gründgens-Ensemble«, zu dem auch die Gorvin gehörte, trauerte ihrem Chef nach und die allgemeine Meinung war, daß Schuh nicht der geeignete Nachfolger sei. Vielleicht konnte er mit dem erfolgsgewohnten, nicht unarroganten Haufen nicht so geschickt umgehen, wie man das von Gründgens gewohnt war. Auch brachte Schuh natürlich »seine« Schauspieler mit und das hat kein Ensemble gern. Wie auch immer, wir »Newcomer« fühlten uns unter diesen Umständen alles andere als wohl.
Nach meiner ersten Inszenierung war ich »durch« und war der neue Liebling des Ensembles, zumindest des Teiles, mit dem ich gearbeitet habe.
Nun, auch die Gorvin war nicht begeistert von Schuh und es geisterte damals ein Bonmot von ihr herum. Sie hatte in einer offensichtlich nicht sehr harmonischen Unterredung mit Schuh, bei dem es offenbar um eine Rolle gegangen war, die ihr nicht behagte, gesagt: »Lieber Herr Professor, mit einer Stradivari soll man nicht heizen.«
Nun, Schuh mochte wohl über die Stradivari nicht der gleichen Meinung sein, wie die Gorvin, keinesfalls aber mit ihrer Ansicht über ihn als Heizer.
Sie war wirklich eine Stradivari, aber man mußte dieses kostbare Instrument auch sehr genau kennen und mögen, um es wirklich zum Klingen zu bringen.
Jedenfalls hatte Schuh keine Lust mit Joana zu arbeiten. Er hatte aber O'Neill's »Trauer kleidet Elektra« geplant und angekündigt (O'Neill war ja einer seiner »Säulenheiligen«, wie er selbst sagte). Er wollte das Stück also im Spielplan haben und so bot er es nach meinem ersten O'Neill-Erfolg mir an.
Es war eine der großartigsten Besetzungen, die man sich vorstellen kann:
Christine – Maria Wimmer. Mannon – Werner Hinz. Brant – Rolf Boysen. Orin – Christoph Bantzer. Lavinia – eben die Gorvin.
Als ich Lindi (Leopold Lindtberg), bei dem ich gerade in Zürich »Tartuffe« inszenierte, diese Besetzung nannte, sagte er: »Das ist feig.«
Nun, diese erste Arbeit mit Joana, die umfassend »ein Traum« war, führte zu dieser wunderbaren Beziehung zwischen ihr und mir. Sie war für mich eine dieser herrlichen Schauspielerinnen wie etwa die Gold oder die Wessely, die immer wahrhaftig sind, aber nie ein Abklatsch der Natur werden, die immer von einer großen, inneren Ehrlichkeit sind, aber nie zur billigen »Natürlichkeit« absinken. Brecht würde von Verfremdung gesprochen haben und er hätte recht gehabt. Was für mich wieder einmal ein Beweis dafür war, daß Brecht den V-Effekt wohl getauft, aber nicht erfunden hatte.

Nach unserer Elektra schrieb mir Joana einen Brief, der zu den schönsten und kostbarsten Dingen gehört, die ich im Laufe meiner Laufbahn erfahren habe. Sie schrieb über ihre langjährige allen bekannte, berühmte Zusammenarbeit mit Jürgen Fehling, der sie ihren Ruhm verdankte und sie schrieb mir: »Seit Fehling nicht mehr arbeiten kann, war dieser Platz leer. Jetzt nicht mehr.«

Eine Spielzeit später war sie meine Judith und Rolf Boysen ihr Holofernes. Diese Zeit war vielleicht noch schöner, weil man sich schon so gut kannte. Viele Umwege fielen weg. Wir konnten direkter, knapper, intensiver und konzentrierter arbeiten. Das vorsichtige sich aneinander Herantasten war nicht mehr nötig – wir waren ein »Gespann« geworden. Fast könnte man sagen eine Einheit. Ich kann mich nur an ganz wenige andere Schauspieler erinnern, mit denen ich zu so einer idealen Zusammenarbeit kam.

Unsere letzte gemeinsame Arbeit war im Dezember '62. Shakespeares »Widerspenstige« mit Joana als Katharina. Günter König, der von Stroux aus Düsseldorf kam, war Petrucchio. Wer es noch nicht gewußte hatte, erfuhr es jetzt: die Gorvin konnte hinreißend komisch sein. Überhaupt: gelacht haben wir viel, auch bei den Tragödien. Die Arbeit sah nie nach Arbeit aus, so ernsthaft sie auch war. Es ging alles leicht von der Hand. Krisen, Schwierigkeiten wurden mit Vernunft und großer Behutsamkeit beseitigt und es gab nie den von mir so verachteten Theaterkrach. Das alles kam von einem wechselseitigen sich Wohlfühlen, sich sicher Fühlen.

Doch, es gab einen Krach: zwischen Günter König und mir. Weil ich seiner Meinung nach eine Verbeugungsordnung inszenierte, die über 30 geplante »Vorhänge« hinausging. Dies setze ihn unter einen unzumutbaren Erfolgszwang. Ich hatte das vergessen, viele Jahre später erinnerte er mich daran. Er wußte es noch genau, es wurden nicht 30, sondern 73 Vorhänge, der stolze Rekord des Deutschen Schauspielhauses.

Es war unser größter gemeinsamer Erfolg in Hamburg und, was wir damals noch nicht wußten, es war unser letzter. Es war sozusagen mein Abschied von Joana. Wir haben uns nie mehr getroffen. Schuhs Nachfolger wollte mich nicht in Hamburg haben, ich ging dann nach Wien an die Burg. Dort hatte ich die Gold, die Seidler und die Wessely, ich konnte Joana nicht nach Wien holen – leider.

Langsam hörte sie auf, Theater zu spielen. Sie hatte mit dem, was da seit '68 auf das deutsche Theater zukam nichts, aber auch gar nichts zu tun. Sie war so sehr ein Ausdruck ihrer Zeit, daß die neue Zeit mit ihr nichts anfangen konnte. Das spricht nicht gegen die Gorvin, das spricht gegen diese Zeit.

Peter Dannenberg, Die Bühne, Wien, Nr. 81/1965

[...] Gerhard Klingenberg [...] hat sehr modern, zurückhaltend inszeniert, er läßt sich nicht zum Pathos verführen, zur »Oper«, die zweifelsohne in den großen Monologen und Dialogen steckt. Selbst Maria Wimmer als Christine – Klytaemnestra, die Tragödin, die Heroine des deutschen Theaters, bleibt relativ verhalten, gezügelt und gebändigt, bekommt nur wenige Ausbrüche zugebilligt. Trotzdem ist gerade bei ihr der Atem der großen Dichtung am stärksten zu spüren. Die anderen Darsteller der Hamburger Aufführung sind leiser noch: Werner Hinz als ganz zarter, mit schlichtesten, leisesten Mitteln spielender Ezra – Agamemnon, oder die großartige Joana Maria Gorvin, Mittelpunkt der Aufführung als Lavinia. Kein Singen, keine »Arien«, keine großen Töne sind ihr gestattet. Sie muß spröde, fast hölzern bleiben, wird als bewußte Gegenfarbe Maria Wimmers Christine entgegengestellt. Daß sie nicht blasser bleibt, in den großen Schatten der großen Tragödin gerät, immer »da« ist, spricht für sie. Sehr zurückgenommen, sehr menschlich, durchaus nicht vereinfacht zum kraftstrotzenden Mannsbild, spielt Rolf Boysen den Kapitän Brant; ein wenig zu jung, zu ausschließlich konzentriert auf die abgöttische Liebe zur Mutter bleibt der begabte Christoph Bantzer als Orin – Orest. [...]

Als Lavinia mit Rolf Boysen
als Adam Brant
Foto: HHThs. Clausen

Als Lavinia mit Christoph Bantzer als Orin, Maria Wimmer als Christine
Foto: HHThs. Clausen

WINZIGE ALICE von Edward Albee
Hamburg, Deutsches Schauspielhaus, 3. 2. 1966. Regie: Heinrich Koch

Als Fräulein Alice mit
Will Quadflieg als Julian
Foto: HHThs. Clausen

Als Fräulein Alice mit Hubert Suschka als Anwalt
Foto: HHThs. Clausen

Als Fräulein Alice mit Will Quadflieg als Julian, Helmut Griem als Butler
Foto: HHThs. Clausen

[...] Im Mittelpunkt des metaphysischen Traumspiels, [...] steht der Laienbruder Julian, [...] der glaubt, sich entschieden zu haben für die Anbetung eines abstrakten Gottes. [...] Es ist ein Gleichnis mit karikaturistischen, mit zynischen, mit zeit- oder besser kirchenkritischen, mit menschlichen und grausamen Zügen, getarnt hinter der Maske des Kriminalreißers; ein Kabinettstück der weiblichen Verführungskunst. [...] Und trotz all dieser [...] weltlichen Grundlinien kommt in der Inszenierung von Heinrich Koch das Transzendente der Farce deutlich zum Ausdruck.
[...] Die Versuchung in Person ist [...] das Fräulein Alice. Joana Maria Gorvin ist [...]fast unnatürlich schön, verführerisch, erotisch. Ein Hauch von Sünde umgibt sie ständig wie eine Duftwolke von Parfüm, die zu jeder gepflegten Frau gehört. Ein knisterndes Spannungsfeld geht von ihr aus, in das sie konsequent und erbarmungslos ihr Opfer zieht, um es dann zu vernichten [...]. Ihr Opfer, der Bruder Julian, ist Will Quadflieg.

Brigitte Ries, Pinneberger Tageblatt, 4. 2. 1966

[...] Die breiten Mittelszenen gehören überwiegend Joana Maria Gorvin und Will Quadflieg. Die Gorvin als Fräulein Alice, nach Kochs Interpretation: als Symbol der Liebe, wie immer man das zu verstehen hat – sie spiegelt diese neue Variante männerzerstörender Frauen bei Albee bis in viele Einzelheiten dieser schillernden Bühnengestalt. Sie macht die Papagena-Verwandlung von der Hexe zur Puppe verblüffend, gibt dann die Salonschlange im apart geäderten Hausanzug souverän, meistert sogar das Enthüllungszeremoniell der Schocker-Einlagen Albees und muß erst vor dem Talmi des Schlußbilds, vor der Madonnenpose, kapitulieren, was eher für als gegen ihre Kunst spricht. [...]

Klaus Wagner, Frankfurter Allgemeine Zeitung, 5. 2. 1966

[...] Man kann also diesen Albee, der wie eine Interpretation des [...] Welterfolgsdramas »Wer hat Angst vor Viriginia Woolf« wirkt, nur dann verständlich inszenieren, wenn man ihn entschlossen »gegen den Strich« in Szene setzt. [...]
Daran scheiterte Heinrich Kochs Regie. Allzuoft wurde auch Unwichtiges auf gut Glück mit Bedeutung, Ernst und Wut gesagt, aber das versteckte innere Muster, die Doppelnatur der Alice, blieb verborgen. Eigenbewegung des Dialogs setzte sich über Albees erkenntniskritische Skrupel hinweg. Joana Maria Gorvin war doch immer zu sehr immer ganz das, was sie gerade darstellte. Wenn sie gerade ihren Priester nach Sexuellem fragte, dann klang das wie die »Hauptsache«. Man vergaß die Doppelrollen-Situation. Doch wenn sie ernsthaft von ihrem Geheimnis hätte reden sollen, dann durfte sie zu leicht, zu gurrend sein. Frau Gorvin ist eine vehemente Schauspielerin. Sie erfüllt die Bühne unfehlbar. Ihr Spiel hat immer – auch da, wo es direkt wirken soll – ein Moment des großartig Stilisierten, Überhöhten. Große Kunst und darum Strenge müßte ein Regisseur aufbringen, um nun auch bewußte Stilisierung deutlich zu machen, wie sie in der Alicen-Rolle nötig wäre. [...]

Joachim Kaiser, Süddeutsche Zeitung, München, 5. 2. 1966

[...] Heinrich Koch hatte das Stück in Hamburg inszeniert, mit jener »Hintergründigkeit« inszeniert, die da weiß, daß es in diesem Text von Geheimnissen nur so wimmelt [...] und sicherheitshalber daher alles geheimnisvoll sagen und tun läßt. [...] Da sich der Autor offensichtlich nicht ganz entschieden hatte, ob er aus Alice einen männerverschlingenden weiblichen Albtraum oder ein hilflos-einsames Geschöpf, eine Frau-Welt – oder ein Jungfrau-Maria-Symbol, eine Kundry, eine Lulu oder eine Alice im Wunderland machen wollte, konnte eine so bedeutende Schauspielerin wie Joana Maria Gorvin zwangsläufig nur momentane Situationen spielen, die sie mit einem Geheimnis umwitterte, dessen Aufklärung ihr und dem Zuschauer versagt blieb. Beispiel: Sie sieht zu, wie Julian erschossen wird, drängt einerseits zum Aufbruch, da es »weiteres zu tun« gibt, bettet aber gleichzeitig den Sterbenden mitleidig in ihren Schoß. Preisfrage: Wie spielt man eine erkaltete Geliebte, eine routiniert von einem Toten scheidende Gang-Anführerin, eine alliebende Mutter zur gleichen Zeit ? [...]

Hellmuth Karasek, Stuttgarter Zeitung, 7. 2. 1966

ENDSTATION SEHNSUCHT von Tennessee Williams
Hamburg, Deutsches Schauspielhaus, 18. 12. 1966. Regie: Heinrich Koch

Als Blanche DuBois mit Fritz Holzer und Pablo Gonzales als Wärter
Foto: HHThs. Clausen

Seite 150
Als Blanche DuBois mit Rolf Boysen als Stanley Kowalsky
Foto: Clausen

Seite 151
In der Rolle Blanche DuBois
Foto: Clausen

Für ihre Rollenvorbereitung verwendete Joana Maria Gorvin die englische Textfassung und die deutsche Übersetzung von Berthold Viertel. Anhand dieser Vorlagen überprüfte sie kritisch das von der Dramaturgie des Deutschen Schauspielhauses erstellte Bühnenmanuskript und forderte von dem Dramaturgen Günther Penzoldt Information über einige ihr wesentlich erscheinende Abweichungen in dieser Fassung.

Günther Penzoldt, Hamburg, 9. 11. 1966

Liebe Frau Gorvin!
Ich schicke Ihnen nun den Rest [...] der Fassung, die auf die Regieanweisungen des englischen Exemplares zurückgeht. [...] In diesem Zusammenhang möchte ich Ihnen sagen, daß Fräulein Gerber, die sich am genauesten mit dem Textvergleich befaßt hat, auch der Auffassung ist, daß Viertel es sich hin und wieder zu bequem gemacht hat und spezifische Amerikanismen umging, die er Ende der vierziger Jahre für unübersetzbar oder unverständlich halten konnte. Dennoch ist es mir völlig unglaubhaft, daß er auf eigene Faust soviele Regieangaben so einschneidend fortgelassen und geändert haben sollte, umsomehr als ihm als hocherfahrenem Theatermann die Qualität der Anweisungen doch unmittelbar eingeleuchtet haben müßte. Eine andere Erklärung scheint [...] zutreffender. Ich glaube, daß Viertel das Originalmanuskript von Williams übersetzt hat, so wie es für die amerikanische Aufführung vorlag. Und ich nehme an, daß dann später, nach dem Abschluß der »try-out-tour«, an Hand der Aufführung in New York das Stück vor der Drucklegung neu durchgesehen wurde und daß alles, was sich an Regieerfahrung ergeben hat, in die Buchausgabe eingearbeitet wurde. Dies ist ein durchaus üblicher Vorgang in Amerika und auch ein Grund für den Auslandserfolg vieler anderer, weit schwächerer Stücke: Die an Hand der New Yorker Aufführung erarbeiteten Ergebnisse werden gleich mitgeliefert. Ich werde also den Verdacht nicht los, daß Sie in der Befürchtung, in die Fänge spezieller Viertelscher Regieanweisungen zu geraten, damit nicht so sehr zum »echten« Williams vorstoßen, sondern zu den sicher sehr nützlichen Anweisungen eines amerikanischen Regisseurs aus dem Jahre 1947.

Interview für Die moderne Frau, Februar 1967

[...] Vor Jahren wurde mir die Rolle, nach dem sensationellen Erfolg am Broadway, angeboten. Ich fühlte mich damals für diese Gestalt zu jung, ohne sie jedoch zu vergessen. Jetzt schlug ich sie dem Hamburger Schauspielhaus vor. Blanche ist für mich hochinteressant, wie alle »Nervenrollen«. Diese Figur ist reich facettiert, hat ungeheure Schwingungen, zeigt unendlich viele Farben des Körpers, des Geistes und der Seele. [...]
Und auf die Frage, wieweit sie sich mit einer Rolle identifiziere: [...] Dazu muß ich Ihnen den Ablauf erzählen – wenn ich das Stück drei bis fünfmal gelesen, wenn ich die Übersetzung mit dem Original verglichen, abgewägt und das Wesentliche herausgesucht habe, wenn mir die verschiedenen Tonfälle aller Rollen, das Tempo der Szenen in vagen Vorstellungen geläufig sind, dann werde ich allmählich vertraut mit meiner Rolle. Die Steigerung beginnt schon bei den Proben; mehr und mehr verschmilzt die Figur mit mir, und es entwickelt sich eine gewisse Identifikation. Es ist ein Kampf, den man mit und gegen sich führt. Man ist verzweifelt, glaubt nicht daran, sich in diese Form zu bekommen ... aber ein totales Identifizieren entsteht nicht. Ein Künstler muß sich zwar einer Rolle unterordnen, sie aber im Griff behalten und Herr darüber bleiben. [...]
Und auch die Frage der künstlerischen Partnerschaft wird erörtert: [...] Partner ... sie sollten die gleichen Instrumente spielen, die gleichen Schwingungen haben, sich der künstlerischen Gemeinschaftsarbeit angleichen. Von ihrer Spontaneität bin ich genauso abhängig wie von der des Publikums. Sie läßt sich entweder mit den billigsten oder mit den kostbarsten Mitteln hervorlocken. Da ich mich nun einmal für die kostbarsten entschieden habe, empfinde ich Beifall und Szenenapplaus wie eine Belohnung.

Seite 153
Landschaft (Pinter). Hamburg, Deutsches Schauspielhaus, 10. 1. 1970. Regie: Hans Schweikart.
In der Rolle Beth
Foto: Clausen

Monk gibt auf!

Schauspielhaus-Intendant stellt Amt zur Verfügung

Hbg. Morgenpost

Hamburg, 14. Oktober (Eig. Ber.)

Das Ende kam früher als erwartet. Gestern hat der Intendant des Deutschen Schauspielhauses, Egon Monk, in einem Schreiben an Kultursenator Kramer (zugleich Vorsitzender des Aufsichtsrates im Schauspielhaus) überraschend sein Amt zur Verfügung gestellt.

Will nicht spielen: Joana Maria Gorvin

Will nicht spielen: Hermann Schomberg

Will nicht spielen: Rolf Boysen

Will nicht spielen: Günter König

Egon Monk hat also aufgegeben, nachdem er sein Amt erst am 1. August angetreten hatte und mit seinen Inszenierungen „Über den Gehorsam" und „Die Räuber" auf heftige Kritik und Ablehnung gestoßen war.

Der Grund des Rücktrittsangebotes von Monk: Vier Mitglieder des Ensembles „probten den Aufstand".

● **Denn in seinem Kündigungsschreiben weist Monk darauf hin,** die Mitglieder Joana Maria Gorvin und Hermann Schomberg sowie Rolf Boysen und Günter König, deren Verträge erst zu Beginn nächsten Jahres in Kraft treten werden, glaubten nicht mehr, vertrauensvoll mit ihm zusammenarbeiten zu können. Gemeinsam hätten sie erklärt, ihre Verträge zur Verfügung zu stellen.

Monk weiter in seinem Schreiben: Die von Senator Kramer in einem Gespräch am Sonnabend geäußerte Annahme, das Theater könne diese Belastung nicht aushalten, veranlassen ihn, seinen Rücktritt anzubieten. Und dies, obwohl der Aufsichtsrat des Schauspielhauses in seiner Sitzung am vergangenen Freitag (wir berichteten darüber) den von ihm begonnenen Aufbau des Ensembles sowie den Spielplan erneut gebilligt habe.

Senator Kramer teilt dazu mit: „Die von Egon Monk in seinem Schreiben an mich erwähnte Unterredung ist im wesentlichen zutreffend, aber nicht erschöpfend wiedergegeben. Ich habe den Aufsichtsrat des Schauspielhauses kurzfristig zu einer Sitzung einberufen. Dort wird entschieden werden, ob wir das Rücktrittsgesuch annehmen."

Ergänzend zu dieser Nachricht, die gestern abend wie eine Bombe nicht nur in Bühnenkreisen einschlug, erfuhren wir zuverlässig: Die für den 27. Oktober vorgesehene dritte Premiere im Schauspielhaus, „Doppelkopf", findet nicht mehr statt. Auch hier soll Monk sich nicht mit den Mitgliedern des Ensembles einig geworden sein.

Wird Monks Rücktrittsgesuch angenommen, dürfte er mit Sicherheit zum NDR zurückkehren, wo für ihn ein Stuhl bereitsteht.

Egon Monk (rechts) und Senator Kramer

Hamburger Morgenpost, 14. 10. 1968

BIOGRAFIE: EIN SPIEL von Max Frisch
Hamburg, Deutsches Schauspielhaus, 22. 11. 1968. Regie: Heinrich Koch

Als Antoinette mit Charles
Regnier als Kürmann
Foto: HHThs. Clausen

Als Antoinette mit Charles Regnier als Kürmann, Werner Hinz als Registrator
Foto: HHThs. Clausen

Als Antoinette mit Charles Regnier als Kürmann
Foto: HHThs. Clausen

EARLY MORNING von Edward Bond
Zürich, Schauspielhaus, 2. 10. 1969. Regie: Peter Stein

Mit Peter Stein bei einer Probe
Foto: Zubler

Irma Voser, Neue Zürcher Zeitung, 4. 10. 1969

Die Direktion des Pfauentheaters hat erreicht, was sie erhoffte: ein provoziertes Publikum! [...] Nach der Pause hatten sich die Reihen gelichtet; ein besonnener Theaterbesucher rief zur Ruhe auf und riet zu einer Diskussion nach Schluß der Vorstellung. Am Ende flackerte noch einmal Streit zwischen Beifall und Mißfallenskundgebung auf; dann verzogen sich die Protestler [...].
[...] Daß dem neuesten Stück »Early Morning« mit dem Etikett »Gesellschaftskritik« nicht mehr beizukommen sei, leuchtet ein. Das Stoffmaterial des Stücks: Das Zeitalter der Königin Viktoria wird nicht sogenannt entlarvt, sondern in höchst drastischer Weise bis zur Unkenntlichkeit verzerrt.
[...] Ist das Ganze, wie ein Kenner Bonds, Martin Esslin, meint, Traummaterial für Psychoanalytiker? Wie dem auch sei, es bleibt gesamthaft die Faszination bestehen, die von den evozierten Bildern Bonds ausgeht: [...] Diese bizarren Phantasien, gebunden an den grotesk verfremdeten Gestalten aus der Historie, an zusätzliche Anachronismen und gegenwartsbezogene Assoziationen ergeben Bonds suggestive Schau von der trostlosen Befindlichkeit des Menschen, dem keine Gnade und keine göttliche Macht zu Hilfe kommt. Selbst wo ein Mensch dem andern beistehen will, bleibt auch diese Hilfe folgenlos.
[...] Man wird allerdings dem Regisseur Peter Stein zubilligen, daß er zusammen mit dem Bühnenbildner Günter Kuschmann, der Kostümentwerferin Susanne Raschig und dem Puppen- und Gliedmaßenkonstrukteur H.R. Giger unheimliche und zwingende Theatereffekte aus dem Stoff herausgeholt hat. [...] Das Spiel hat Peter Stein als Zeremoniell aufgebaut; die Bewegungsabläufe scheinen präzis kalkuliert und gleichzeitig signifikant. [...] Die Regie arbeitete mit entsprechend guten Darstellern: Glasklar und schneidend kalt gab Joana Maria Gorvin die Königin Viktoria. In immer neuen Verwandlungen ihr zur Seite stand die sensitiv und nüanciert agierende Jutta Lampe als Florence. [...]

Hellmuth Karasek, Die Zeit, Hamburg, 10. 10. 1969

[...] »Early Morning« ist ein shakespearisches Königsdrama, das eigentlich nur ein befremdliches Moment hat: Es übersiedelt die Blutrünstigkeit des Mittelalters der Rosenkriege in die scheinbar gut behütete Neuzeit, in den Plüsch der Queen Viktoria. Und – was zumindest ebenso verstört – es trägt unseren Rezeptionsgewohnheiten höhnisch und inbrünstig Rechnung: Es erzählt seine Geschichte mit Mitteln, auf die zu hören wir bereit sind, wenn sie mit dem Namen Frankenstein und Horrorfilm oder Science-fiction verbunden sind. [...]
Stein machte klar, daß es dieser unsinnige Einbruch von nackter, bloßer Gewalt ist, der alle anderen Fassaden wie ein Kartenhaus zusammenbrechen läßt, ja daß eben diese Fassaden in Wahrheit viel grauenerregender sind als die nackte Gewalt. [...]
Als Queen Viktoria sah man Joana Maria Gorvin. Wirklich unnachahmlich vollzog sie irisierende Umschwünge von hoheitlicher Dame zu einem heiter blutsaufenden Monstrum: Richard III. von einer Frau gespielt; Kinokitschmomente waren dann selbstverständliche Teile eines sogenannten Charakterdramas . [...]

Ivan Nagel, Frankfurter Allgemeine Zeitung, 4./5. 10. 1969

[...] Peter Stein hat sich in den zweieinhalb Jahren seiner Laufbahn mit fünf großen Inszenierungen als der wohl einzige junge Regisseur ausgewiesen, den man genial nennen darf. In »Trauer zu früh« ließ er Unsicherheiten erkennen, [...] aus welchen diesmal immer wieder Lücken und Leerläufe der Spannungs- und Bedeutungslosigkeit entstehen. [...] Selbst Wolfgang Reichmann (Prinzgemahl Albert), einer der besten deutschen Schauspieler, selbst Bruno Ganz (Prinz Arthur) und Dieter Laser (Prinz George), Steins beide vertrautesten Mitarbeiter, wurden lange gelähmt. [...] Erst der Auftritt Joana Maria Gorvins (Königin Victoria) und Jutta Lampes (Florence Nithingale) gab die Vorahnung jener Synthese aus entspanntem Eingehen auf alle Umbrüche des Ablaufs und aus stählern kontrollierter Durchformung von Sprache und Haltung, die der erregenden, bös-grotesken Unberechenbarkeit dieses Stückes allein gerecht wird. [...]

Lietzau

Hirsch

Deutsches Schauspielhaus in Hamburg, Ex-Intendanz: „Weiterarbeit unzumutbar"

IST DIE LOKALTRAGÖDIE EIN LEHRSTÜCK?

SPIEGEL-Reporter Fritz Rumler über die Krise am Deutschen Schauspielhaus in Hamburg

Die Musiker auf der Empore des Krematoriums Hamburg-Ohlsdorf spielten, was der Dahingegangene sich zum Sterben auf den Plattenteller gelegt hatte, Mozarts Streichquintett in g-Moll; Gerhard Hirsch, das tragische Opfer der jüngsten Krise am Hamburger Schauspielhaus, wurde am vorletzten Wochenende zu Grabe getragen.

Hans Lietzau, auch ein Opfer, reiste am letzten Wochenende gen Süden, „zum Nachdenken". Er war der fünfzehnte Intendant des Deutschen Schauspielhauses seit der Gründung im Jahre 1900, und er war, nach Schuh und Monk, der dritte Haus-Chef in zwei Jahren, der vorzeitig abtrat; Gerhard Hirsch, der Selbstmörder, hatte allen dreien als Verwaltungsdirektor zur Seite oder im Wege gestanden.

Ist Hamburgs Schauspielhaus ein beispielloses Unglückshaus? Oder: Sind Hirsch und Lietzau Opfer eines Systems? Wenn ja: welchen Systems?

Lietzau, der Imperatorische, hatte seine Hamburger Ära im November 1969 eröffnet. Deutschlands erste Regisseure, wie Kortner, Lietzau, Peymann, Schweikart, gingen ans Werk, ein glanzvolles Ensemble trat zusammen: so die Herren Benrath, Boysen, Griem, Holtzmann, Schubert; die Damen Ostermayer, Angela Schmid, Gisela Stein und die Virtuosin des süßen alten Stils, Joana Maria Gorvin.

Doch die Ära kränkelte. Kortners „Clavigo", die klügste und schönste Inszenierung der letzten Jahre, fiel in Hamburg durch; in der Bürgermeister-Loge, Balkon rechts, sah man nach Premieren immer öfter grämliche Mienen; die durchschnittliche Platzausnutzung sank, um 10 Prozent, auf 68 Prozent; 5000 der 15 000 Abonnenten schickten schließlich ihre Kündigung.

Dem folgte, am Jahresende 1970, jene bekannte Kette unerhörter Vorgänge: Am 27. November zeiht der hanseatische Senat den Intendanten öffentlich der „Vernachlässigung wirtschaftlicher Gesichtspunkte"; am 11. Dezember kündigt Lietzau fristlos („Weiterarbeit unzumutbar"); am 19. Dezember wird Gerhard Hirsch, inzwischen auf eigenen Wunsch beurlaubt, vergiftet aufgefunden.

Auf einem Briefpapier des Schauspielhauses hatte er Frau und Kinder gegrüßt und geschrieben: „Soviel menschliche Charakterlosigkeit und Schweinereien ertrage ich nicht."

Mittlerweile ist die Affäre etwas in historische Distanz gerückt. Die Personen der Handlung und ihre Motive zeichnen sich nun klarer ab, und auch dies wird deutlich: Die Lokaltragödie ist ein Lehrstück, das an jedem deutschen Subventionstheater gespielt werden könnte.

Denn kein unerforschlich Fatum waltete am größten Schauspielhaus Westdeutschlands, sondern jenes System von Zwängen, das jedwede kommunale Bühne dirigiert: Einspielsoll, Produktionszwang, feudalistische Struktur et cetera. Dies alles bei schwindendem Interesse am Theater und steigender Ratlosigkeit der Künstler.

Die Basis deutscher Bühnen ist der Abonnent. Hamburgs Schauspielhaus hat 35 Abo-Stämme, die je achtmal pro Saison ins Theater gehen. Der stärkste Stamm zählt 500 Seelen, füllt das 1500-Plätze-Haus also bereits zu einem Drittel. Was sind das für Leute?

Die Hälfte aller Abonnenten ist über 50 Jahre alt, 60 Prozent aller Abonnenten sind Frauen. Der soziale Status ließ sich aus einigen der Kündigungsschreiben ablesen: Lehrerinnen, Krankenpflegerinnen, freischaffender Mittelstand, Leute mit Briefkopf.

Abonnenten mindern das finanzielle Risiko, betonieren aber die Termine: Sie zwingen zum regelmäßigen, zureichenden Premieren-Ausstoß und limitieren damit die Probenzeit. Der Regisseur Hans Lietzau, der in Hamburg auf Intendant lernte, kam diesem grotesken Produktionszwang nicht nach.

Er überzog, wenn er selbst inszenierte, die selbstgesetzte Probenzeit von zehn Wochen (üblich: fünf) meist um weitere zwei Wochen und störte so den Rhythmus. Drei der elf Premieren in der Saison 69/70 kamen erst im letzten Monat ans Rampenlicht, die Inszenierung „Ein Fest für Boris" gar am letzten Spieltag.

Die Abonnenten saßen derweil vor Stücken, die nicht für sie gemacht waren, etwa Pinter-Einakter; und sie saßen auch in Premieren, die nicht für sie gedacht waren. Denn anspruchsvolle Premieren werden lieber auf einen der 40 abonnementfreien Abende placiert; Kortners „Clavigo"-Premiere fiel an den stärksten Abo-Stamm und durch.

Andererseits sahen die Abonnenten zuwenig, wonach ihnen verlangte, etwa Joana Maria Gorvin. Die einstige Principessa des Hamburger Schauspielhauses bekam nur selten Gelegenheit, vor ihre alten Anbeter zu treten; ihr Jahressalär, knapp 100 000 Mark, verzehrte sie zwischendurch in ihrer griechischen Eremitage.

Hans Lietzau, der als Intendant plus Regie-Honorar (17 500 Mark pro Stück) nur wenig mehr verdiente, arbeitete derweil wie ein Pferd; dabei übersah er, daß in Hamburg ein Intendant auch kraftvoll repräsentieren muß.

Er mied starrköpfig die gesellschaftlichen Zirkel Hamburgs, in denen

118

Fritz Rumler, Der Spiegel, Hamburg, 25. Jg., 18. 1. 1971

Geld, Kunst und Politik sich innig mengen und in denen die Bürgermeistersgattin Elsbeth Weichmann als enthusiasmierte Kultur-Diplomatin wirkt; zwei persönliche Einladungen der alten Dame hat er, der Wahnwitzige, abgeschlagen: „Ich hatte Probe."

So war der Mann, der zudem nur drei Jahre in Hamburg bleiben wollte, für die Senats-Society wie für den zahlenden Abonnenten bald eine Verdrußfigur. Hinzu kamen wachsende Spannungen im eigenen Haus.

Der Schauspielhaus-Betrieb hat, nicht unüblich, die Geschäftsform einer GmbH — mit einem Aufsichtsrat und einer Geschäftsführung, die aus dem „Intendanten" und dem „Verwaltungsdirektor" besteht. Dem Intendanten, besagt die Geschäftsanweisung, „steht die gesamte künstlerische Leitung zu"; der Verwaltungsdirektor hat die „kaufmännische Mitverantwortung" und „ist vom Intendanten rechtzeitig über dessen künstlerische Planungen zu unterrichten".

Ängsten beherrschte Haus autoritär regiert — wie das System es befiehlt. Denn, sagt Lietzau, „wenn die Struktur sich an den einzelnen hält, muß der einzelne verantworten." Es ist freilich auch keine Frage, daß dieses System knirscht, wenn der Intendant Lietzau nicht auch den Regisseur Lietzau unters Joch zwingt. War ihm das klar?

„Die Bühne hielt mich manchmal vom Büro ab", sagt Lietzau, „und das Büro von der Bühne." Es wäre einsehbar, daß Lietzau dem wachsenden Druck gern entwich und die Senatsrüge, so betrachtet, ihm gelegen kam. Es wäre aber auch einsehbar, daß der Senat diesen Kurz-Schluß erwartete.

Denn seit langem schwebt die Fata Morgana einer General-Intendanz über der Handelsstadt. Jüngsthin empfiehlt sich Boy Gobert als Über-Intendant: Sein „Thalia Theater" ist, dank gängiger Produktionen, zum Tiffany der Hamburger Musenfreunde avanciert, und insonderheit Elsbeth Weichmann sähe gern auch das Schauspielhaus in Goberts Hand.

Intendanten nach dem Monk-Debakel, hat er wenig geholfen.

Hirschs Stern begann zu sinken, als er, nach der Rüge, im TV-Magazin „Aspekte" Lietzaus Spielplan-Politik angegriffen und die Kompetenz-Querelen geschildert hatte. Bei der Aufnahme des Interviews mußte Hirsch annehmen, daß auch Philipp und Lietzau in der Sendung als Korrektiv das Wort ergreifen werden. Doch die Herren nahmen ihre Zusage zurück.

Philipp fand dann die Sendung „fürs Schauspielhaus gesehen ungünstig". Sie vergrämte auch den Betriebsrat und ein halbes Dutzend Lietzau-Stars: Sie sahen in Hirsch nun eine „Belastung" und wollten ihn keinesfalls zum neuerlichen Interims-Intendanten.

Damit war er nun eine heiße Kartoffel, die der Aufsichtsrat sich anschickte fallen zu lassen. Von einem Freund im Aufsichtsrat bekam Hirsch den Rat, von sich aus zu kündigen, und am Montag, dem 14. Dezember, stellte er dem Senator Philipp, „um die Suche

Senator **Philipp** (M.), Interims-Intendanz **Paris, Liebermann,** Kortner-Inszenierung **„Clavigo":** Hier durchgefallen

Lietzau, ein schwieriger, hochfahrender Mann, und Hirsch, ein schwieriger, stiller Mann, duzten einander — „aber wir waren keine Duzfreunde", sagt Lietzau; im Gerangel um die Kompetenzen zwischen Intendant und Verwaltungsdirektor entstand eine eisige Duzfeindschaft.

Schon einen Monat nach Lietzaus Amtsantritt verkehrten die Herren per Brief. Hirsch beklagte etwa, „daß alle künstlerischen Fragen ohne mich besprochen werden" und daß ihm, wie dem übrigen Haus, der Zugang zu den Proben erschwert sei — Lietzau machte den Zugang abhängig von der Zustimmung der Probierenden.

Hirschs eher noble Briefe beantwortete Lietzau gern mit scharfen Zurechtweisungen, schließlich überhaupt nicht mehr: Anfang November letzten Jahres bekam Hirsch einen Brief an den „Lieben Hans" zerfetzt zurück.

Lietzau hat, keine Frage, das von Parteiungen zerrissene und anonymen

So verfolgt die lokale Geheimdiplomatie die merkwürdigsten Ziele, und die merkwürdigste Persönlichkeit in diesem Spiel ist Reinhard Philipp, 45, dessen Karriere sich so beschreibt: Oberfähnrich, Student, Theaterdirektor in Neumünster, Fraktionsgeschäftsführer der Hamburger FDP, Kultursenator.

Kultursenator Philipp ist, qua Amt, Vorsitzender des Schauspielhaus-Aufsichtsrates, mithin mittelbar mitverantwortlich für die Entwicklung des Hauses. Er hat, als der Senat über die Rüge abstimmte, sich der Stimme enthalten und auch sonst keine Regung gezeigt.

Er ließ zu, daß Lietzau überraschend und während einer Tournee-Reise gerügt wurde, er stellte sich nicht, als Mitbetroffener, vor seinen Intendanten, und er dachte nicht daran, sagte er, zurückzutreten. Auch Gerhard Hirsch, dem einst gelobten Interims-

nach einer neuen Lösung zu erleichtern", seine „Position zur Verfügung".

Am Dienstag war der Senat dafür, „das Vertragsverhältnis vorzeitig zu lösen, sofern eine solche Regelung sich im Interesse des Deutschen Schauspielhauses als notwendig erweisen sollte" (Protokoll); am Mittwoch übernahmen die Opern-Chefs Liebermann und Paris die Interims-Intendanz; am Donnerstag zerschlugen sich private Pläne Hirschs; am Freitagmorgen las er einen verleumderischen Presseangriff; am Freitagnachmittag nahm Hirsch, 48, eine Überdosis Schlaftabletten.

Liebermann und Paris, wegen dem Ort des Opernhauses und ihrer Effektivität scherzhaft „Dammtor-Brothers" genannt, versuchen nun das trudelnde Haus zu stabilisieren, das bröckelnde Ensemble zusammenzuhalten und neue Stücke zu produzieren: Die Abonnenten warten.

Und dann, zu wiederholtem Male: Gesucht wird ein Intendant.

Fritz Rumler, Der Spiegel, Hamburg, 25. Jg., 18. 1. 1971

LANDSCHAFT von Harold Pinter
Hamburg, Deutsches Schauspielhaus, 10. 1. 1970. Regie: Hans Schweikart

Als Beth mit Hubert Suschka als Duff
Foto: HHThs. Clausen

Harold Pinter, [Hamburg 1970]

Peter Lang, Münchener Merkur, 12. 1. 1970

»Schweinerei bleibt Schweinerei«, meinte ein Hamburger Pastor vor gut zwei Jahren, als Harold Pinters schauriges Familiendrama »Die Heimkehr« im Hamburger Deutschen Schauspielhaus – damals noch unter Leitung Oscar Fritz Schuh – Premiere hatte. Es gab eine öffentliche Diskussion, in deren Verlauf sogar die Absetzung des Stückes gefordert wurde.
Bei den für Deutschland erstaufgeführten Neuschöpfungen von Pinter, den beiden Einaktern »Schweigen« und »Landschaft«, steht ähnliches nicht zu befürchten. Hans Lietzau, der seit zwei Monaten an der Kirchenallee und als dritter Nachfolger von Gustaf Gründgens amtiert (nach Schuh und Egon Monk), wird auch gewiß nicht darauf spekuliert haben. Zu trocken, zu undramatisch sind die beiden Stücke, so bar jeden erotischen Feuers, daß eher das Gegenteil zu befürchten ist: daß Lietzau auch mit diesen Pinters nicht der erste durchschlagende Erfolg am Deutschen Schauspielhaus gelingt. [...]
»Landschaft« lebt von den beiden Darstellern Herbert Suschka und Joana Maria Gorvin. Suschka macht aus diesem Duff einen derben Haudegen, dessen Temperament auch den fadesten Text noch zum Leben erweckt. Frau Gorvin spricht ihren Text traumwandlerisch herunter, aller Wirklichkeit enthoben. Die Beth ist eine Frau von fast 50 Jahren – Frau Gorvin stilisiert sie hinauf ins hohe Alter. Weißhaarig, in Erinnerung verloren – das erste Mal, daß die Schauspielerin sich vorbehaltlos zu einer Altersrolle bekennt.

Ivan Nagel, Süddeutsche Zeitung, München, 12. 1. 1970

[...] Vollends zerbrach die von Pinter erstrebte Ausdrucksform im zweiten Einakter »Landschaft«. Joana Maria Gorvin bot ihren inneren Monolog mit entstofflichter Rührseligkeit, Herbert Suschka chargierte sein Alltagsgerede mit fetter Humorigkeit. Man mißverstehe solche Charakterisierung nicht: In jedem Augenblick blieb einem bewußt, daß hier fünf vorzügliche Schauspieler und ein ebenso weiser wie metierkundiger Regisseur kämpften, um die Stücke zu verstehen und verständlicher zu machen. Sogar das Publikum folgte diesem Kampf mit Spannung. [...] So endete ein angebliches Wagnis der Avantgarde mit einem mäßigen Erfolg des fortschrittwilligen, bildungsfrommen, applausfreudigen, korrumpierten Subventionstheaters.

DER KIRSCHGARTEN von Anton Tschechow
Hamburg, Deutsches Schauspielhaus, 17. 6. 1970. Regie: Hans Lietzau

Als Ranewskaja mit Thomas Holtzmann als Gajew
Foto: HHThs. Clausen

[...] Die Leichtfertigkeit und Untüchtigkeit, die Versponnenheit und Illusion, sie werden von Joana Maria Gorvin und Thomas Holtzmann im fein profilierten Kontrast von Redseligkeit, Schweigen und Langeweile dargeboten: ein Geschwisterpaar der schönen Illusionen und Lebensuntüchtigkeit. Es prägt sich unvergeßlich ein. Irrlichternd die Gorvin – Grande Dame und personifizierte Ratlosigkeit. Dem Schwärmerischen und den Marotten nimmt Holtzmann jegliche Peinlichkeit. [...]

Paul Theodor Hoffmann, Hamburger Abendblatt, 18. 6. 1970

Mit Ende der Saison 1970/71 verließ Hans Lietzau Hamburg, um die Intendanz der Staatlichen Schauspielbühnen, Berlin als Nachfolger von Boleslaw Barlog zu übernehmen. Die Gorvin zeigte sich enttäuscht, weil sie gehofft hatte, in Lietzau einen Regisseur gefunden zu haben, der die Kontinuität von übereinstimmenden künstlerischen Vorstellungen zu garantieren schien.

An Hans Lietzau, Hamburg, 6. 1. 1971

Lieber Hans,
zurück aus Griechenland, wo alles Entscheiden so maßvoll sich präsentiert, wo die Tempel dem Fassungsvermögen der menschlichen Seele, des Geistes und der Sinne angepaßt wurden, bewußt, um der Gigantomanie des Orients entgegenzuwirken, erscheint mir was in den letzten Wochen hier geschehen ist, wie ein schlechter nordischer Spuk. Was der Übermut der Ämter uns antut, die Borniertheit der Beamteten, ist ein Musterbeispiel für den Streit der Produktiven mit den Verwaltenden. Aufbruch ins Unbekannte ist unser Wahlspruch, nur kein Risiko heißt dort der Wahlspruch. Nun, es hat sich gezeigt, daß so ein Spagat eine Institution Theater genannt mitten durchreißen kann, wenn keinerlei Verständnis für die Schwierigkeiten des Theaters, einen geistigen Standort in der heutigen Zeit zu finden, besteht, ja sogar mit materiellen Forderungen verhindert, ihn möglicherweise aufzuspüren, da Geduld und auch Verlust der sich erst später als Gewinn zeigen könnte, nicht in Kauf genommen werden wollen. Wieviel Leidenschaft, Intrige, gute und falsche Treue sich zeigten, Unfähigkeit und Überforderung, ist nicht meine Sache zu untersuchen. Daß ein Mensch darüber zerbrach, ist erschreckend und ein zu hoher Preis. Ich muß gestehen, ich bin froh, daß ich bei den unsachlichen Auseinandersetzungen nicht dabei war und die winterlich kalte, sonnige Luft Griechenlands mir Vernunft und Geist stärkte. [...]
Ich bin sehr unglücklich, daß die von mir so angestrebte heiß erwünschte Zusammenarbeit ein so jähes Ende gefunden hat. Immer noch ist der interessante Theaterabend das wichtigste und die, die ihn machen. Und da zählen Sie zu den wichtigsten. Wenn ich auch nicht so entscheidend, wie ich's mir gewünscht hätte, an den Ereignissen teil hatte. Zuviel ging ich untätig spazieren, so viel mich die Hoffnung auf anregende Probenarbeit, produktive Auseinandersetzung, irgendwann, im Anschluß an unsere, wie ich glaube, sehr gelungene Arbeit im »Kirschgarten«, an Sie und das Haus gebunden. Jetzt ist dies alles zerstört.
Aber es geht weiter. Und ich bin nicht der Ansicht, daß es nicht weiter gehen sollte. Nur in der Tat kann Theater sich realisieren, auch oder gerade wenn es anfechtbare Taten sind. Wir werden von Theaterwissenschaftlern und sonstigen Theoretikern tyrannisiert, in den Theatern und bei der Presse, und vor lauter Theorie werden die Produktiven impotent. Wenn man sich die Mühe nähme, nachzulesen, was gefordert, erwartet, verlangt wird, widersprüchlich und unkontrolliert, käme man zum Resultat, daß viele mit dem Theater spielen, und es dabei munter zerstören, mit der Feder und der Druckerschwärze. Siehe Feydeau-Premiere, die dann schließlich noch als Ausgleich für den wichtigen »Boris« von Ihnen geplant und ein Erfolg wurde, begreifbar auch für jeden Dummen, Boris genauso erfolgreich, nicht begriffen von jenen Dummen.
Man müßte nicht über Theater nachdenken, wenn man nachdenklichere Mitstreiter hätte, auch unter den Beurteilern. [...]

Als Ranewskaja mit Thomas Holtzmann als Gajew, Cornelia Froboess als Anja, Gisela Stein als Warja
Foto: HHThs. Clausen

»Dammtor-Brothers« am Werk – Halbzeit einer Krise: Die Lage am Hamburger Schauspielhaus, so die Kölnische Rundschau. »Jetzt volle Kassen«, »Liebermanns Spielplan für Hamburg« melden die Düsseldorfer Nachrichten und die FAZ wenig später weiß von der »Hamburger Intendantensuche« zu berichten und daß das Interregnum Liebermann verlängert worden wäre. Nach dem tragischen Tod von Gerhard Hirsch, dem raschen Abgang Lietzaus aus Hamburg war das »Schlachtschiff Schauspielhaus« erheblich ins Schlingern geraten und Lieberman, Intendant der Staatsoper in Hamburg und sein künstlerischer Betriebsdirektor, Herbert Paris (Dammtor-Brothers: die Hamburger Staatsoper befindet sich in unmittelbarer Nachbarschaft zum Dammtor) vom Hamburger Senat mit der Konsolidierung des Hauses beauftragt, sollten auch einen neuen Intendanten küren. Gefunden und gekürt wurde: Ivan Nagel.

Hamburger Erwartungen. Interview mit Ivan Nagel von Hans-Eberhard Lex. Die deutsche Bühne. Theatermagazin. Februar 1972

Am Deutschen Schauspielhaus hat – so zumindest hofft man es in Hamburg – seit dem 1. Januar dieses Jahres eine erfolgreichere Ära begonnen: Als neuer Intendant übernahm Ivan Nagel vom Interims-Team Liebermann/Paris Hausrecht und Verfügungsgewalt. [...] Als eine Auswahlkomission dann daranging, einen neuen Intendanten zu finden und zu küren, war das Ensemble bereits aller namhaften Protagonisten beraubt.

Die Aufgaben, die Ivan Nagel in den ersten Vorbereitungsmonaten erwarteten, galten also in erster Linie der Verpflichtung eines neuen Ensembles und einem verheißungsvollen Spielplan für die kommenden Jahre. [...]

Auf die Frage des Reporters, daß er Schauspieler aus dem Gründgens-Ensemble langfristig an das Haus gebunden habe und mit welchen Mitteln er sich um die Jugend bemühen werde, gibt Nagel Auskunft, daß er »hoffe, daß unser Publikum nicht nur auf die alte ›Gründgens-Garde‹ fixiert ist, wenn es einen Schauspieler wie Quadflieg in einer großen Rolle aufnimmt. Ich glaube, daß er die Jungen ebenso wie die Alten ansprechen wird. [...] Nur Schauspieler solchen Ranges können Rollen Goethes und auch Tschechows mit einer Intensität und Plastizität spielen, die das Stück 1500 Besuchern sichtbar machen. Gleichzeitig aber müssen wir dafür sorgen, daß sich das Ensemble komplettiert und ein arbeitsfähiger Organismus wird.« [...]

Joana Maria Gorvin war eine sehr nachdenkliche Beobachterin; zunehmend distanziert, aber doch neugierig (im Wortsinn) verfolgte sie die Entwicklung des deutschsprachigen Theaters nach 1968.

Die große Vertreibung aus den Theatern

Notiz [ohne Datum]

Was ist in Deutschland los? Was geht in den Theatern vor?

Ich bin aufgezogen im strengen Glauben, daß nur Ensemble-Arbeit problematisches Theater ermöglicht, gemeinsame Arbeit, basierend auf gegenseitigem Vertrauen, gewachsen im Laufe der Zusammenarbeit, Resultate erspielen kann. Aus mancherlei bekannten Gründen (Zusammenbruch des Hamburger Ensembles unter Schuh, Monks Kindergarten Theater und zuletzt der Abbruch der hoffnungsvoll begonnenen Arbeit Lietzaus) wollte auch ich mich einmal aus der allmählich für mich unproduktiv werdenden Arbeit in Hamburg lösen, um mit Abstand die Ursachen und Möglichkeiten einer fruchtbaren Arbeit in der Zukunft zu überdenken.

Ich habe nach vielen Zweifeln das Angebot eines Tourneeunternehmens angenommen, nachdem unbedingte Wünsche und Forderungen erfüllt waren. Ein Stück mit Niveau, wenig Personen, kaum Dekorationwechsel, einer Besetzung, die zu verantworten war und einem Regisseur, der Niveau und Ernst garantierte.

DAS KATZENSPIEL von István Örkény
Wien, Theater in der Josefstadt, 14. 9. 1972. Regie: Leopold Lindtberg

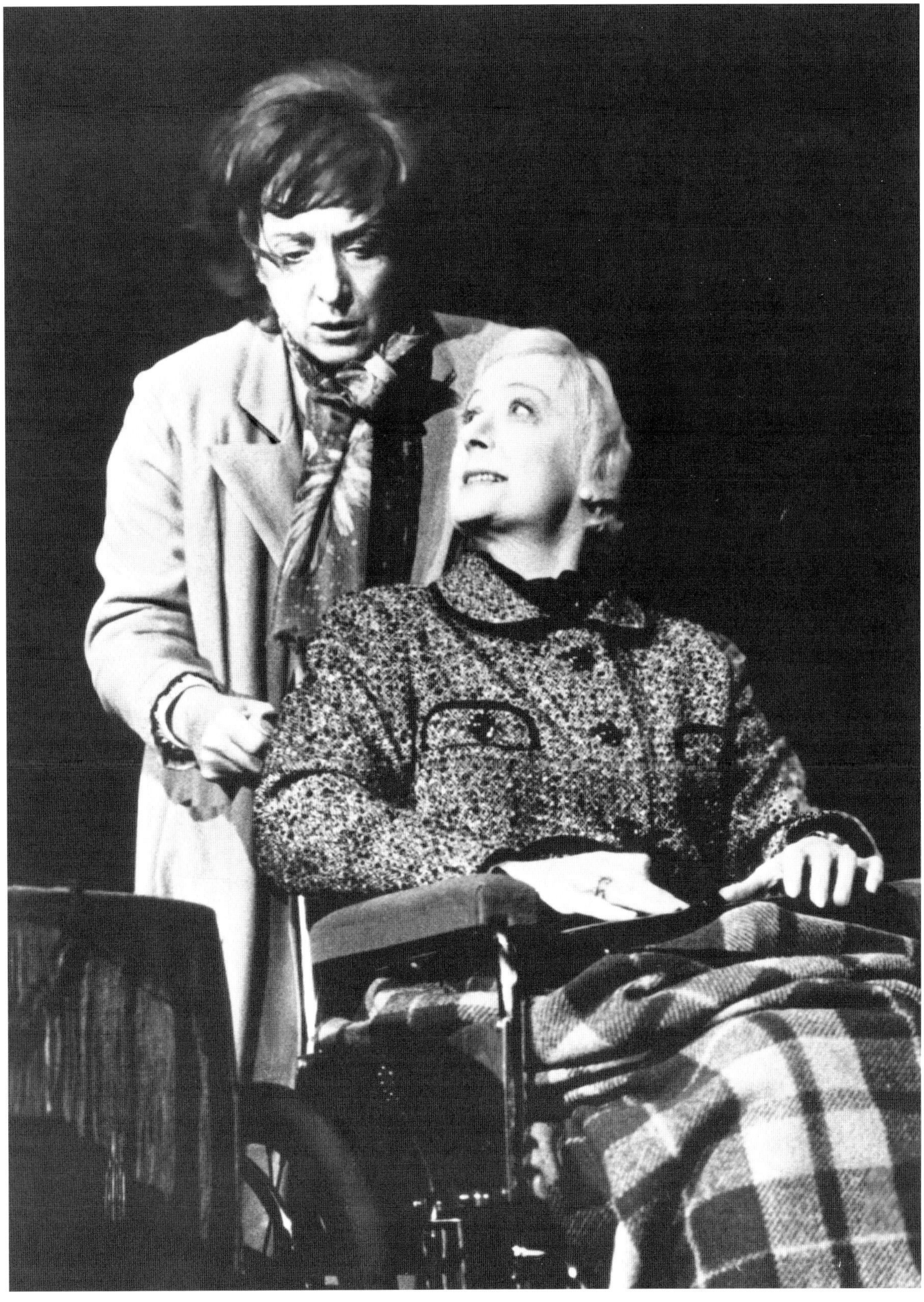

Als Elsie Orban mit Vilma Degischer als Gisa
Foto: Palffy

Als Elsie Orban mit Lotte Lang als Mausi
Foto: Hausknost

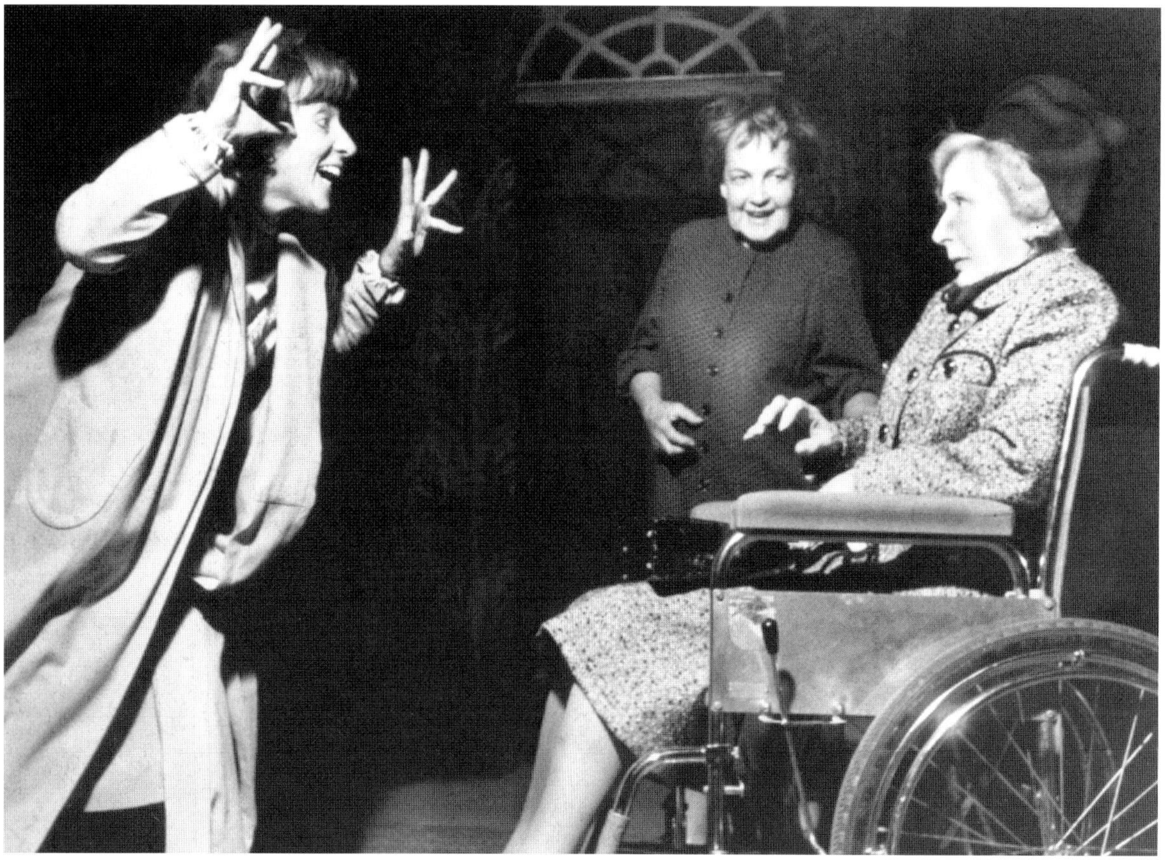

Als Elsie Orban, Lotte Lang als Mausi, Vilma Degischer als Gisa
Foto: Hausknost

Leopold Lindtberg, 18. 4. 1972

Liebe Joana,
Herr Direktor Stoß wünscht, ich möchte Ihnen in ein paar Zeilen das »Katzenspiel« und die Hauptrolle charakterisieren. Das heißt, so wenig verlangen, daß es zuviel verlangt ist. In wenigen Zeilen läßt sich darüber kaum charakteristisches sagen; das Stück muß man lesen; die Rolle der Frau Orban müßte von einer außerordentlichen Schauspielerin gespielt werden. Vergleiche wären leichtfertig. Eine entfernte, aber wahrscheinlich zufällige Ähnlichkeit besteht vielleicht mit Frauengestalten von François Billetdoux.
Was soll man sagen? Diese Frau ist ein armes, tapferes Luder. Eine Person aus ehedem guter Familie, die durch die Lebensumstände gelernt hat, ordinär zu werden und sich ihrer Haut zu wehren. Ihr Schicksal ist so gänzlich privat, daß es den ganzen Hintergrund erfaßt, einer Schicht, die die Frechheit hat, sich den Luxus einer verzweifelten, unglücklichen Liebe zu leisten, grausam enttäuschte Freundschaft, Eifersucht, Demütigung; und das alles in sehr reifen Jahren. Das alles spielt sich komisch, skurril und überaus traurig ab, zwischen alternden Menschen, die alle zusammen gesellschaftlich nichts mehr taugen, aber mindestens so unglücklich sein können, wie die Jungen in gleicher Lage wären.
In der Form ist das Stück sozusagen unrealistisch, es besteht aus Briefen, Telefongesprächen, Reminiszenzen und Einzelscenen, die in sich realistisch sind, aber eher assoziativ als real-logisch aneinandergereiht sind. Der Autor heißt István Örkény und schreibt einen glänzenden, trockenen, gescheiten und sehr durchsichtigen Dialog. So wenigstens liest es sich in der englischen Übersetzung. Die deutsche ist in Arbeit.
Mich fasziniert das Stück, das sicherlich sehr heikel zu inscenieren ist. Die scenischen Vorschriften des Autors sind so simpel und starr, daß andere, von mir geschätzte Regisseure das Stück als zu statuarisch empfunden haben. Ich habe nicht vor, es statuarisch spielen zu lassen, ich möchte fast sagen, im Gegenteil.
Wenn Sie, liebe Joana, diese Rolle spielen wollen, sehe ich für das Stück und alle, die sich dafür einsetzen, eine große Chance.
Darum voll Hoffnung
herzlichst Ihr
Lindi

Piero Rismondo, Die Presse, Wien, 16./17. 9. 1972

[...] Regie hat Leopold Lindtberg geführt, und er erweist sich als der meisterliche Schauspielerführer, der er ist.
[...] Was an Joana Maria Gorvins Frau Orban besticht, ist das Mädchenhafte, das sich die Figur im Alter bewahren läßt, das Mädchenhafte, das das Herzensreine ist. Nichts im Leben könnte es zerstören. Das Temperament kommt aus einem lebensgläubigen Wesen. Witz und Gefühl werden eins. Eine virtuose Leistung, möchte man sagen, käme nicht alles aus dem Organischen. Die Virtuosität ist das Mittel, mit dem sie der Gestalt ihr innerstes Geheimnis entreißt und sichtbar macht. [...]

György Sebestyén, Neue Kronen-Zeitung, Wien, 16. 9. 1972

[...] Leopold Lindtberg führt Regie, sehr einfühlsam und mit großer Hingabe. Melancholie überdeckt die Groteske, pointierte Witze werden in schmerzhafter Ausführlichkeit zelebriert. Im Zwielicht, in der elegischen Stille zittern irgendwelche Seufzer. Wir sehen eine Clownerie in Moll.
[...] Vier Schauspielerinnen tragen den Abend. Vilma Degischer spielt die feine Dame mit makelloser Würde. Joana Maria Gorvin als Elsie ist voll Lebensgier, voll todesbereiter Kraft, sehr herb, hinreißend menschlich. Lotte Lang gibt einer biederen, dienstbereiten Seele jene Spur von Einfalt, die grotesker wirkt als jedes Ungestüm. Als überreife, welke Verführerin zeigt Edith Hieronimus viel Härte: zielbewußte Energie in der Gefühlsduselei. [...]

Anläßlich der Londoner Premiere von »Das Katzenspiel«, in der Elisabeth Bergner die Rolle der Elsie Orban spielte, schrieb Örkény an Joana Maria Gorvin:

[...] Morgen fliege ich nach Brüssel, wo die Katzen im Nationaltheater vorgeführt werden. Auch in London habe ich eine Woche vor der Premiere mitgemacht [...]. Was da eigentlich los war, werde ich nie erfahren. Es sah aus, wie die Hölle. Frau Bergner sagte mir, sie hat zweimal Maria telefonisch über die Rolle gesprochen, aber davon merkte man wenig. Mr. Phillips /Regie/ sagte mir, Frau Bergner hätte insgesamt nur drei Proben mitgemacht, ohne den Text zu wissen. Frau Bergner sagte mir, Mr. Phillips ließ sie nie an den Proben erscheinen. Als ich sie fragte warum, sagte sie, Mr. Phillips sei eifersüchtig, weil er /Mr. Phillips/ will die Rolle Frau Orbans spielen. Er ist ein 26jähriger schöner junger Mann. Da wurde mir schon ein bißchen schwindlig. Das ist nicht alles. Herr Phillips spielte wirklich während den Proben Frau Orban, hatte sogar Frauenschuhe und ein Kostüm aus Jersey machen lassen. Da gab ich es auf, weil ich Furcht hatte, auch wahnsinnig zu werden. Dann kam die Premiere, wo eigentlich alles in Ordnung war, nur Frau Bergner spazierte hin und her, als ob sie zu Hause wäre und Gäste hätte, und erzählte allerhand traurige Sachen über Leben und Tod. Sie war aber zart und fein und jung und wunderbar, leider keine Frau Orban. Wo wir in Wien lachten, weinten wir in London. [...] Also das war London. Nun hoffe ich, in Brüssel nicht ein Irrenhaus im Nationaltheater zu finden. [...]

István Örkény, Budapest, 13. 1. 1972

»Sag zum Abschied leise servus ...«
und lass' Dir nochmals sagen wie ich mich freue, daß ich Dich als Mensch und Künstlerin kennenlernen durfte.
Deine Mausi Lotte Lang
Frau Doktor Auer sagte mir, daß Du Vasen brauchst und Du in Hamburg was bäuerliches eingerichtet hast.

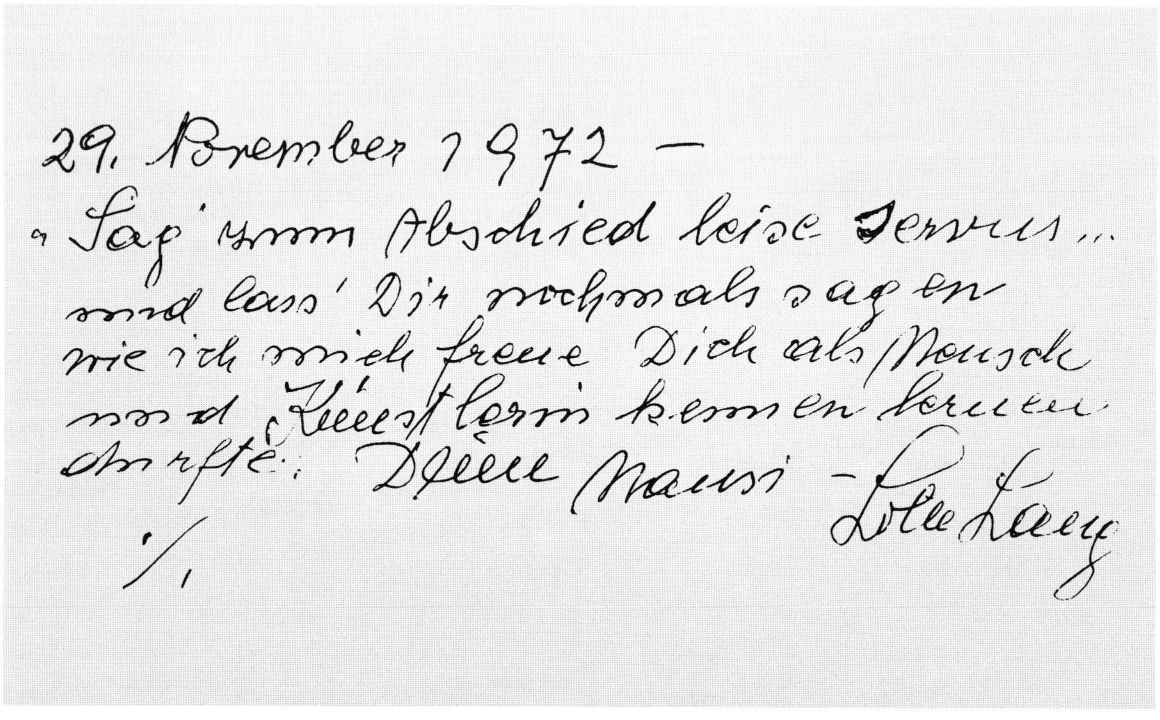
29. November 1972 –
»Sag zum Abschied leise servus...
und lass' Dir nochmals sagen
wie ich mich freue Dich als Mensch
und Künstlerin kennen lernen
durfte. Deine Mausi – Lotte Lang
./.

Lotte Lang, [Wien], 29.11.1972

1913 von Carl Sternheim
Hamburg, Deutsches Schauspielhaus, 18. 1. 1973. Regie: Dieter Giesing

In der Rolle Gräfin Sofie von Besskow
Foto: HHThs. Clausen

Als Gräfin Sofie von Besskow
mit Werner Hinz als Freiherr
Christian Maske von Buchow
Foto: HHThs. Clausen

DER PELIKAN von August Strindberg
Hamburg, Deutsches Schauspielhaus, 15. 9. 1973. Regie: Claus Peymann

In der Rolle Elise
Foto: Clausen

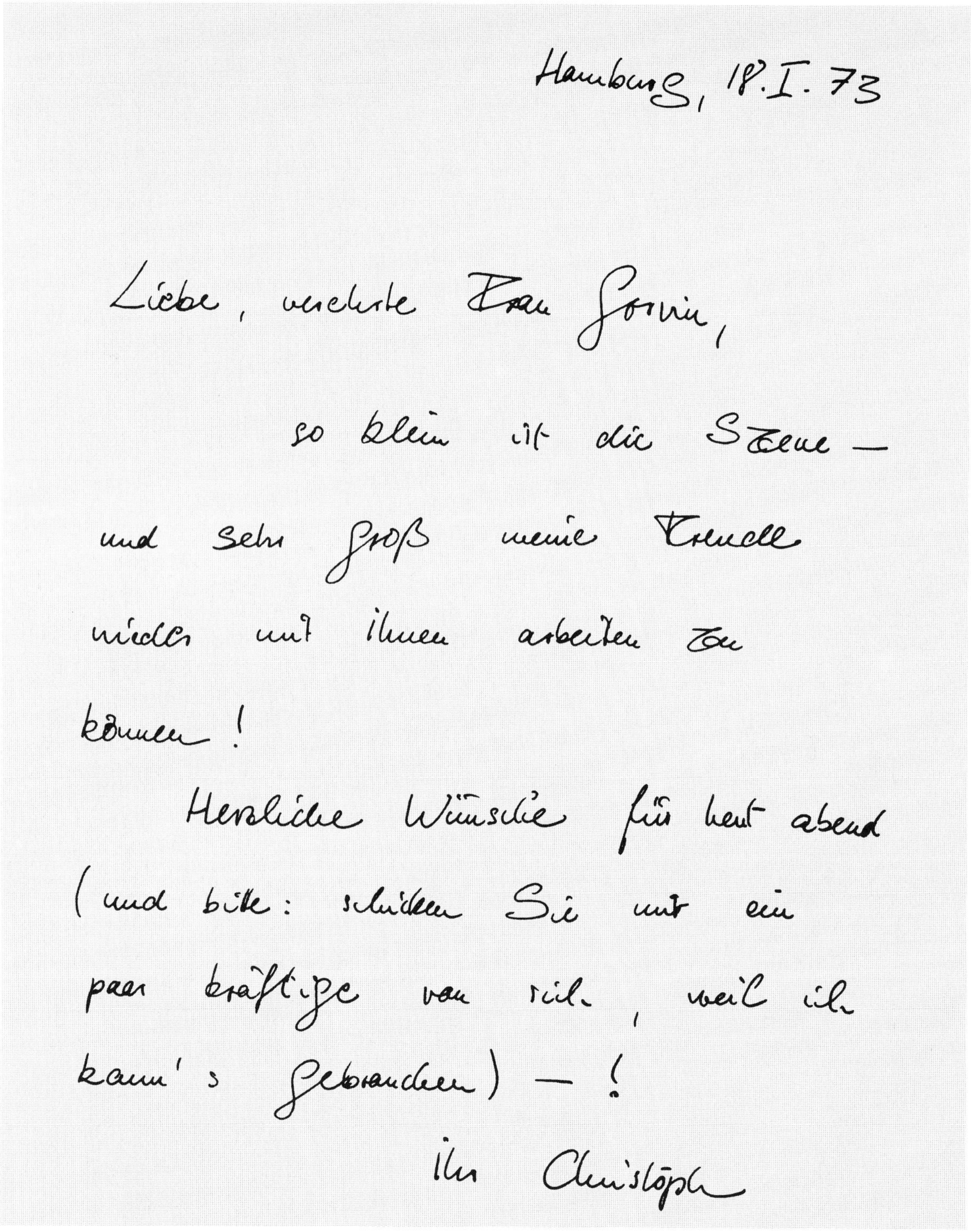

Hamburg, 18. I. 73

Liebe, verehrte Frau Gorvin,

so klein ist die Szene –

und sehr groß meine Freude

wieder mit Ihnen arbeiten zu

können!

Herzliche Wünsche für heut abend

(und bitte: schicken Sie mir ein

paar kräftige von sich, weil ich

kann's gebrauchen) – !

Ihr Christoph

Christoph Bantzer, Hamburg, 18. 1. 1973
Liebe, verehrte Frau Gorvin, so klein ist die Szene – und so groß meine Freude, wieder mit Ihnen arbeiten zu können! Herzliche Wünsche für heut abend (und bitte: schicken Sie mir ein paar Kräftige von sich, weil ich kann's gebrauchen)!

Anläßlich des Probenbeginns von »Der Pelikan«

Seite 175
Fast ein Poet. (O'Neill). Hamburg, Thalia-Theater, 25. 8. 1984. Regie: Willi Schmidt. In der Rolle Deborah Harford
Foto: Peitsch

Liebe Frau Gorvin
viel Dank geht zu Ihnen am Ende dieser Probenzeit – für die Hilfe, den sichern, unbeirrten Blick, mit dem Sie dem Partner aus falschem Theater heraushalfen –, und dafür, wie Sie das tun.
Sehr herzlich gute Wünsche für heut abend. (Ich bin von diesem dunklen, bebenden, unaufhaltsamen Tier, von dieser Mutter, fasziniert.)
Toi toi toi – und innen verneig ich mich vor der »Stradivari«.

Christoph Bantzer, Hamburg, 15. 9. 1974

Wir Alten können ziemlich viel. 1975–1993

Mit dem Amtsantritt von Ivan Nagel wurde der seit längerem schwelende Konflikt zwischen der Schauspielerin und der Intendanz virulent; er erwies sich letztlich als unüberbrückbar.

An Ivan Nagel, Wien
12. 10. 1974

Sehr verehrter Herr Nagel,
[...] Die Rolle in »Glückliche Tage« habe ich angenommen. Meinem Einwand, daß diese außergewöhnlich schwierige Aufgabe intime Kenntnis der künstlerischen Persönlichkeiten und großes beiderseitiges Vertrauen erfordert, zeigten Sie sich unzugänglich und bestanden auf einem von Ihnen vorgeschlagenen Regisseur, dem ich und der mir völlig unbekannt war. Angesichts der Schwierigkeiten, die selbst ein Schweikart nicht gemeistert hat, und angesichts des Mißerfolges des mir vorgeschlagenen Regisseurs mit einem anderen Stück, der seine Mitarbeit am Hause offensichtlich beendet hat, besteht kein Zweifel, daß meine Ablehnung notwendig und richtig war. Mein Wissen um Theaterdinge ist verantwortungsbewußt und nicht schwierig. [...]
Sie schreiben zwar am 4.6.74, daß Ihrerseits der Wunsch und die Hoffnung bestünde, unser Gespräch fortzuführen; aber in dem halben Jahr, in dem ich zu Proben und Aufführungen von »Pelikan« in Hamburg war und im Schauspielhaus ein- und ausging, haben Sie nicht ein einziges Mal ein Gespräch über meine Mitarbeit am Haus gesucht. So mußte ich nach vierzehn Jahren das Schauspielhaus endgültig verlassen.

Eberhard von Wiese,
Hamburger Abendblatt,
26./27. 4. 1974

Hamburgs einstige Bühnen-First-Lady Joana Maria Gorvin macht einen dicken Schlußstrich: Sie verläßt nach 15 Jahren die Stadt, in der sie Triumphe feierte. Aber die Kontakte zum Deutschen Schauspielhaus sind durchgeschmort. Nicht zu reparieren. »Da ist es gut, irgendwo von neuem zu beginnen, frisch aufzutanken«, sagt die Gorvin.
Das neue Zuhause finden Joana Maria Gorvin und ihr Mann [...] bei Klosterneuburg, zwanzig Kilometer von Wien entfernt. »Wir wollen dem Haus etwas norddeutschen ›Look‹ geben. Vor allem soll es recht schön kuschelig werden.« Kuschelig (Lieblingswort der Gorvin für Geborgenheit) wie die bisherige Bleibe in der einstigen Scheune des über hundert Jahre alten Bauernhauses in Alsterdorf. Es wird ihr fehlen, dieses reetgedeckte Haus mit den naturgeschützten Ulmen vor dem Panorama-Fenster, dem Wohnraum mit den Ausmaßen einer Bühnendekoration. Aber im neuen Domizil wird sie wieder Platz finden für die antiken Möbel, die diversen Sammlungen, ihre kleine Bildergalerie alter Theaterstiche.
Fragt man die Gorvin, ob sie das neue Haus als eine Art Ruhesitz betrachtet, geht sie auf die Palme. Da wird das weißblonde Haar über dem immer noch frischen, wie aus Marmor gemeißelten Gesicht der gebürtigen Siebenbürgerin zu einer Art Fackel des Protestes. Theater bleibt natürlich die einzige Welt, die für sie existiert. Sie kann schöne Erfolge vorweisen im Wiener Theater in der Josefstadt, probt gleich nach der Rückkehr eine interessante Rolle für die Bregenzer Festspiele, steht in Verhandlungen mit Essen für eine »Kirschgarten«-Inszenierung und denkt nach ihrem eigenen Regie-Erfolg in Lübeck mit »Fräulein Julie« auch diesen Boden weiter zu beackern.
Der Abschied von Hamburg fällt ihr schwer. Hier sorgte sie über Jahre für den schwerkranken Regisseur Jürgen Fehling, hier konnte sie bei Gründgens ihre großen Rollen spielen. »Ich war auf ihn eingestimmt.« Beide Männer, die ihrem Leben die entscheidende Richtung gaben, lernte sie als blutjunge Schauspielschülerin im Berliner Staatstheater kennen. Lächelnd erinnert sie sich an diese erste Begegnung mit GG, als sie vorsprach und ihre später berühmten »rrr's« rollen ließ. Gründgens nahm sich hinterher die junge, temperamentvolle Dame vor und sagte mit all seinem zynischen Charme: »Rollen Sie die ›rrr's‹ nicht hundertmal. Lassen Sie neunundneunzig weg.«

GESPENSTER von Henrik Ibsen
Frankfurt/M., Schauspiel, 14. 4. 1976. Regie: Hans Neuenfels

Als Helene Alving mit Ulrich Haß als Oswald
Foto: Eggert

DAS INTERVIEW von Hans Krendlesberger
Bregenz, Festspiele, 22. 8. 1976. Regie: Jürgen Wilke

n der Rolle Elaine Winters
Foto: Gnaiger

Seite 178
Als Helene Alving mit Frank
Rehfeld als Tischler Engstrand,
Ulrich Haß als Oswald, Werner
Schwuchow als Pastor Man-
ders, Elisabeth Trissenaar
als Regine
Foto: Eggert

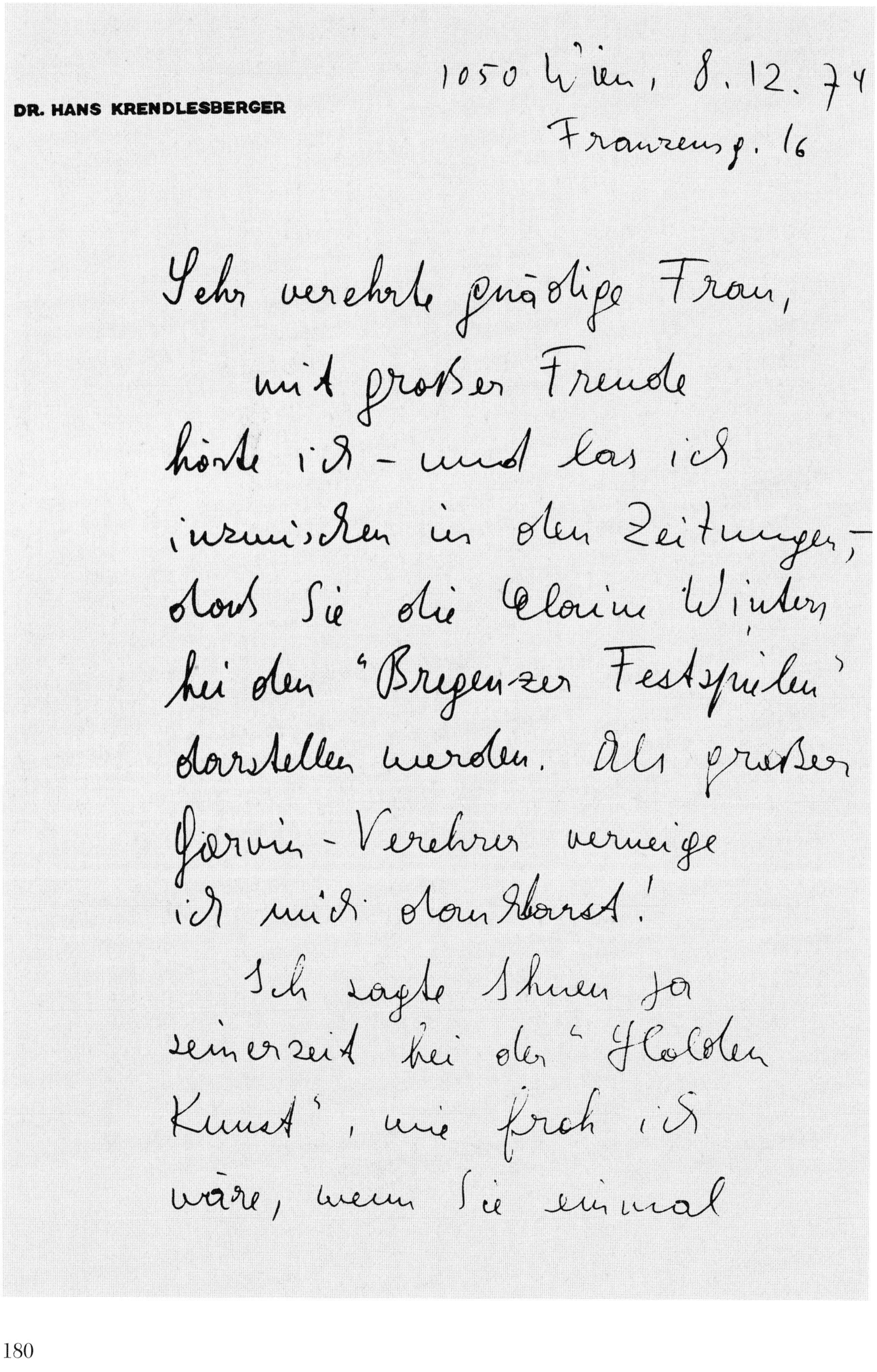

1050 Wien, 8. 12. 74
Franzensg. 16

DR. HANS KRENDLESBERGER

Sehr verehrte gnädige Frau,
mit grosser Freude
hörte ich – und las ich
inzwischen in den Zeitungen, –
dass Sie die Claire Winter
bei den "Bregenzer Festspielen"
darstellen werden. Als grosser
Garvin-Verehrer verneige
ich mich dankbarst!
Ich sagte Ihnen ja
seinerzeit bei der "Holden
Kunst", wie froh ich
wäre, wenn Sie einmal

Hans Krendlesberger, Wien, 8. 12. 1974

Hans Krendlesberger, Wien, 8. 12. 1974

Sehr verehrte gnädige Frau,
mit großer Freude hörte ich – und las ich inzwischen in den Zeitungen, daß Sie die Elaine Winters bei den »Bregenzer Festspielen« darstellen werden. Als großer Gorvin-Verehrer verneige ich mich dankbarst!
Ich sagte Ihnen ja seinerzeit bei der »Holden Kunst«, wie froh ich wäre, wenn Sie einmal eines meiner Stücke spielen wollten. Nun kommt es also doch dazu!

R[enate] W[agner], Vorarlberger Nachrichten, 25. 7. 1975

»Wir bringen etwas sehr Österreichisches und sehr Exklusives auf die Beine«, erklärt Regisseur Jürgen Wilke [...]. »Es ist die Bühnenerstaufführung eines österreichischen Stücks. [...] Was mich mit Joana Maria Gorvin verbindet, ist der ›gleiche Stall‹. Wir kommen ja beide von Gründgens her. Und mit einer solchen Schauspielerin praktiziert man ganz von selbst ›Mitbestimmung‹. Sie kann kein Wort auf der Bühne sprechen, über das sie nicht nachgedacht und das sie für richtig befunden hat. Daraus entstehen die fruchtbarsten Diskussionen.«
Bei einer Probe am Lusterboden des Burgtheaters erlebt man das »Proben-Wunder« Gorvin: da steht sie in einem langen, grauen Rock, die weißen, halblangen Haare offen, mit einer in stundenlanger Arbeit nie ermüdenden Energie. Und nicht nur die eigene Rolle erlebend, sondern auch jene der Kollegen.
»Müßte dieser Satz nicht eher so kommen?« fragt sie die junge Christine Böhm, die von der großen Kollegin fasziniert lernt und lernt. [...] Die Gorvin auf der Probe ist ein beispielloses Erlebnis.
Niemand kann noch sagen, wie die Exklusivproduktion für Bregenz letzten Endes ausfallen wird. Aber man wird Joana Maria Gorvin sehen, eine der großen Schauspielerinnen unserer Zeit.

Vorarlberger Nachrichten, Bregenz, 19. 8. 1976

[...] Theater ist ihre Welt. Doch Theater ist für Frau Gorvin viel mehr als nur Bühne, bedeutet für sie ständige Auseinandersetzung mit der Umwelt, heißt den Geist der Zeit erfühlen, um ihn transparent zu machen. Nicht daß sie mit allem, was unter dem Etikett modernes Theater läuft und gelaufen ist, einverstanden wäre, doch sie sieht im Theater nicht nur einen Spiegel, der reflektiert, sondern auch einen Seismographen, der warnend registriert: »In diesen Stücken (und da denkt sie an Handke, Bauer, Turrini, Kroetz) schlägt sich doch die Beziehungslosigkeit der Jugend nieder, das nicht Hinausfindenkönnen aus unserer vorprogrammierten, sinnentleerten Welt, die Flucht in Aggression und Brutalität und das nicht Wahrhabenwollen, was daraus entsteht ...«
Das Fertigwerden mit der Masse und Vermassung, die Bewältigung einer Welt, die an allen Ecken und Enden brennt, das alles beschäftigt Frau Gorvin, die, ohne sich selbst untreu zu werden, Schritt hält und vorwärts schaut, kritisch Neues integrierend. So arbeitet sie gerne mit guten jungen Regisseuren, weil da eine andere Generation am Werk ist, die kennenzulernen nicht nur interessant, sondern auch lehrreich ist.
Sie hat in Frankfurt mit Neuenfels »Gespenster« gemacht. Der Erfolg war überwältigend. Er hat Frau Gorvin gezeigt, daß ihre Art Theater zu spielen bei der Jugend großen Anklang findet. Und noch etwas: Daß es nicht ganz so ist, wie vereinzelt so gerne propagiert wird, daß nämlich allein das Ursprüngliche, das »Nicht-Geformte« ankomme. [...]
In Bregenz wird sie die Elaine Winters spielen: »Ich finde das Stück hochinteressant und die Rolle faszinierend, weil es darin ja nicht nur um ein privates Schicksal, sondern um existentielle Fragen geht. Diese Elaine Winters, einst eine berühmte Schauspielerin, hat sich ihr ganzes Leben lang in Szene gesetzt. In bezug auf ihre Karriere, in bezug auf ihre Umwelt und privat. Keiner weiß, wie sie eigentlich wirklich ist. Dabei hat sie einen ganzen Berg von Schuld auf sich geladen, weil sie rundum nach Leben greift und auch zerstört, wenn es ihr gerade paßt. Es fängt an, als ob es ein Boulevardstück ist, wie immer bei Krendlesberger, und dann plötzlich steigen diese schwarzen Schatten auf, wie bei Kafka ...« [...]

Als Elaine Winters mit Christine Böhm als Ina
Foto: Gnaiger

Als Elaine Winters mit Erni Mangold als Doris, Albert Rueprecht als Harald, Christine Böhm als Ina
Foto: Gnaiger

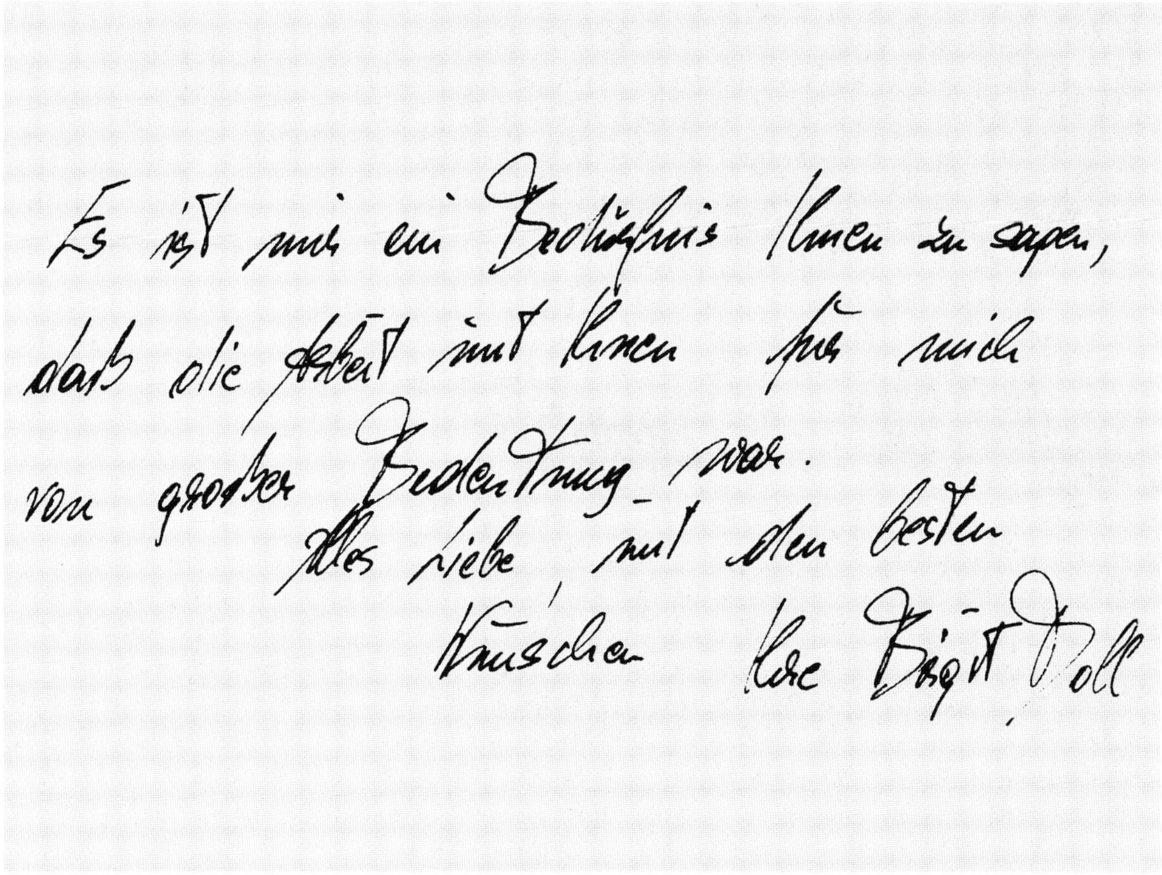
Es ist mir ein Bedürfnis Ihnen zu sagen,
daß die Arbeit mit Ihnen für mich
von großer Bedeutung war.
Alles Liebe, mit den besten
Wünschen Ihre Birgit Doll

Birgit Doll, [Wien 1977]

Es ist mir ein Bedürfnis Ihnen zu sagen, daß die Arbeit mit Ihnen für mich von großer Bedeutung war.
Alles Liebe, mit den besten Wünschen
Ihre Birgit Doll

Duglore Pizzini, Wochenpresse Wien, 23. 11. 1977

In der von der Josefstadt grundlos in Auftrag gegebenen Bearbeitung von H. C. Artmann, in der die »Irre« nicht mehr aus Chaillot stammt, sondern im ersten Wiener Gemeindebezirk haust, sollte […] derbes Wienerisch den Schauplatz auch phonetisch markieren. Während der monatelangen Marathonproben entstand dann eine seltsame Mischform zwischen Giraudoux und Artmann […]. Das Märchen des Jean Giraudoux von den guten Armen, die Blumen und Tiere lieben, von den sogenannten »Irren«, die viel mehr gesunden Verstand in sich tragen als die Etablierten aus den Bereichen des beinhart-nüchternen Geschäftslebens […] wurde bei seinem gewaltsamen Transport von der Place d'Alma nach Wien rettungslos zertrümmert. Güte, Mitgefühl, Poesie und humanitäre Grundhaltung gingen unterwegs verloren. […]
Vorhersehbar wie dieses triste Resultat war auch die Art und Weise, in der Regisseur Bernhard Wicki das zwangsevakuierte Märchenspiel anpacken würde. […] Wicki, Urheber dieser halbfertigen Inszenierung ließ die »Irre«, ließ Joana Maria Gorvin die härteste, unversponnenste, am radikalsten aus dem Bereich des Märchenhaft-Irrealen vertriebene Aurelie darstellen, die es je gab. Am Ende, wenn man die bösen Reichen in den Tod schickt, sitzt sie eiskalt und hellwach wie ein Racheengel am Bühnenportal. Man müßte blind und taub sein, um nicht zu begreifen, welche gräßliche Parallelen zur aktuellen Terrorszene sichtbar werden. […]

Seite 185
Als Aurelie mit Miguel Herz-Kestranek als Thomas, Birgit Doll als Irma
Foto: Kramreiter

DIE IRRE VON CHAILLOT von Jean Giraudoux
Wien, Theater in der Josefstadt, 17. 11. 1977. Regie: Bernhard Wicki

Als Aurelie mit Lotte Lang als Gabriele, Adrienne Gessner als Constanze
Foto: Kramreiter

[...] Die Titelrolle spielte Joana Maria Gorvin interessant, klug, auch ein wenig geheimnisvoll, sprachlich präzise –, und doch fehlte einem etwas an dieser Gestalt der Irren. Vielleicht ist es der Zauber der Einfalt, der sie umwehen müßte. [...]

Irmgard Stein, Neues Volksblatt, Wien, 21. 11. 1977

[...] Joana Maria Gorvin bietet in der Titelrolle eine wohldurchdachte, schön aufgebaute Leistung. Man erkennt die meisterhaften Mittel einer bedeutenden Schauspielerin. Man erkennt sie. Und man nimmt zur Kenntnis, daß man es hier nicht mit einer unberechenbaren alten Dame zu tun hat, sondern mit einer erbarmungslosen Rächerin. [...]

György Sebestyén, Wiener Zeitung, 19. 11. 1977

Die Verbindung zwischen Bernhard Wicki und Joana Maria Gorvin reichte zurück in die gemeinsamen Tage der Schauspielschule in Berlin. Beide waren Partner in Lorcas »Dona Rosita« und im Tieck'schen »Ritter Blaubart«. Die Inszenierung der »Irren von Chaillot« führte sie wieder zusammen.

Liebe Joana.
Dir und Deinem lieben Mann alles Gute zum Neuen Jahr. Ich denke gerne trotz aller Widrigkeiten an die Zusammenarbeit mit Dir und danke Dir nochmals für Deinen unbeschreiblichen Einsatz und die großartige Leistung.
Dein Bernhard Wicki

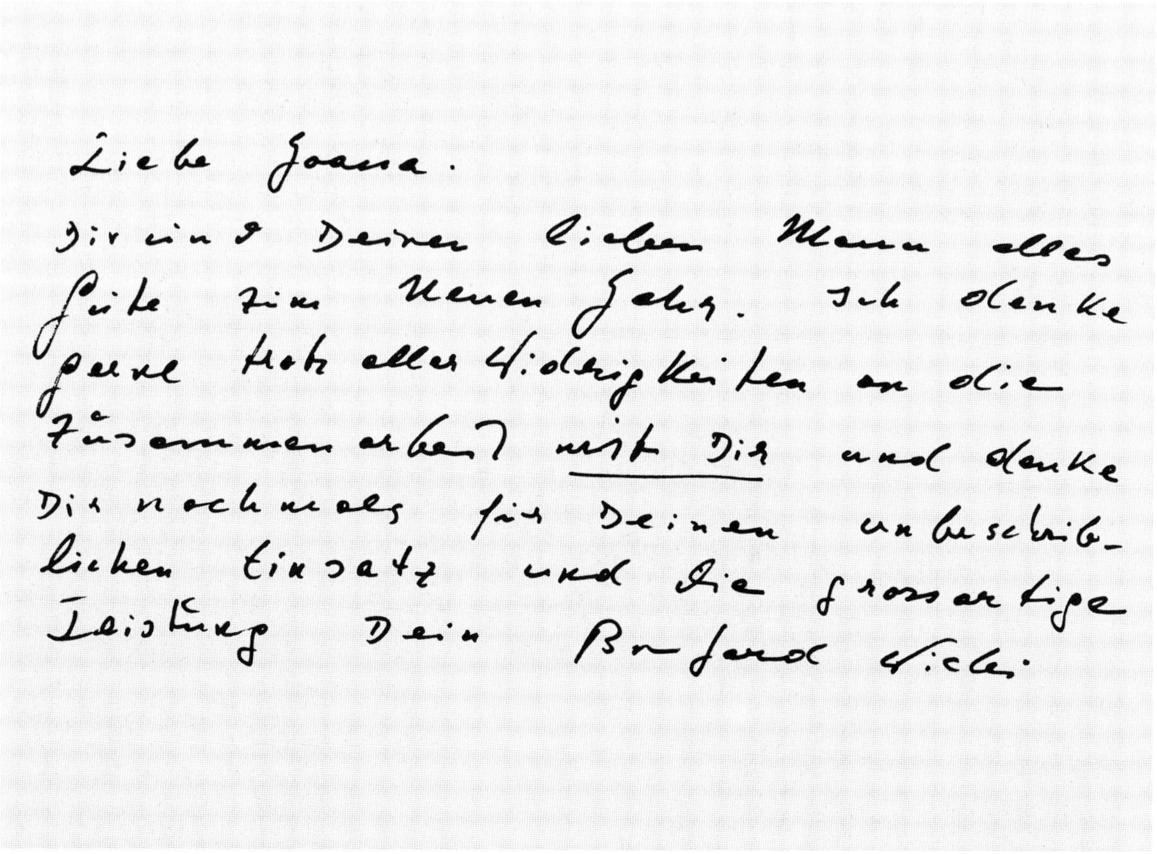
Liebe Joana.
Dir und Deinen lieben Mann alles Gute zum Neuen Jahr. Ich denke gerne trotz aller Widrigkeiten an die Zusammenarbeit mit Dir und danke Dir nochmals für Deinen unbeschrieb-lichen Einsatz und die grossartige Leistung Dein Bernhard Wicki.

Bernhard Wicki, [Wien 1977]

IMMANUEL KANT von Thomas Bernhard
Düsseldorf, Schauspielhaus, 10. 9. 1978. Regie: Volker Hesse

Als Millionärin mit Karlheinz
Böhm als Kant
Foto: Bermbach. TMD

Als Millionärin mit Eva Bött-
cher als Kants Frau, Karlheinz
Böhm als Kant, Helmut Everke
als Steward
Foto: Bermbach. TMD

Am Ende der Spielserie »Immanuel Kant« in Düsseldorf wandte sich Joana Maria Gorvin an Intendant Günther Beelitz, während sie in Bonn die Arkadina in »Die Möwe« spielte:

An Günther Beelitz, Bonn, 18. 1. 1979

Lieber, sehr verehrter Günther Beelitz,
die letzten »Kant«-Vorstellungen rücken, fast zu meinem Bedauern, heran. Es hat viel Freude gemacht, die Rolle zu spielen.
In Bremen sprachen Sie von einer engeren Zusammenarbeit. Ich möchte Ihr Haus nicht verlassen ohne zu fragen, ob Sie noch daran denken. Ich möchte meine Pläne für die nächste Spielzeit etwas geordneter realisieren, um so eine Kräfte verschleissende Überschneidung, wenn es geht im heutigen Theaterbetrieb zu vermeiden.
Seien Sie und Ihre Frau herzlichst gegrüßt von
Ihrer Joana Maria Gorvin

1980 ging sie mit der Rolle der Mathilde von Zahnd in Dürrenmatts »Die Physiker«, Regie: Christian Dorn, auf Tournee durch Westdeutschland; zwischen 1978–1982 spielte sie bei den Salzburger Festspielen in »Jedermann« die Rolle des »Glauben«. 1983 folgte die Fernsehverfilmung von »Das Katzenspiel«, Regie: István Szábo; die Gorvin übernahm diesmal die Rolle der Gisa.
Sie kam wieder nach Hamburg für die Rolle der Mary Tyrone in »Eines langen Tages Reise in die Nacht« von Eugene O'Neill.

Brigitte Ehrich, Hamburger Abendblatt, 7. 1. 1983

»Ich liebe diese Stadt, und ich hatte hier ein sehr anhängliches Publikum.« Vor gut sieben Jahren hatte Joana Maria Gorvin nach Differenzen mit Intendant Ivan Nagel Hamburg verlassen – und noch immer trauert sie ihrer großen Zeit am Schauspielhaus ein wenig nach. Jetzt endlich ist die Grande Dame der Bühne wieder da, wenn auch nur für wenige Tage: Im Bergedorfer »Haus im Park« hat sie heute (Freitag) Premiere als morphiumsüchtige Mutter der heruntergekommenen Familie Tyrone in Eugene O'Neills autobiographischem Schauspiel »Eines langen Tages Reise in die Nacht«.
[...] Ihr ganzes Künstlerleben lang war Joana Maria Gorvin im festen Engagement [...]. Jetzt gastiert sie an den verschiedenen Bühnen, geht auf Tournee, mit dem O'Neill Stück zum drittenmal – und dreht Fernsehfilme. Vermißt sie die feste Bindung an ein Theater?
»Ich fühle mich tatsächlich etwas heimatlos, und mir fehlt die enge Zusammenarbeit mit Kollegen, die ich schätzen- und liebengelernt habe. Aber andererseits habe ich jetzt Zeit, auch solche Dinge nachzuholen, auf die ich früher verzichten mußte.« Opern- und Konzertbesuche gehören dazu und Reisen, im letzten Jahr sogar Asien.
Ihr Name steht noch immer in enger Verbindung mit dem Theater traditionelleren Stils. Was hält sie von den heutigen »Theatermachern« [...]?
»Ich habe Theater immer als Aktualität verstanden und nicht als etwas Museales. Was Theater bedeutet habe ich bei Fehling gelernt, und er war schließlich ein ganz unkonventioneller Mann. Heute würde er sicher auch anderes Theater machen, ohne dabei aber auf seinen Qualitätsanspruch zu verzichten. Zum Glück sind die Zeiten des Protestes, der Sprachschluderei auf der Bühne inzwischen wieder vorbei – obwohl ich auch dafür Verständnis hatte. Doch heute legt man wieder wirklich Wert auf gute Bühnenschauspieler.«
[...] »Im übrigen finde ich, daß auch das neue Theater so manches von vorgestern wiederentdeckt, daß es sich aus der Tradition holt, was es braucht. Wirklich neu sind nur Elektronikeffekte und Computertechnik auf der Bühne. Für mich allerdings ist das Interessante bei einer Aufführung letztlich nur der Mensch mit seinen Nöten, seinem Glück, seiner Verzweiflung – und nicht die glanzvolle Zubereitung.« [...]

FAST EIN POET von Eugene O'Neill
Hamburg, Thalia Theater, 25. 8. 1984. Regie: Willi Schmidt

Als Deborah Harford mit Ullrich Haupt als Cornelius Melody
Foto: Peitsch

Ullrich Haupt, Grünwald bei München, 7. 11. 1980

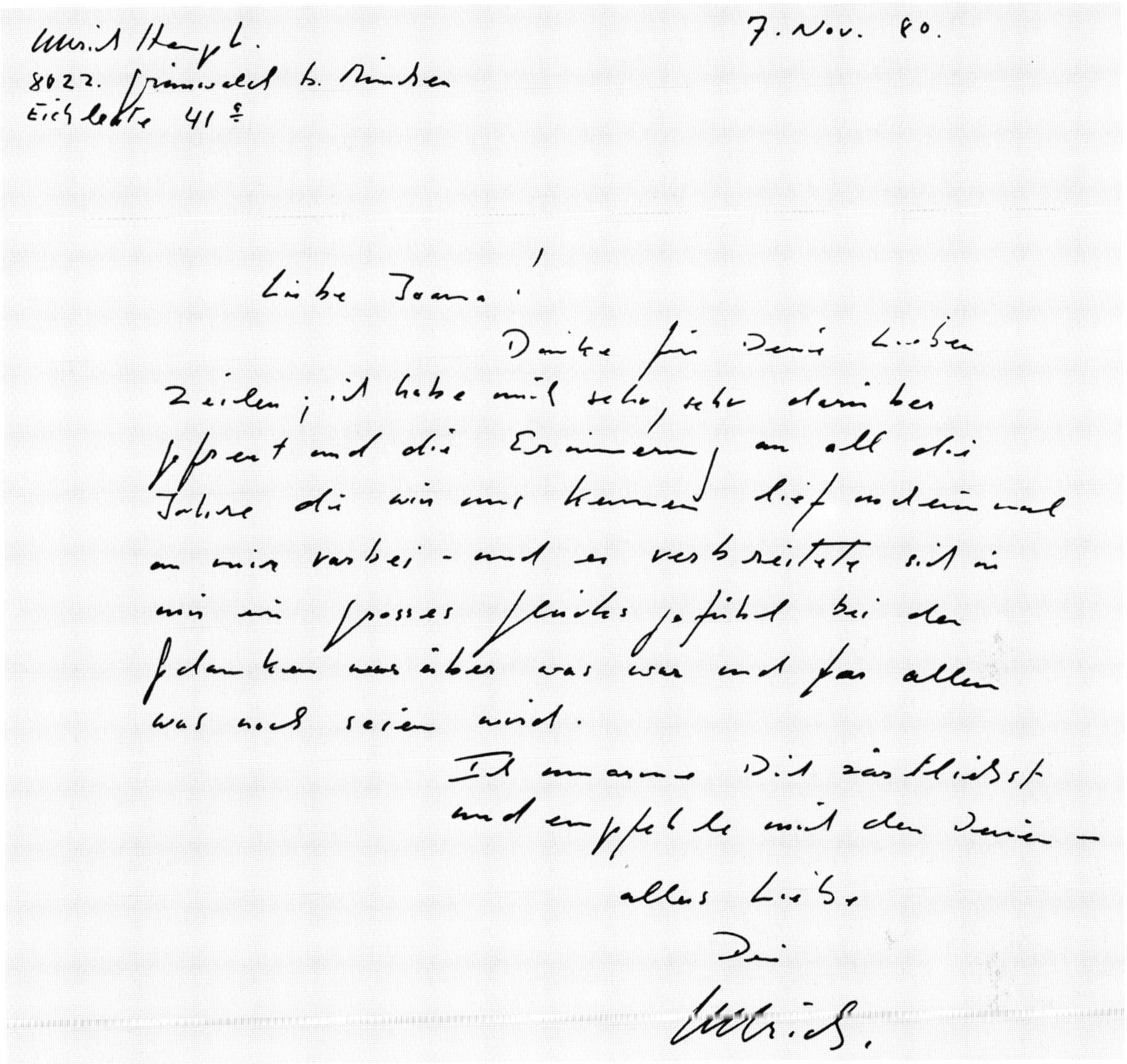
Ullrich Haupt.
8022. Grünwald b. München
Eichleite 41 ½

7. Nov. 80.

Liebe Joana!
Danke für Deine lieben Zeilen; ich habe mich sehr, sehr darüber gefreut und die Erinnerung an all die Jahre die wir uns kennen lief noch einmal an mir vorbei – und es verbreitete sich in mir ein grosses Glücksgefühl bei den Gedanken über was war und vor allem was noch seien wird.
Ich umarme Dich zärtlichst und empfehle mich den Deinen –
alles Liebe
Dein
Ullrich.

Liebe Joana!
Danke für Deine lieben Zeilen; ich habe mich sehr, sehr darüber gefreut und die Erinnerung an all die Jahre, die wir uns kennen lief noch einmal an mir vorbei – und es verbreitete sich in mir ein großes Glücksgefühl bei den Gedanken über was war und vor allem was noch sein wird.
Ich umarme Dich zärtlichst und empfehle mich den Deinen
alles Liebe
Dein Ullrich

Ullrich Haupt entschied sich als Siebzehnjähriger Schauspieler zu werden, nachdem er eine »Faust«-Vorstellung gesehen hatte. Er besuchte zur gleichen Zeit wie Joana Maria Gorvin die Schauspielschule der Preußischen Staatstheater. Sie standen zuletzt gemeinsam in »Fast ein Poet« auf der Bühne.

Bill Schmidt
Breitenbachplatz 10
1 Berlin 33

28. August 1984

Liebste Joana,

ich will Dir herzlich danken für das schöne beziehungsreiche Schinkel-Buch mit den "Lesezeichen"; das eine große Freude ist.
Wie Du aber deine Visitenkarte beschriftet hast, das ist eine Herzerhebung.
Daß ich Dich in meinen Armen halten konnte, als Du nach Deborahs mit Beifall überschütteten Abgang, Tränen des Glücks in den Augen hattest, wird von nun an eine unvergängliche Erinnerung sein für einen Mann, der am Dasein zu ermüden begann und nun wieder weiß, warum er diese schwierigen Beruf ergriff.
Ein verzaubernder Abend – und ein Geschenk.
Um dieses Augenblicks willen habe ich auf Deiner Mitwirkung hartnäckig bestanden.
Wie belohnt ich war!
Ich grüße Dich herzlich und in Verbundenheit.

Dein Bill

Antwort 10. IX. 1984

Willi Schmidt, Hamburg, 28. 8. 1984

Willi Schmidt, Hamburg,
28. 8. 1984

Liebste Joana,
ich will Dir herzlich danken für das schöne beziehungsreiche Schinkel-Buch mit dem »Lesezeichen«, das eine große Freude ist. Wie Du aber Deine Visitenkarte beschriftet hast, das ist eine Herzerhebung.
Daß ich Dich in meinen Armen halten konnte, als Du nach Deborahs mit Beifall überschüttetem Abgang, Tränen des Glücks in den Augen hattest, wird von nun an eine unvergängliche Erinnerung sein für einen Mann, der am Dasein zu ermüden begann und nun wieder weiß, warum er diesen schwierigen Beruf ergriff.
Ein verwirrender Abend – und ein Geschenk. Um dieses Augenblicks willen habe ich auf Deiner Mitwirkung hartnäckig bestanden. Wie belohnt ich war! Ich grüße Dich herzlich und in Verbundenheit
Dein Bill

An Willi Schmidt, Hamburg,
10. 9. 1984

Liebster Bill,
es ist nicht leicht auf einen so wunderbaren Brief zu antworten, der so tief ins Herz und Bewußtsein dringt. Ich danke Dir für den Brief und die schöne, reiche harmonische Arbeit. Schon Deine Anwesenheit regte an Bestes zu suchen und zu finden. Die Phantasie wurde angetrieben immer weiter einzudringen in die Welt wie der Dichter sie sah und der Person dieser Neu-Engländerin Deborah, die ergründet werden sollte. Und so gelang es, was heutzutage selten ist, eine Premiere zu spielen, bei der – mit Hilfe auch des lieben Gottes – die Konzentration nach den reichen Proben vorhanden war. Ich war sehr glücklich, und viele Premieren im Geiste des Gendarmenmarktes zogen beim applaudierten Abgang blitzartig durch Hirn und Herz; ich dachte: Fehling hätte geschmunzelt und hätte das akzeptiert! So kamen die Tränen der Erlösung und Glück von allein und der Gang von der Bühne endete so selbstverständlich und freudig in Deinen Armen mit dankbarer Gelöstheit, daß es gelang!
Ich hoffe Lieber, Du erholst dich von schwerer und konzentrierter Arbeit und wir sehen uns fröhlich bei den Sitzungen im Oktober in Berlin.
Sei umarmt in Freundschaft, die mich glücklich macht, Du nobler Geist
Deine Joana

Willi Schmidt, Bühnenbildner und Regisseur, verband mit Joana Maria Gorvin ebenfalls eine alte Freundschaft, die bis zu der gemeinsamen Zeit mit Jürgen Fehling am Schauspielhaus am Gendarmenmarkt zurückreichte.

ELENA UND ROBERT von Gundi Ellert
München, Theater im Marstall, 21. 12. 1988. Regie: Uwe B. Carstensen

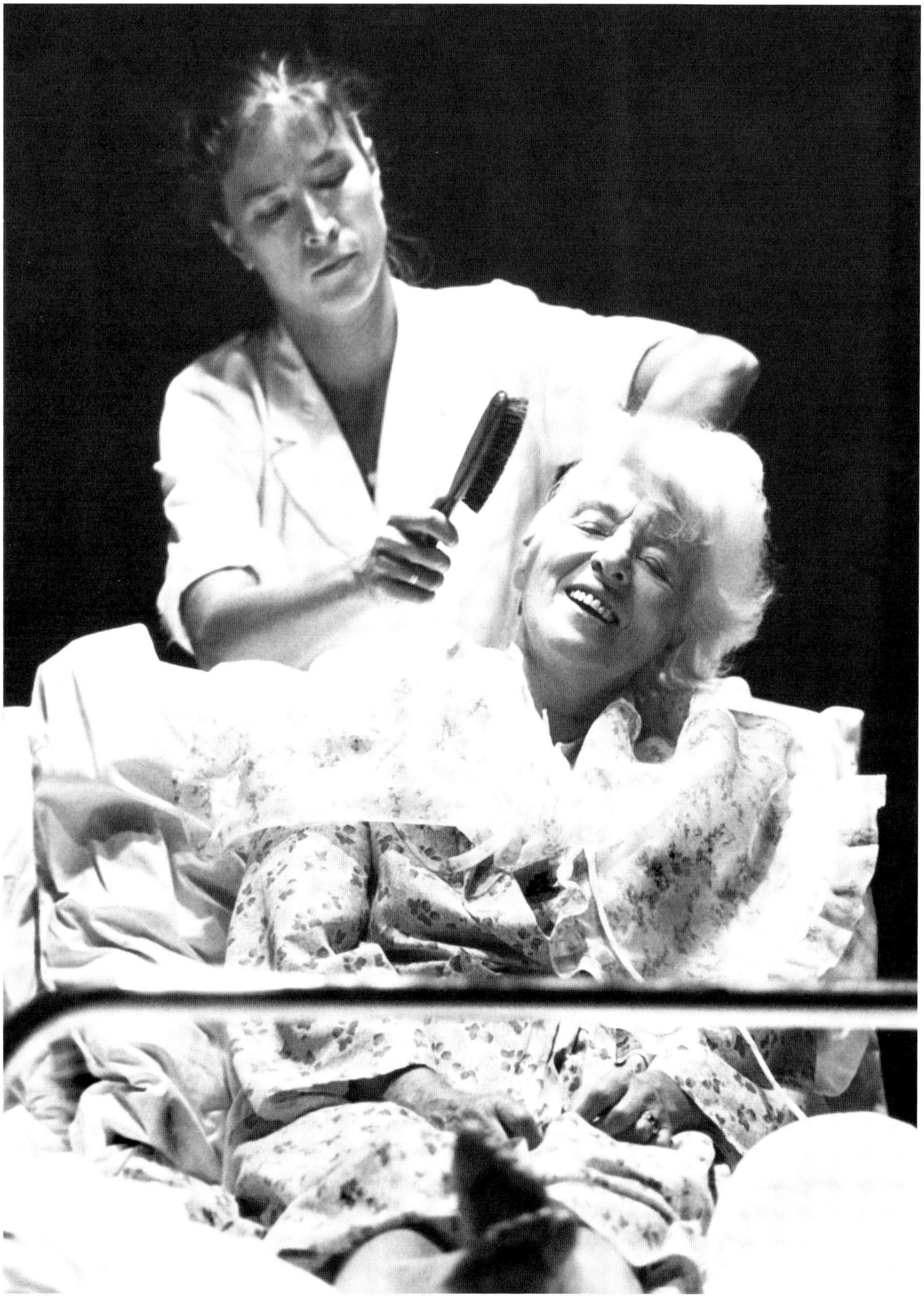

Als Elena mit Verena Weiss
als Schwester Rita
Foto: Hösl

Seite 195
Als Elena mit Alois Strempel
als Robert
Foto: Hösl

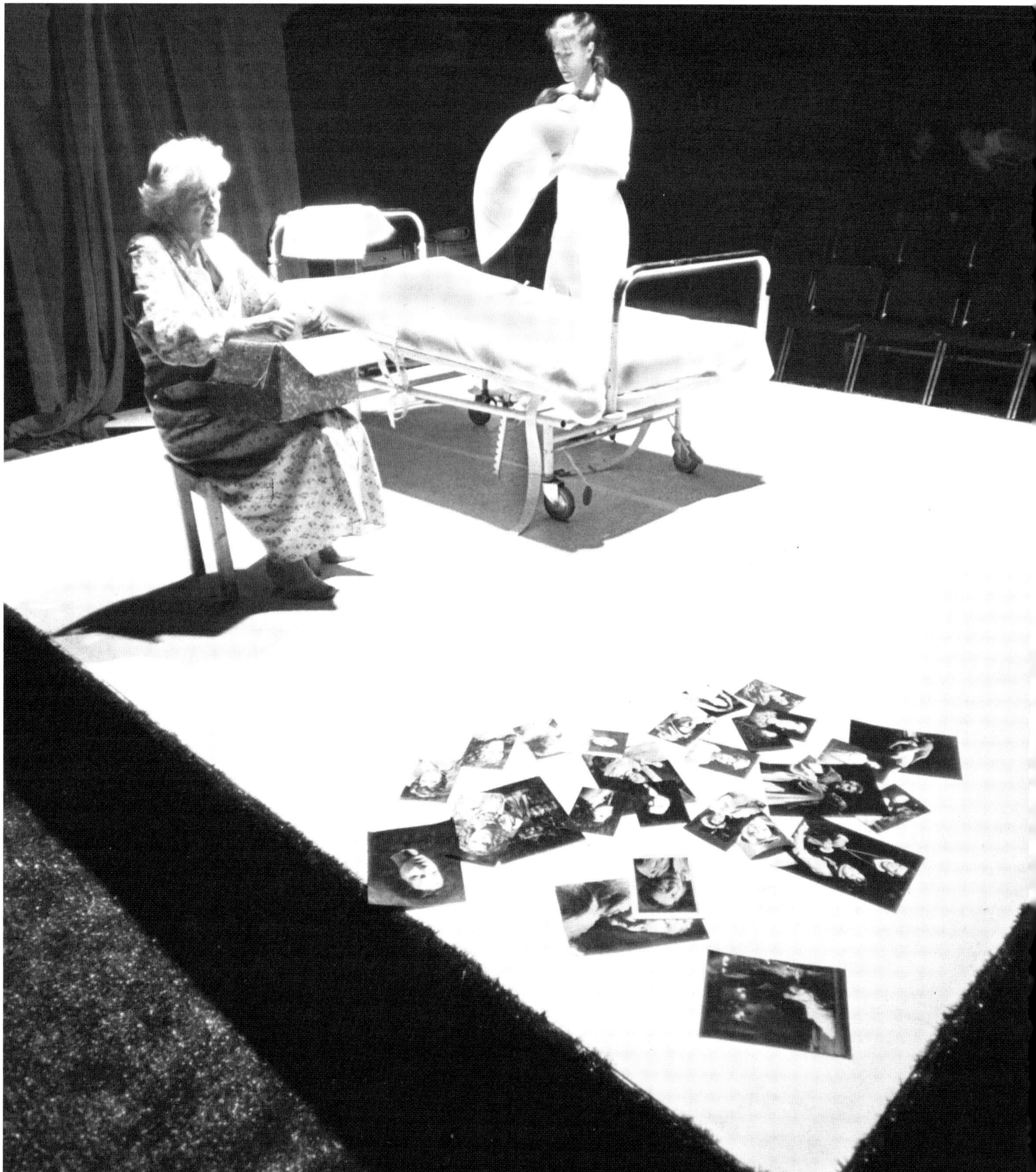

tz-Gespräch mit Joana Maria Gorvin. Rolf May, tz, München, 8. 7. 1988

[...] »Ich habe die deutschen Klassiker ebenso gespielt wie Strindberg, Ibsen, aber auch die Autoren der amerikanischen Literatur Faulkner, O'Neill, Wilder, Tennessee Williams oder Giraudoux, Claudel. Kortner, Piscator, Stroux, Sellner und Schuh waren die wesentlichen Regisseure der damaligen Zeit, dann Arbeiten mit Gründgens am Deutschen Schauspielhaus in Hamburg bis zu seinem Tod. Eine glückliche künstlerische Heimat. Ich war verwöhnt. Natürlich fühlte ich mich dann vernachlässigt. Es braucht Vertrauen, schwere Rollen mit Regisseuren zu erarbeiten, die ich nicht kenne, die mich nicht kennen. Ich hatte Scheu. Es kam zu Gastspielen, in Düsseldorf, die erste Verbindung Beelitz Thomas Bernhards ›Immanuel Kant‹, Der Glaube im ›Jedermann‹ Salzburger Festspiele, auch zu Tourneen.«
Aber so richtig hatte sie an keiner Bühne Boden unter den Füßen bekommen. Viele Lesungen sind die ganze Freude. »Ich kann Stunden bei der Zusammenstellung von Programmen verbringen.« Fast kann man es nicht glauben, wenn man sie so erlebt. Alles andere als »alt« wirkt sie. Sowohl auf der Bühne als auch im Gespräch. Sie beklagt sich nicht. Ist weit davon entfernt das gegenwärtige Theater schlecht zu machen: »Es wird zwar heute so getan, als ob überall überwältigendes Theater stattfindet. Dabei waren auch früher Höhepunkte eher selten. Aber man kann und darf das auch gar nicht vergleichen. Theater bedeutet immer etwas. Gott sei Dank wird es immer existieren, Gott sei Dank verändert es sich immer. Lietzaus hiesige ›Onkel Wanja‹-Inszenierung war ein wunderbares Theatererlebnis für mich, das zu den wesentlichen Eindrücken meines Theaterlebens zählt.« Sie bewundert Regisseure wie Stein, Peymann oder Bauer [...].
»Ich habe von Kind an mit Kunst gelebt, Musik, Theater und wußte, daß ich dafür geboren bin. Ich habe mich gespürt und weiß, daß Theater mein Leben war und bleibt. Wenn wieder etwas an mich herankommt, werde ich immer mit Lust arbeiten.« Was könnte diese lebendig, wandlungsfähige Schauspielerin noch alles vor sich haben. [...] Wenn man sich ihrer nur erinnerte an den Theatern. Wie gehen wir mit unseren Alten um, gibt Gundi Ellert zu bedenken. Wie gehen wir, könnte man weiter fragen, mit unseren Schauspielern um, den großen Alten?
Sie ist eine der letzten Legenden, der man noch die Hand geben kann: Joana Maria Gorvin, die das Theater natürlich längst als »die Gorvin« geadelt hat. München hat sie lange, seit 1959, nicht mehr auf der Bühne gesehen [...]. Jetzt hat sie Resi-Intendant Günther Beelitz wieder hergeholt. [...] Im Marstall spielt sie unter der Regie eines Fast Anfängers (Uwe B. Carstensen) das Stück einer debütierenden Autorin. Geht das zusammen – die große Gorvin und die junge Produktion?
»Warum denn nicht? Es macht mir Spaß, und außerdem bin ich da keine große Gorvin, sondern eine Person, die arbeitet. Die anderen sind dabei zu lernen, und ich bin dabei zu lernen – wenn ich das nicht mehr täte, würde ich den Beruf aufgeben.«
Gundi Ellerts Stück »Elena und Robert« schildert die Hoffnungslosigkeit einer Beziehung, die nicht in das sauber genormte DIN-Format unserer Erwartungen paßt. Elena ist eine gealterte, früher gefeierte Opernsängerin auf der Abschiebe-Endstation einer psychiatrischen Klinik; daß sie mit Robert (Alois Strempel) noch eine späte Liebesgeschichte anfängt, kann die Gesellschaft nicht verkraften. [...]
Der hohe, hell singende »Gorvin-Ton« ist von einer ganzen Generation von Zuschauern (und Kollegen) bewundert worden. Fällt das heute, wo oft genug die nicht beherrschte Sprache (bis hin zum Sprachfehler) schon als persönliche Farbe verkauft wird, nicht aus dem Rahmen?
»Es stimmt ja gar nicht, daß die Generation nach uns nicht mehr sprechen kann – Peymanns Gert Voss zum Beispiel ist ein ausgezeichneter Sprecher. Aber es fehlt einem natürlich sehr viel, wenn man nicht sprechen gelernt hat. Und allein daß man sprechen kann, genügt ja nicht – man braucht das Geistige dazu, das hab ich von Fehling gelernt.« Während der Probenzeit ist sie eisern in der Arbeit. [...] »Wenn man von Gott was mitbekommen hat, dann soll man auch was draus machen.«

Seite 196
Als Elena mit Verena Weiss als Schwester Rita
Foto: Hösl

SCHLUSSCHOR von Botho Strauß
Berlin, Schaubühne am Lehniner Platz, 4. 2. 1992. Regie: Luc Bondy

In der Rolle Frau von Schastorf
Foto: Böing

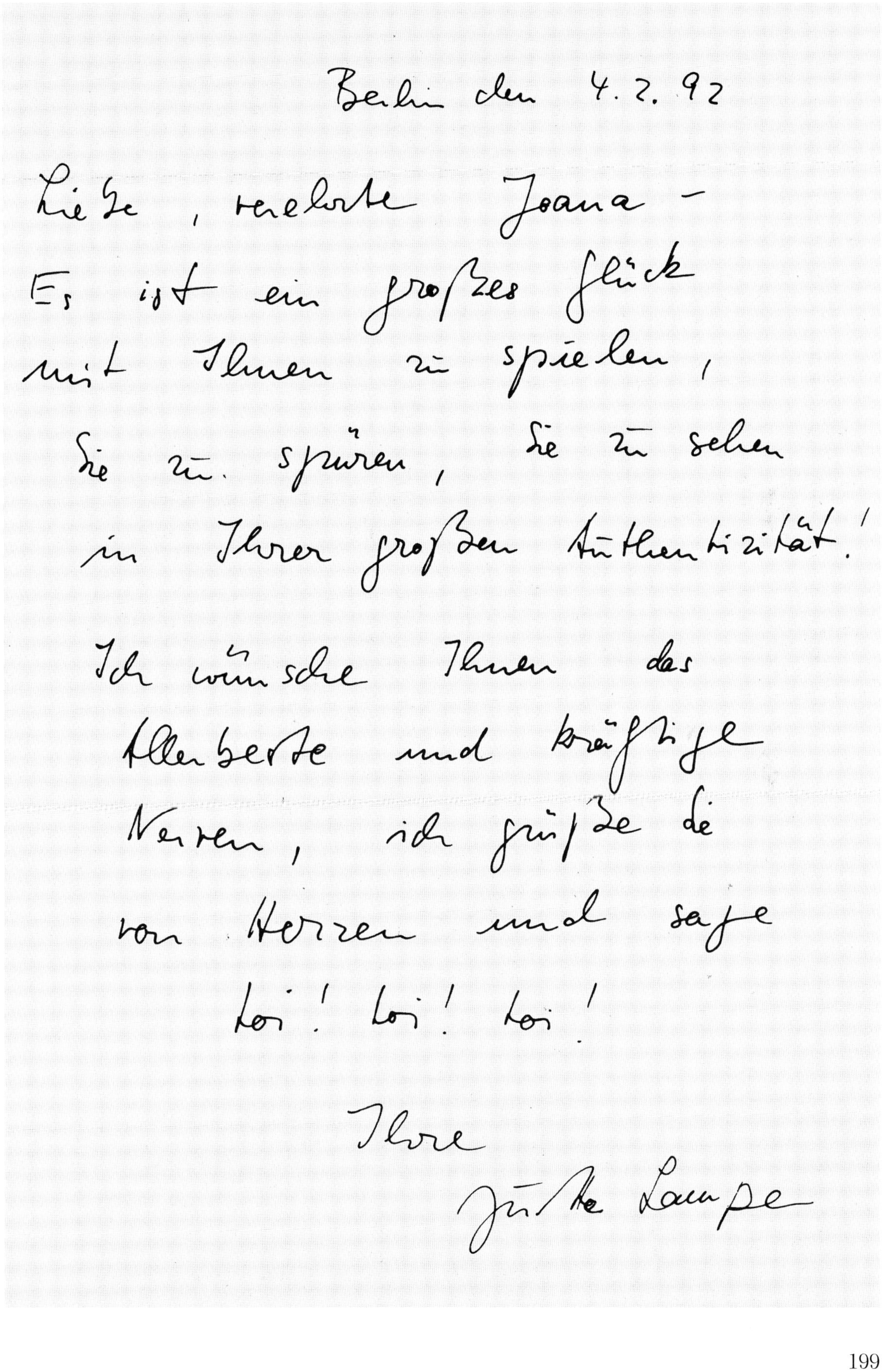

Berlin den 4. 2. 92

Liebe, verehrte Joana –

Es ist ein großes Glück
mit Ihnen zu spielen,
Sie zu spüren, Sie zu sehen
in Ihrer großen Authentizität!

Ich wünsche Ihnen das
Allerbeste und kräftige
Nerven, ich grüße Sie
von Herzen und sage
Toi! Toi! Toi!

Ihre
Jutta Lampe

Jutta Lampe, Berlin, 4. 2. 1992

Seite 200
Als Frau von Schastorf mit Jutta Lampe als Anita von Schastorf
Foto: Böing

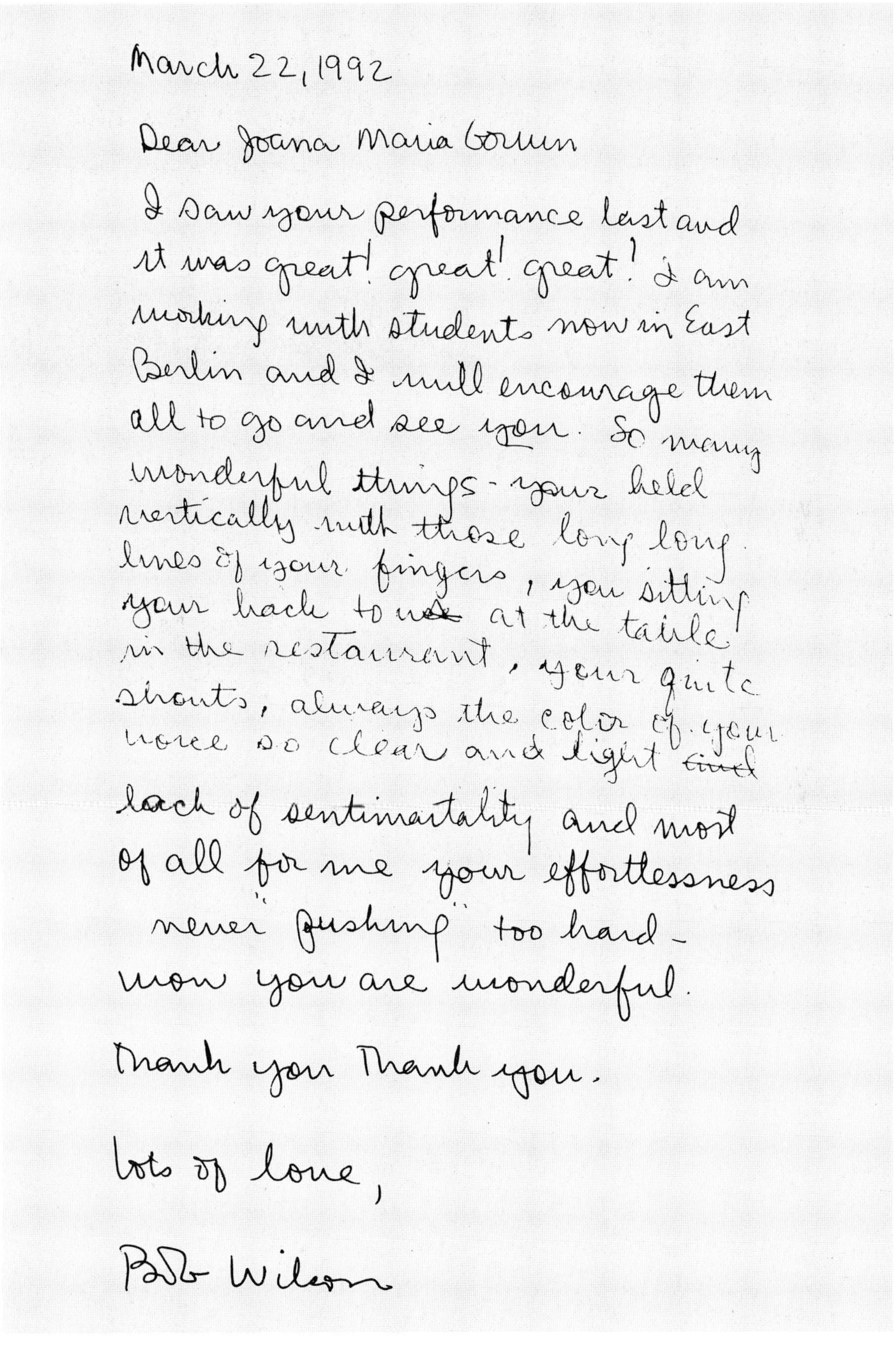

March 22, 1992

Dear Joana Maria Gorvin

I saw your performance last and it was great! great! great! I am working with students now in East Berlin and I will encourage them all to go and see you. So many wonderful things - your held vertically with those long long lines of your fingers, you sitting your back to ~~us~~ at the table in the restaurant, your quite shouts, always the color of your voice so clear and light ~~and~~ lack of sentimentality and most of all for me your effortlessness never "pushing" too hard - wow you are wonderful.

Thank you Thank you.

Lots of love,

Bob Wilson

Robert Wilson, [Berlin], 22. 3. 1992
Liebe Joana Maria Gorvin, Ich sah unlängst Ihre Vorstellung und es war großartig! großartig! großartig! Ich arbeite gerade mit Studenten in Ost-Berlin und werde allen sagen hinzugehen um Sie zu sehen. Soviel Wunderbares – Ihre gerade Haltung mit jenen langen, langen Linien Ihrer Finger, Sie mit dem Rücken zu uns am Tisch sitzend im Restaurant. Ihre lauten Rufe, immer der Klang Ihrer Stimme, so klar und leicht, ohne Sentimentalität, und für mich über allem Ihre Leichtigkeit – nie aufdringlich […]. Sie sind wunderbar. Danke. Danke.
In Liebe Bob Wilson

Ingvelde Geleng, Der Tagesspiegel, Berlin, 4. 3. 1992

Das kleine Frösteln

Wieder da: „Schlußchor"-Schauspielerin Joana Maria Gorvin

Joana Maria Gorvin ist wieder in Berlin. Hier hat sie zwischen 1943 und 1957 ihre ersten schauspielerischen Triumphe gefeiert: vom Gretchen in Goethes „Urfaust" bis zu Schillers „Maria Stuart", von der Elektra in Sartres „Fliegen" oder der Sabina/Lilith in Thornton Wilders „Wir sind noch einmal davongekommen" bis zur Ophelia in Shakespeares „Hamlet": eine Protagonistin des Berliner Theaters, leidenschaftlich, sinnlich und klug.

Jetzt kehrt Joana Maria Gorvin an den Ausgangsort ihrer Karriere zurück. Wenn der Vorhang sich öffnet zum „Schlußchor" von Botho Strauß in der Schaubühne am Lehniner Platz, sind nach dem Willen des Autors 15 Frauen und Männer zum Gruppenfoto aufgestellt. Eine darf sitzen: Joana Maria Gorvin. Sie schaut mit wachem Blick in eine Ferne, die den anderen verschlossen bleibt, und fröstelnd zieht sie ihr Plaid hoch, wenn von Vergangenheit gesprochen wird.

Unverwechselbar geblieben ist ihre Stimme, kindlich-alterslos, sehr bestimmt, einschmeichelnd und zugleich scharf konturiert, wie eine helle Glocke mit feinem Riß. Im „Schlußchor" spielt sie eine mit Charme gealterte Dame, die Distanz zu halten weiß, obwohl sie doch von den Zeitläuften zwischen Kriegsende und Fall der Mauer nicht unberührt blieb.

Parallelen zur eigenen Biographie? „Vielleicht", meint die Schauspielerin, aber Realität und Bühne seien zweierlei. Man müsse nicht erlebt haben und müsse nicht sein, was man spielt. Joana Maria Gorvin, die das Gespräch in einer für die Gastspieldauer gemieteten Altbauwohnung in der West-City führt, beantwortet Fragen mit behutsamer Nachdenklichkeit. Spontan kommt nur eine Antwort: Es ist Luc Bondy, Regisseur des „Schlußchors", der Joana Maria Gorvin bewogen hat, nach 35 Jahren wenigstens zeitweilig auf eine Berliner Bühne zurückzukehren. „Ich habe von ihm Inszenierungen auf der Schauspiel- wie auf der Opernbühne in Hamburg gesehen, die mich faszinieren."

Mit Bondy habe sie arbeiten wollen wie 1969 mit Peter Stein am Schauspielhaus Zürich, wo sie in Edward Bonds „Early Morning" als Königin Viktoria auftrat. In der Rolle der Florence Nightingale wirkte damals Jutta Lampe mit, die im „Schlußchor" als die nymphomanische Aristokratin Anita von Schastorf auf der Bühne steht, die feindselige Tochter der Gorvin. Zwei Schauspielerinnen, zwei Generationen, die ihre Kunst nicht als handfesten Realismus verstehen.

„Ich habe großes Glück in meinem Leben gehabt", sagt Joana Maria Gorvin. Ohne Trauer und ohne Verklärung denkt sie an früher. Ein Vierteljahrhundert lang war sie Lebens- und Arbeitsgefährtin, Geschöpf und Beschützerin des in seinem letzten Lebensjahrzehnt schwer erkrankten Regisseur Jürgen Fehling (1885 bis 1968). Das umfangreiche Fehling-Archiv, behütet und bewahrt in Klosterneuburg bei Wien, dem Domizil der Gorvin und ihres Ehemannes Dr. Maximilian Bauer, will die Schauspielerin der Berliner Akademie der Künste vermachen.

Theaterpläne? Über den „Schlußchor" hinaus hat sich Joana Maria Gorvin noch nicht festgelegt. Robert Wilson wollte sie für eine geplante Inszenierung von Ibsens „Wenn wir Toten erwachen" gewinnen. Aber sie brauche schöpferische Pausen zwischen zwei Rollen. Wird sie auch in der nächsten Saison nach Berlin kommen? Sie lächelt nur ...

INGVELDE GELENG

Seite 203
Der Pelikan. Hamburg, 15. 9. 1973. Bei einer Probe
Foto: HHThs. Clausen

ICH WOLLTE ROLLEN SPIELEN, DIE DIE PHANTASIE BELEBEN

Rollenverzeichnis 1936–1993

Erarbeitet von Heide Linzer

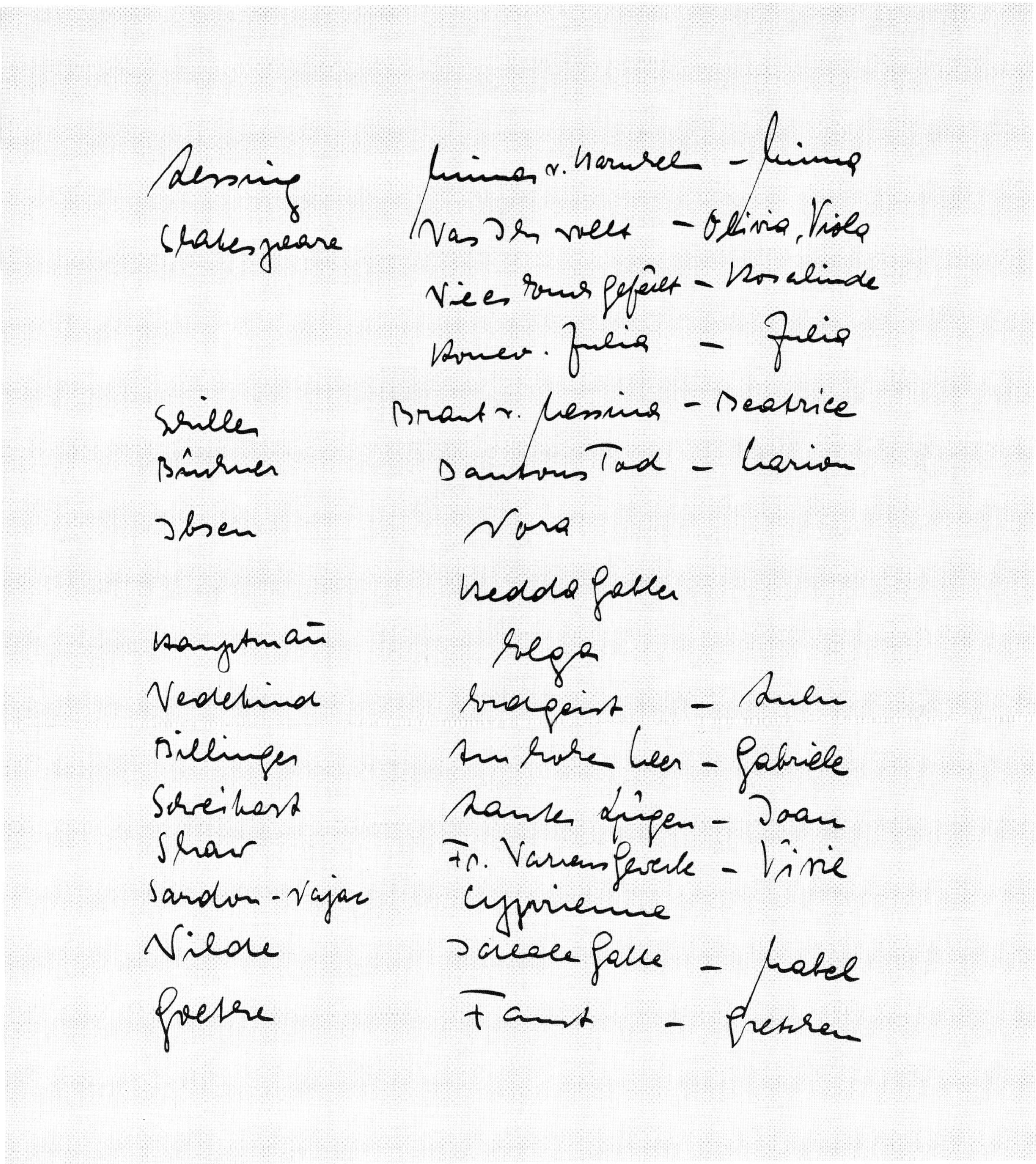

Lessing	Minna v. Barnhelm	– Minna
Shakespeare	Was Ihr wollt	– Olivia, Viola
	Wie es euch gefällt	– Rosalinde
	Romeo u. Julia	– Julia
Schiller	Braut v. Messina	– Beatrice
Büchner	Dantons Tod	– Marion
Ibsen	Nora	
	Hedda Gabler	
Hauptmann	Helga	
Wedekind	Erdgeist	– Lulu
Billinger	Am hohen Meer	– Gabriele
Schweikart	Lauter Lügen	– Joan
Shaw	Fr. Warrens Gewerbe	– Vivie
Sardou-Najac	Cyprienne	
Wilde	Ideale Gatte	– Mabel
Goethe	Faust	– Gretchen

Rollenverzeichnis [um 1940]

THEATER

1936 und 1937

DIE PUPPENFEE. Ballett. Musik von Josef Bayer
Hermannstadt, Schüleraufführung der Tanzschule

KLEIN ELSCHENS TRAUM. Ballett
Hermannstadt
Rolle: Klein Elschen

1938

BEGEGNUNG MIT ULRIKE. Sigmund Graff
Berlin, Staatstheater, Kleines Haus in der Nürnbergerstraße, 6. 10.
Regie: Hans Leibelt
Bühnenbild: Rochus Gliese
Rolle: Thea Mathilde
Annemarie Holtz (Gräfin Kobenzl), Wolf Trutz (Franz von Bilinsky), Lina Woiwode (Margarete, seine Frau), Kurt Meisel (Prinz Ferdinand von Lobkowitz), Hermann Braun (Prinz Zdenko von Lobkowitz), Otto Graf (Dr. Valentin Feist), Lina Lossen (Frau von Levetzow), Ruth Hellberg (Ulrike, ihre Tochter), Charlotte Witthauer (Amelie, ihre Tochter), Hilde Körber (Konstanze, ihre Nichte), Hans Leibelt (Karl August, Großherzog von Weimar), Franz Weber (John, Sekretär), Paul Henckels (Seidel, Diener), Herma Clement (Eine Dame aus Schleiz) u.a.

1939

AM HOHEN MEER. Richard Billinger (UA)
Berlin, Staatstheater, Schauspielhaus am Gendarmenmarkt, 16. 2.
Regie: Jürgen Fehling
Bühnenbild: Rochus Gliese
Rolle: Mizzi, Näherin
Käthe Gold (Gabriele Dambrone), Gustav Knuth (Paul Medina), Karl Etlinger (Lambert Buchta), Maria Koppenhöfer (Frau Lauch), Pamela Wedekind (Baronin von Fonay), Kurt Meisel (Baron von Anderlan), Hans Leibelt (Dr. Martin Christofer), Walter Tarrach (Franz Zahwedel), Elsa Wagner (Frau Windweiser), Annemarie Holtz (Fräulein Pock) u.a.

DIE KÖNIGIN ISABELLA. Hans Rehberg (UA)
Berlin, Staatstheater, Schauspielhaus am Gendarmenmarkt, 6. 4.
Regie: Gustaf Gründgens
Bühnenbild: Rochus Gliese
Rolle: Teresa, Hofdame der Juana
Hermine Körner (Königin Isabella von Kastilien), Walter Franck (König Ferdinand von Aragon), Werner Dahms (Juan, deren Sohn), Marianne Hoppe (Juana, deren Tochter), Maria Koppenhöfer (Isabella, Mutter der Königin), Günther Hadank (Gonzalo de Cordoba), Paul Bildt (Don Christobal Colombo), Fridtjof Mjöen (Beichtvater), Hannsgeorg Laubenthal (Philipp, Herzog von Burgund und Flandern), Lola Müthel, Ingeborg Senkpiel, Lisa Büker (Hofdamen) u.a.

DAS KONZERT. Hermann Bahr
Berlin, Staatstheater, Kleines Haus in der Nürnbergerstraße, ab Herbst
Übernahme der Rolle: Miss Garden

1940

DER MEISTER. Hermann Bahr
Potsdam, Schauspielhaus der Residenzstadt, ab November
Übernahme der Rolle: Ida Nessel

In einer Schüleraufführung. Die Puppenfee, Hermannstadt 1936

Klein Elschens Traum.

Es war so wie wir es vorausgesagt hatten: Ein künstlerisches Ereignis!

Das Ballett, im Jahre 1905 uraufgeführt, war seit dieser Zeit des öfteren auf unserer Bühne zu sehen gewesen, aber wohl noch nie in solcher vollendeter Form wie am vergangenen Sonntag.

Fräulein Erna Hamrodi, die das Einstudieren der Tänze besorgte, hat sich diesmal selbst übertroffen und Herr Richard Oschanitzky, der am Dirigentenpult saß, zwang die Stadtkapelle zu einer unerhörten Leistung.

Der Clou des Abends war jedoch das Tänzerinnenpaar Geschwister Lieblich und Frl. Pizzi Glückselig in der Rolle Klein Elschens.

Es war erstaunlich was Pizzi Glückselig, die 1½ Stunden ununterbrochen auf der Szene stand und sämtliche Tänze mittanzte, leistete.

Abgesehen von der Anmut ihrer Bewegungen, verblüffte sie durch die Intelligenz ihrer Auffassung.

1941

KARL III. UND ANNA VON ÖSTERREICH. Manfred Rössner
Potsdam, Schauspielhaus der Residenzstadt, 2. 2.
Regie: Helmut Kollek
Bühnenbild: Robert Ullmann
Rolle: ANNA
Kunibert Gensichen (Karl)

DER JUNGE GELEHRTE. Gotthold Ephraim Lessing
Potsdam, Schauspielhaus der Residenzstadt, ab Februar
Übernahme der Rolle: JULIANE

DAME KOBOLD. Pedro Calderón de la Barca (Dt: Erich Engel)
Potsdam, Schauspielhaus der Residenzstadt, 30. 5.
Regie: Alfred Richter-Anschütz
Bühnenbild: Robert Ullmann
Kostüme: Gustav Dege und Helene Krönlein
Rolle: DOÑA ANGELA
Udo Langhoff (Don Juan), Curt Goetz-Pflug (Don Luis), Ilse Cotence (Doña Clara), Gustaf Elger (Don Manuel), Josef Wageck (Cosme), Erna Hoch (Isabel)

1942

AM HOHEN MEER. Richard Billinger
Potsdam, Schauspielhaus der Residenzstadt, 28. 1.
Regie: Walter Pittschau
Bühnenbild: Robert Ullmann
Rolle: GABRIELE DAMBRONE
Fritz Schröder-Jahn (Paul Medina), Alfred Ganzer (Lambert Buchta), Hilde Hofer-Pittschau (Frau Lauch), Ingeborg Engholm (Baronin Fonay), Helmut Kollek (Baron von Anderlan)

CLAUDIA. Walter Erich Schäfer (UA)
Berlin, Staatstheater, Kleines Haus in der Nürnbergerstraße, 21. 2.
Regie: Karl Heinz Stroux
Bühnenbild: Rochus Gliese
Rolle: SKLAVIN AKME
Käthe Dorsch (Claudia), Waldemar Leitgeb (Claudius, ihr Bruder), Gustav Knuth (Catull), Kurt Eggers-Kestner (Allius), Alfred Schieske (Licinius), Pamela Wedekind (Ipsitilla), Walter Franck (Cäsar), Karl Heinz Stroux (Mamurra)

MINNA VON BARNHELM ODER DAS SOLDATENGLÜCK.
Gotthold Ephraim Lessing
Potsdam, Schauspielhaus der Residenzstadt, 19. 9.
Regie: Walter Pittschau
Bühnenbild: Robert Ullmann
Kostüme: Gustav Dege und Elisabeth Siewert
Rolle: MINNA VON BARNHELM
Walter Pittschau (Major von Tellheim), Friedrich Eysenhardt (Graf von Bruchsal), Helga Hesse (Franziska), Gustav Adolf Keune (Just), Fritz Schröder-Jahn (Paul Werner), Paul Lipinski (Der Wirt), Alice Weymuth (Eine Dame in Trauer), Rudolf Kalvius (Riccaut de la Marlinière)

1943

DAS UNTERSCHLUG HOMER. Horst Lommer
Straßburg, Theater der Stadt, Großes Haus, 30. 6.
Regie: Jürgen Fehling
Bühnenbild: Roman Clemens
Kostüme: Kurt von Mülmann
Rolle: HELENA
Rudolf Therkatz (Sesostris), Walter Suessenguth (Patabombis), Hans Krull (Paris), Birgit Gjessing (Nitokris), Ernst Holznagel (Menelaus), Hans Epskamp (Herodot)

EIN VERLORENER BRIEF. Ion Luca Caragiale
(Dt: Joana Maria Gorvin; DE)
Berlin, Staatstheater, Schauspielhaus am Gendarmenmarkt, 6. 11.
Regie: Jürgen Fehling
Bühnenbild: Traugott Müller
Rolle: ZOE TRAHANACHE
Paul Wegener (Zaharia Trahanache), Walter Franck (Tipâtescu), Aribert Wäscher (Catzavencu), Wolf Trutz (Farfuridi), Paul Bildt (Dandanache), Leopold von Ledebur (Branzovenescu), Alfred Schieske (Pristanda), Walter Tarrach (Jonescu), Horst Lommer (Popescu)

1944

JOHANNISFEUER. Hermann Sudermann
Berlin, Staatstheater, Schauspielhaus am Gendarmenmarkt, 9. 5.
Regie: Jürgen Fehling
Bühnenbild: Rochus Gliese
Rolle: TRUDE
Paul Wegener (Gutsbesitzer Vogelreuter), Marianne Hoppe (Marikke), Hannsgeorg Laubenthal (Herr von Hartwig), Walter Tarrach (Plötz), Maria Koppenhöfer (Weßkalene), Lina Lossen (Frau Vogelreuter), Elsa Wagner (Mamsell), Clemens Hasse (Haffke) u.a.

Sonnabend, den 6. November 1943

Ausverkauft! **Uraufführung!**

Ein verlorener Brief

Komödie von Jon Luca Caragiale

Ins Deutsche übertragen von Joana Maria Gorvin

Regie: Jürgen Fehling *Bühnenbilder: Traugott Müller*

Zaharia Trahanache, Präsident des permanenten Komitees, des Wahlkomitees und anderer Komitees ..... Paul Wegener
Zoe Trahanache (genannt Joitzica), seine 2. Gattin.. Joana Maria Gorvin
Stefan Tipatescu (genannt Fanica), Präfekt der Provinz... Walter Franck
Agamemnon Dandanache, Kämpfer von 48 .... Paul Bildt
Tache Farfuridi, Advokat } Mitglieder des .... Wolf Trutz
Jordache Branzovenescu, Advokat } Wahlkomitees .. Leopold von Ledebur
Nae Catzavencu, Advokat, Direktor und Inhaber der Zeitung „Das Dröhnen der Karpaten" .... Aribert Wäscher
Jonescu, Lehrer, Mitarbeiter derselben Zeitung .... Walter Tarrach
Popescu, Lehrer.................................. Horst Lommer
Ghitza Pristanda, der Polizist der Stadt .... Alfred Schieske
Ein betrunkener Bürger .... Clemens Hasse
Ein Junge .... Arnfried Gomm
Wähler, Bürger und Publikum

Das Stück spielt um 1880 in der rumänischen Provinz, in einer Kreishauptstadt.

4 Akte — Pause nach dem 2. Akt

I. und II. Akt: in der Wohnung des Präfekten
III. Akt: Magistratssaal
IV. Akt: im Garten Trahanaches.

Anfang 15½ Uhr Ende 18¾ Uhr

1945

Gründungsfeier der Jürgen-Fehling-Theater-Gesellschaft
PRINZ FRIEDRICH VON HOMBURG (Szene Kurfürst/Natalie).
Heinrich von Kleist
Berlin, Künstlerhaus Zehlendorf, 27. 8.
Regie: Jürgen Fehling
Rolle: NATALIE
Georg August Koch (Kurfürst)

URFAUST. Johann Wolfgang von Goethe
Berlin, Jürgen-Fehling-Theater, 6. 10.
Regie: Jürgen Fehling
Bühnenbild: Jürgen Freese und Susanne Stoltzenberg
Rolle: MARGARETE
Konrad Wagner (Faust), O.E. Hasse (Mephisto), Gabriele Heßmann (Marthe Schwerdtlein), Paul Klinger (Valentin), Robert Müller (Wagner), Gert Schaefer (Schüler), Georg August Koch (Erdgeist; Siebel), Lothar Koerner (Böser Geist; Brander), Hans Ulrich (Frosch), Hans Bischhoff (Der Alte), Ellen Mahlke (Lieschen)

1946

DAS GRABMAL DES UNBEKANNTEN SOLDATEN.
Paul Raynal (Dt: Boris von Borresholm)
Berlin, Jürgen-Fehling-Theater, 24. 1.
Regie: Jürgen Fehling
Bühnenbild: Robert Herlth
Kostüme: Magda Quitt
Rolle: AUDE
Ernst Wilhelm Borchert (Ein französischer Soldat), Günther Hadank (Der Alte)

WIR SIND NOCH EINMAL DAVONGEKOMMEN. Thornton Wilder (Dt: Gentiane Genser)
Berlin, Hebbel-Theater, 5. 7.
Regie: Karl Heinz Stroux
Bühnenbild: Max Fritzsche
Rolle: SABINA
Hans Wiegner (Ansager), Erich Poremski (Mr. Fitzpatrick, der Intendant), Käthe Haack (Mrs. Antrobus), Peter Timm Schaufuß (Dinosaurier), Friedrich Honna (Mammut), Michael Günther (Telegraphenjunge), Gundel Thormann (Gladys), Kurt Meisel (Henry), O.E. Hasse (Mr. Antrobus), Robert Müller (Richter, Moses), Kurt Eggers-Kestner (Homer), Gerda Schäfer (Miß E. Muse), Martha Welsen (Miß T. Muse), Charlotte Habecker (Miß M. Muse), Roma Bahn (Wahrsagerin), Martin Rosen (Stuhlfahrer), Gerd Prager (Rundfunk-Beamter), Theo Sedat (Unterlegener Kandidat), Reinhard Kolldehoff (Mr. Tremayne), Lili Schoenborn-Anspach (Hester), Jakob Sinn (Fred Bailey)

1947

DER TROJANISCHE KRIEG FINDET NICHT STATT. Jean Giraudoux (Dt: Boris von Borresholm)
Berlin, Hebbel-Theater, 18. 4.
Regie: O.E. Hasse
Bühnenbild: Heinrich Kilger
Kostüme: Ita Maximowna
Rolle: HELENA
Robert Müller (Priamus), Hedwig Wangel (Hekuba), Kurt Meisel (Hektor), Antje Weisgerber (Andromache), Harald Holberg (Paris), Lu Säuberlich (Kassandra), Karl Heinz Fischer (Troilus), O.E. Hasse (Odysseus), Franz Nicklisch (Ajax), Carl Kuhlmann (Demokos), Hans Halden (Der Geometer), Hans Herrmann-Schaufuß (Busiris), Eduard Wandrey (Der alte Mariner), Gert Schaefer (Der junge Mariner), Gerda Schäfer (Die Friedensgöttin)

Prinz Friedrich von Homburg. Berlin, 27. 8. 1945.
Als Natalie mit Georg August Koch als Kurfürst

Der trojanische Krieg findet nicht statt. Berlin, 18. 4. 1947. Als Helena mit Antje Weisgerber als Andromache. Foto: Willott

1948

DIE FLIEGEN. Jean Paul Sartre (Dt: Gritta Baerlocher)
Berlin, Hebbel-Theater, 7. 1.
Regie: Jürgen Fehling
Bühnenbild und Kostüme: Heinrich Kilger
Rolle: ELEKTRA
O.E. Hasse (Jupiter), Walther Suessenguth (Aegist), Roma Bahn (Klytämnestra), Kurt Meisel (Orest), Robert Müller (Oberpriester), Josef Almas (Pädagoge), Helene Riechers (Die Alte), Hans Hessling (Erste Wache), Jakob Sinn (Zweite Wache), Ursula Krieg (Erste Erinnye), Chor der Erinnyen, Frauen und Männer von Argos

1949

MARIA MAGDALENE. Friedrich Hebbel
München, Bayerisches Staatsschauspiel, Theater am Brunnenhof, 18. 5.
Regie: Jürgen Fehling
Bühnenbild und Kostüme: Wolfgang Znamenacek
Rolle: KLARA
Otto Wernicke (Meister Anton), Anne Kersten (Seine Frau), Hans Baur (Karl), Gerd Brüdern (Leonhard), Peter Pasetti (Ein Sekretär), Gerhard Ritter (Wolfram) u.a.

1950

NORA. Henrik Ibsen
München, Bayerisches Staatsschauspiel, Theater am Brunnenhof, 22. 3.
Regie: Jürgen Fehling
Bühnenbild: Wolfgang Znamenacek
Kostüme: Ludwig Hornsteiner
Rolle: NORA
Otto Wernicke (Helmer), Elinor von Wallerstain (Frau Linde), Rudolf Fernau (Doktor Rank), Wolfgang Büttner (Krogstad) u.a.

DOÑA ROSITA BLEIBT LEDIG ODER DIE SPRACHE DER BLUMEN.
Federico García Lorca (Dt: Enrique Beck; DE)
München, Bayerisches Staatsschauspiel, Theater am Brunnenhof, 18. 8.
Regie: Jürgen Fehling
Bühnenbild und Kostüme: Ludwig Hornsteiner
Rolle: DOÑA ROSITA
Elisabeth Flickenschildt (Haushälterin), Alice Verden (Tante), Luise Cleve, Inge Langen, Hannelore Schützler (Die drei Schwestern Manola), Charlotte Krüger, Claudia Bethge, Nora Minor (Drei alte Jungfern), Annemarie Holtz (Deren Mutter), Hedi Reich, Ruth von Riedel (Die zwei Fräulein Ayola), Bruno Hübner (Onkel), Bernhard Wicki (Neffe), Wolfgang Büttner (Herr X, Professor der Volkswirtschaft), Kurt Stieler (Don Martin), Hannes Riesenberger (Jüngling) u.a.

1951

DER BLAUBART. Ludwig Tieck
München, Bayerisches Staatsschauspiel, Residenztheater, 1. 6.
Regie: Jürgen Fehling
Bühnenbild und Kostüme: Johannes Waltz und Luwig Hornsteiner
Rolle: AGNES
Paul Dahlke (Blaubart), Anne Kersten (Mechthilde), Hans Cossy (Anton), Gerd Brüdern (Simon), Bernhard Wicki (Leopold), Luise Cleve (Anne), Otto Nissl (Heymon), Karl Hanft (Conrad), Heini Göbel (Martin von Felsberg), Willy Rösner (Hans von Marloff), Eva Maria Hoppe (Brigitte), Fritz Rasp (Knappe Caspar), Wolfgang Büttner (Junker Winfred), Fred Kallmann (Ulrich), Kurt Stieler (Ratgeber), Hans Herrmann-Schaufuß (Claus), Gerhard Ritter (Arzt)

1952

BERNARDA ALBAS HAUS. Federico García Lorca (Dt: Enrique Beck)
Berlin, Schloßpark-Theater, 20. 2.
Regie: Karl Heinz Stroux
Bühnenbild und Kostüme: Herta Boehm
Rolle: ADELA
Franziska Kinz (Bernarda Alba), Berta Drews (Angustia, ihre Tochter), Ursula Diestel (Magdalena, ihre Tochter), Gudrun Genest (Amelia, ihre Tochter), Heidemarie Hatheyer (Martirio, ihre Tochter), Lucie Höflich (Maria Josefa, Bernardas Mutter), Elsa Wagner (La Poncia), Eva Bubat (Magd), Maria Janke (Prudencia), Ali Wonka (Bettlerin), Antonie Jaeckel, Elisabeth Wegener, Hannelore Minkus, Margarete Scheurich (Frauen), Gerda Lesny (Mädchen)

WIR SIND NOCH EINMAL DAVONGEKOMMEN. Thornton Wilder (Dt: Hans Sahl)
Ruhrfestspiele Recklinghausen, Städtischer Saalbau, 21. 7.
Regie: Karl Heinz Stroux
Bühnenbild: Jean-Pierre Ponnelle
Rolle: SABINA
Hans Schalla (Ansager), Heidemarie Hatheyer (Mrs. Antrobus), Edgar Walther (Dinosaurier), Horst Breitenfeld (Mammut), Heiner Struck (Telegraphenjunge), Gundel Thormann (Gladys), Hans Quest (Henry), Walter Franck (Mr. Antrobus), Robert Müller (Richter), Erwin Kleist (Homer), Cora Waechter (Miß E. Muse), Hilde Schewior (Miß T. Muse), Ellen Waldeck (Miß M. Muse), Roma Bahn (Wahrsagerin)

MARIA STUART. Friedrich Schiller
Berlin, Schiller-Theater, 27. 9.
Regie: Jürgen Fehling
Bühnenbild und Kostüme: Hans Pfeiffenberger
Rolle: MARIA STUART
Elisabeth Flickenschildt (Königin Elisabeth), Martin Held (Graf Leicester), Erwin Kalser (Talbot), Walther Suessenguth (Cecil), Wilhelm Krüger (Graf von Kent), Wolfgang Kühne (Davison), Arthur Wiesner (Paulet), Peter Mosbacher (Mortimer), Ernst Sattler (Melvil), Elsa Wagner (Hanna Kennedy), Eva Bubat (Margareta) u.a.

1953

DER PREISPOKAL. Sean O'Casey (Dt: Elisabeth Freundlich und Günther Anders)
Berlin, Schiller-Theater, 20. 6.
Regie: Fritz Kortner
Bühnenbild und Kostüme: Caspar Neher
Rolle: SUSIE MONICAN
Ernst Sattler (Sylvester Heegan), Emmy Burg (Seine Frau), Hans-Dieter Zeidler (Harry, deren Sohn), Franz Nicklisch (Simon Norton), Claus Holm (Teddy Foran), Käthe Braun (Seine Frau), Edith Schneider (Jessie Taite), Kurt Buecheler (Barney Bagnal), Herbert Wilk (Der Biblische), Klaus Miedel (Korporal), Fritz Tillmann (Besucher), Walter Tarrach (Stabsoffizier), Paul Gorden, Klaus Herm (Zwei Verwundete), Ralph Lothar (Stabsarzt Dr. Forby Maxwell), Johanna Hofer (Geistliche Oberschwester des Spitals)

1954

ELEKTRA. Jean Giraudoux (Dt: Hans Rothe)
Berlin,Schloßpark-Theater, 20. 2.
Regie: Leopold Lindtberg
Bühnenbild und Kostüme: Caspar Neher
Rolle: ELEKTRA
Roma Bahn (Klytämnestra), Walter Franck (Aegist), Erich Schellow (Orest), Otto Graf (Gerichtspräsident Theokathokles), Eva Lissa (Agathe), Elsa Wagner/ Lucie Höflich (Frau des Narses), Hans Hessling (Gärtner), Erwin Kalser (Bettler), Herta Kravina, Marianne Prenzel, Liane Croon (Drei Eumeniden)

)ie Fliegen. Berlin, 7. 1. 1948. Probe mit Kurt Meisel und Jürgen Fehling. Foto: Severin

DIE RATTEN. Gerhart Hauptmann
Berlin, Schiller-Theater, 6. 4.
Regie: Karl Heinz Stroux
Bühnenbild und Kostüme: Ita Maximowna
Rolle: PAULINE PIPERKARCKA
Ernst Sattler (Harro Hassenreuter), Lotte Stein (Seine Frau), Marianne Prenzel (Walburga), Eduard Wenck (Pastor Spitta), Friedrich Siemers (Erich Spitta), Heli Finkenzeller (Alice Rütterbusch), Alfred Schieske (John), Käthe Dorsch (Frau John), Peter Mosbacher (Bruno Mechelke), Roma Bahn (Sidonie Knobbe), Edith Hancke (Selma), Else Ehser (Frau Kielbacke) u.a.

DAS BUCH VON CHRISTOPH COLUMBUS. Paul Claudel
(Dt: E.M. Landau)/ Musik: Darius Milhaud
Berlin, Schiller-Theater, 5. 10.
Regie: Hans Lietzau
Musikalische Leitung: Carl Gorvin
Bühnenbild und Kostüme: Leni Bauer-Ecsy
Rolle: ISABELLA
Arthur Schröder (Der Ansager), Sebastian Fischer (König Ferdinand von Spanien), Hans-Dieter Zeidler (Christoph Columbus), Else Ehser (Seine Mutter), Johanna Wichmann (Seine Schwester), Elisabeth Wegener (Seine Frau), Eduard Wandrey (Christoph Columbus in der Nachwelt), Kurt Buecheler (Der Verteidiger, Die Stimme des heiligen Jakob, Der Bote), Hans Hessling (Der Gegenspieler, Der Mann am Fenster, Der Majordomus, Der Koch), Edgar Walther, Herbert Stass, Klaus Miedel (Drei Guitarristen), Walter Tarrach, Wolfgang Kühne, Hans Stiebner (Drei Gläubiger) u.a.

WAS IHR WOLLT. William Shakespeare (Dt: Richard Flatter)
Berlin, Schloßpark-Theater, 15. 11.
Regie: Karl Heinz Stroux
Bühnenbild und Kostüme: Jean-Pierre Ponnelle
Rolle: VIOLA
Sebastian Fischer (Orsino), Gisela Mattishent (Olivia), Dieter Ranspach (Sebastian), Alfred Schieske (Junker Tobias Rülps), Hans Hessling (Junker Andreas Bleichenwang), Martin Held (Malvolio), Luitgard Im (Maria), Clemens Hasse (Fabio), Erwin Kalser (Narr), Eduard Wandrey (Antonio, ein Seemann) u.a.

TROILUS UND CRESSIDA. William Shakespeare (Dt: Hans Rothe)
Berlin, Schiller-Theater, 22. 12.
Regie: Gustav Rudolf Sellner
Bühnenbild und Kostüme: Franz Mertz
Rolle: CRESSIDA
Ernst Sattler (Priamus), Wilhelm Borchert (Hector), Erich Schellow (Troilus), Ottokar Runze (Paris), Edgar Walther (Deiphobus), Joseph Noerden (Helenus), Edgar Ott (Aeneas), Paul Gorden (Antenor), Arthur Wiesner (Calchas), Erhard Siedel (Pandarus), Wilhelm Krüger (Alexander), Hans Hessling (Thersites), Paul Wagner (Agamemnon), Kurt Buecheler (Menelaus), Siegmar Schneider (Achilles), Hans-Dieter Zeidler (Ajax), Martin Held (Ulysses), Arthur Schröder (Nestor), Klaus Miedel (Diomedes), Dieter Ranspach (Patroclus), Edith Schneider (Helena), Gisela Mattishent (Andromache), Else Reuß (Cassandra), Horst Buchholz (Page des Paris) u.a.

1955

DIE VERLORENEN. Hans Schubert (UA)
Wien, Theater in der Josefstadt, 9. 6.
Regie: Werner Kraut
Bühnenbild: Willy Bahner
Kostüme: Hill Reihs-Gromes
Rolle: MARIA STUART
Erich Nikowitz (Henry Darnley), Guido Wieland (James Stuart, Graf Murray), Walther Reyer (James Hepburn, Graf Bothwell), Kurt Jaggberg (Blackater), Bibiana Zeller (Mary Seton), Hilde Nerber (Jane Gordon), Peter Stanchina (Graf Lennox), Hans Ziegler (du Croc), Hermann Glaser (Bischof), Eduard Sekler (Bastien)

DON CARLOS. Friedrich Schiller
Berlin, Schiller-Theater, 17. 9.
Regie: Gustaf Rudolf Sellner
Bühnenbild: Franz Mertz
Rolle: PRINZESSIN VON EBOLI
Walter Franck (König Philipp II.), Aglaja Schmid (Königin Elisabeth), Rolf Henniger (Don Carlos), Erich Schellow (Marquis von Posa), Friedrich Maurer (Domingo), Erwin Kalser (Großinquisitor), Paul Wagner (Herzog von Alba), Ernst Sattler (Graf von Lerma), Maria Schanda (Herzogin von Olivarez), Hildegard Baumm (Marquise von Mondekar), Hugo Gau-Hamm (Herzog von Medina Sidonia)

REQUIEM FÜR EINE NONNE. William Faulkner
(Dt: Robert Schnorr)
Berlin, Schloßpark-Theater, 10. 11.
Regie: Erwin Piscator
Bühnenbild und Kostüme: Franz Mertz
Rolle: TEMPLE STEVENS, GEB. DRAKE
Franz Weber(Der Richter), Eva Bubat (Nancy Mannigoe), Wilhelm Borchert (Gavin Stevens, der Verteidiger), Siegmar Schneider (Clark Stevens, der Mann der Temple Stevens), Robert Müller (Der Gouverneur), Klaus Kammer (Pete), Eduard Wandrey (Gefängniswärter), Max Grothusen (Der Gerichtsdiener)
Gastspiele: Paris, Wiesbaden

1956

DAME KOBOLD. Pedro Calderón de la Barca (Dt: Hugo von Hofmannsthal)
Berlin, Schiller-Theater, 20. 2.
Regie: Rudolf Steinboeck
Bühnenbild und Kostüme: Fritz Butz
Rolle: DOÑA ANGELA
Siegmar Schneider (Don Juan), Klaus Miedel (Don Luis), Lore Hartling (Doña Beatriz), Lothar Blumhagen (Don Manuel), Hans Hessling (Cosme), Harry Wüstenhagen (Rodrigo, Diener), Heike Balzer (Isabel)

MASS FÜR MASS. William Shakespeare (Dt: Hans Rothe)
Berlin, Schiller-Theater, 16. 9.
Regie: Gustav Rudolf Sellner
Bühnenbild: Franz Mertz
Rolle: ISABELLA
Erich Schellow (Vincentio, Herzog von Wien), Rolf Henniger (Angelo), Ernst Sattler (Escalus), Lothar Blumhagen (Claudio), Werner Peters (Lucio), Robert Müller (Kerkermeister), Werner Schott (Bruder Thomas), Walter Bluhm (Ellenbogen), Harry Wüstenhagen (Schaum), Hans-Dieter Zeidler (Pompejus), Theodor Vogeler (Scharfrichter), Clemens Hasse (Bernardino), Julia Costa (Mariana), Sigrid Pawlas (Julia), Lotte Stein (Frau Überley, Kupplerin) u.a.

1957

HAMLET. William Shakespeare
(Dt: August Wilhelm von Schlegel)
Berlin, Schiller-Theater, 13. 3.
Regie: Fritz Kortner
Bühnenbild und Kostüme: H. G. Spornitz
Rolle: OPHELIA
Martin Held (König Claudius), Erich Schellow (Hamlet), Erwin Kalser (Polonius), Lothar Blumhagen (Horatio), Klaus Kammer (Laertes), Wolfgang Kühne (Rosenkrantz), Klaus Miedel (Güldenstern), Harry Wüstenhagen (Osrick), Siegmar Schneider (Fortinbras), Hans Hessling (Erster Totengräber), Klaus Herm (Zweiter Totengräber), Wilhelm Borchert (Erster Schauspieler, Der Geist von Hamlets Vater), Maria Schanda (Königin Gertrude)

Hamlet. Berlin, 13. 3. 1957. Probe mit Fritz Kortner. Foto: Köster. DTHM

ROSMERSHOLM. Henrik Ibsen
Zürich, Schauspielhaus, 27. 4.
Regie: Oskar Wälterlin
Bühnenbild: Fritz Butz
Rolle: REBEKKA WEST
Richard Münch (Johannes Rosmer), Carl Kuhlmann (Rektor Kroll), Ernst Ginsberg (Mortengaard), Hermann Wlach (Ulrik Brendel), Walburga Gmür (Madame Helsbeth, Haushälterin)

DON CARLOS. Friedrich Schiller
Zürich, Festwochen, Schauspielhaus, 5. 6.
Regie: Oskar Wälterlin
Bühnenbild: Teo Otto
Kostüme: Charles Bardet
Rolle: KÖNIGIN ELISABETH
Ernst Ginsberg (König Philipp II.), Peter Brogle (Don Carlos), Erich Schellow (Marquis von Posa), Margaret Carl (Prinzessin von Eboli), Carl Kuhlmann (Domingo), Hermann Wlach (Großinquisitor), Hanns Kraßnitzer (Herzog von Alba), Angelika Arndt (Herzogin von Olivarez) u.a.

DER KAUFMANN VON VENEDIG. William Shakespeare
(Dt: August Wilhelm von Schlegel)
Düsseldorf, Schauspielhaus, 7. 9.
Regie: Karl Heinz Stroux
Bühnenbild und Kostüme: Jean-Pierre Ponnelle
Rolle: PORZIA
Adolf Dell (Der Doge von Venedig), Joachim Teege (Prinz von Aragon), Edgar Walther (Prinz von Marokko), Peter Esser (Antonio, Kaufmann von Venedig), Martin Benrath (Bassanio), Siegfried Siegert (Solanio), Alexander Herzog (Salarino), Wolfgang Arps (Graziano), Werner Dahms (Lorenzo, Liebhaber der Jessica), Ernst Deutsch (Shylock), Hermann Brand (Tubal), Walter Schmidinger (Lanzelot Gobbo), Adalbert Gausche (Der alte Gobbo), Eva Böttcher (Nerissa), Luitgard Im (Jessica) u.a.

1958

WIE ES EUCH GEFÄLLT. William Shakespeare
(Dt: August Wilhelm von Schlegel)
Düsseldorf, Schauspielhaus, 29. 3.
Regie: Karl Heinz Stroux
Bühnenbild und Kostüme: Jean-Pierre Ponnelle
Rolle: ROSALINDE
Peter Esser (Der Herzog), Heinrich Ortmayer (Friedrich, sein Bruder), Adolf Wohlbrück (Jacques), Otto Griess (Le Beau), Edgar Walther (Ringer Charles), Siegfried Wischnewski (Oliver), Wolfgang Arps (Orlando), Adalbert Gausche (Adam), Max Mairich (Probstein), Adolf Dell (Corinnus), Walter Schmidinger (Sylvius), Winfried Görlitz (Wilhelm), Eva Böttcher (Celia), Elvira Hofer (Phoebe), Ida Krottendorf (Käthchen) u.a.

SPIEL ZU ZWEIT. William Gibson (Dt: Hans Sahl)
Düsseldorf, Schauspielhaus, 15. 11.
Regie: Leon Epp
Bühnenbild: Mario Chiavi
Rolle: GITTEL MOSCA
Günter König (Jerry Ryan)

1959

ANTIGONE. Sophokles (Dt: Friedrich Hölderlin)
München, Bayerisches Staatsschauspiel, Residenztheater, 12. 4.
Regie: Helmut Henrichs
Bühnenbild und Kostüme: Teo Otto
Rolle: ANTIGONE
Gerd Brüdern (Kreon), Kurt Stieler (Teiresias), Dieter Kirchlechner (Haimon), Kyra Mladeck (Ismene), Heinrich Schweiger (Wächter), Erwin Faber (Bote) u.a.

1960

DER SEIDENE SCHUH. Paul Claudel (Dt: Hans Urs von Balthasar)
Hamburg, Deutsches Schauspielhaus, 16. 2.
Regie: Kurt Horwitz
Bühnenbild und Kostüme: Karl Gröning
Rolle: DOÑA PROËZA
Richard Münch (Der Ansager), Hubert Hilten (Der Jesuitenpater), Ernst Fritz Fürbringer (Don Pelayo), Josef Dahmen (Don Baltasar), Ullrich Haupt (Don Camillo), Hannelore Koblentz (Doña Isabel), Claudius Zimmermann (Don Luis), Hermann Lenschau (Der König von Spanien), Gerhard Bünte (Der Kanzler), Will Quadflieg (Don Rodrigo), Joseph Offenbach (Der Chinese), Elisabeth Goebel (Die Negerin Jobarbara), Uwe Friedrichsen (Der Weibel aus Neapel), Hans Richter (Don Fernando), Ursula Lillig (Doña Musica), Sebastian Fischer (Der Schutzengel), Karl Heinz Wüpper (Der Alférez), Elly Burgmer (Doña Honoria), Benno Gellenbeck (Der Schiffskapitän), Sebastian Fischer (Der doppelte Schatten, Der Mond), Wilhelm Walter (Don Leopold August), Joachim Rake (Don Ramiro), Hans Irle (Don Rodilardo), Erich Rauschert (Kapitän), Eduard Marks (Bruder Leon) u.a.

GYGES UND SEIN RING. Friedrich Hebbel
Hamburg, Deutsches Schauspielhaus, 21. 5.
Regie: Gustaf Gründgens
Bühnenbild und Kostüme: Caspar Neher
Rolle: RHODOPE
Gustaf Gründgens (König Kandaules), Sebastian Fischer (Gyges), Annelotte Grobecker (Hero), Angela Schmid (Lesbia), Eduard Marks (Thoas), Benno Gellenbeck (Karna)

WIR SIND NOCH EINMAL DAVONGEKOMMEN. Thornton Wilder
(Dt: Hans Sahl)
Düsseldorf, Schauspielhaus, ab 18. 10.
Übernahme der Rolle: SABINA (eingesprungen für Nicole Heesters)

FRÄULEIN JULIE. August Strindberg
Hamburg, Deutsches Schauspielhaus, 22. 11.
Regie: Gustaf Gründgens
Bühnenbild: Caspar Neher
Rolle: FRÄULEIN JULIE
Ullrich Haupt (Jean), Ehmi Bessel (Christel)

1961

ANTIGONE. Sophokles (Dt: Rudolf Bayr)
Wien, Burgtheater, 24. 4.
Regie: Gustav Rudolf Sellner
Bühnenbild und Kostüme: Fritz Wotruba
Rolle: ANTIGONE
Albin Skoda (Kreon), Josef Meinrad (Teiresias), Walther Reyer (Haimon), Erika Pluhar (Ismene), Günther Haenel (Wächter), Erich Schellow (Bote), Elisabeth Höbarth (Eurydike), Chor

DIE JAKOBSLEITER. Arnold Schönberg: Text und Musik (UA)
Wien, Wiener Festwochen, Konzerthaussaal, 16. 6.
Aufführung in zwei Teilen
I. Teil: Lesung
Regie: Gustav Rudolf Sellner
Rolle: STIMME DES STERBENDEN
Jürgen Goslar (Erzengel Gabriel), Albin Skoda (Gott), Walther Reyer (Aufrührerischer), Hans Thimig (Mönch), Axel Corti (Auserwählter), Günther Haenel (Ringender), Achim Benning (Berufener)
II. Teil: Oratorium
Musikalische Leitung: Rafael Kubelik
Ilse Hollweg (Seele des Sterbenden), Iwan Rebroff (Erzengel Gabriel), Julius Patzak (Aufrüherischer), Josef Traxel (Berufener), Helmut Krebs (Mönch), Hans Herbert Fiedler (Ringender), Thomas Stewart (Auserwählter)

Actis. Hamburg, 22. 11. 1961. Probe mit Gustaf Gründgens, Eduard Marks, Fritz Albrecht. Foto: HHThs. Clausen

DAS KÄTHCHEN VON HEILBRONN. Heinrich von Kleist
Hamburg, Deutsches Schauspielhaus, 20. 10.
Regie: Ulrich Erfurth
Bühnenbild: Karl Gröning
Rolle: KUNIGUNDE VON THURNECK
Hermann Schomberg (Kaiser), Sebastian Fischer (Friedrich Wetter, Graf vom Strahl), Elly Burgmer (Gräfin Helena, seine Mutter), Angela Schmid (Eleonore, ihre Nichte), Joseph Offenbach (Gottschalk), Uwe Friedrichsen (Ritter Flammberg), Lotte Brackebusch (Brigitte), Josef Dahmen (Theobald Friedeborn), Ella Büchi (Käthchen), Charles Brauer (Gottfried), Joachim Rake (Maximilian von Freiburg), Karl-Heinz Wüpper (Georg von Waldstätten), Klaus Zimmermann (Ritter von Thurneck), Heidi Leupolt (Rosalie, Kammerzofe), Fritz Albrecht (Rheingraf vom Stein) u.a.

ACTIS. Laurence Durrell (Dt: Robert Schnorr; UA)
Hamburg, Deutsches Schauspielhaus, 22. 11.
Regie: Gustaf Gründgens
Bühnenbild: Teo Otto
Rolle: ACTIS, TOCHTER DES KÖNIGS IN SKYTHIEN
Fritz Albrecht (König Corvinus), Eduard Marks (Galba, Ratgeber der Actis), Sarah Collantes (Kukla, Amme der Actis), Werner Hinz (Nero), Klaus Zimmermann (Sporus), Max Eckard (Fabius), Solveig Thomas (Flavia, seine Frau), Hermann Schomberg (Petronius Arbiter), Josef Dahmen (Metellus, Satrap), Joseph Offenbach (Bader) u.a.

DON GIL VON DEN GRÜNEN HOSEN. Tirso de Molina
(Dt: Johannes von Guenther)
Hamburg, Deutsches Schauspielhaus, 25. 12.
Regie: Gustaf Gründgens
Bühnenbild und Kostüme: Robert Pudlich
Rolle: DOÑA JUANA/DON GIL
Eduard Marks (Don Pedro de Mendoza), Solveig Thomas (Doña Ines, seine Tochter), Volker Brandt (Don Alfonso), Sebastian Fischer (Don Ramon de Guzman), Gerhard Bünte (Don Diego), Joseph Offenbach (Francisco), Bruno Dallansky (Caramanchel), Ilse Bally (Doña Antonia Espinosa), Erni Mangold (Doña Clara, ihre Tochter), Charles Brauer (Don Fabio) u.a.
Gastspiel: Wiesbaden

1962

PERSEPHONE. Igor Strawinsky/Text nach André Gide
(Dt: Fritz Schröder)
Köln, Funkhaus des WDR, 20. 3.
Musikalische Leitung: Zubin Metha
Rolle: PERSEPHONE
Waldemar Kmentt (Eumolpos)

PERSEPHONE. Igor Strawinsky/Text nach André Gide (Dt: Fritz Schröder)
Hannover, Theater am Aegi, 12. 5.
Rolle: PERSEPHONE
Naan Pöld (Eumolpes)

ANTIGONE. Sophokles (Dt: Friedrich Hölderlin)
Bad Hersfeld, Festspiele, Stiftsruine, 7. 7.
Regie: Pelos Katselis
Bühnenbild: Heinz Ludwig
Rolle: ANTIGONE
Hubert Suschka (Kreon), Paul Mederow (Teiresias), Paul Bösiger (Haimon), Else Ludwig (Ismene), Erwin Scherschel (Wächter), Wolfgang Stendar (Ein Bote), Andromache Anagnostopoulos (Eurydike)

DON CARLOS. Friedrich Schiller
Hamburg, Deutsches Schauspielhaus, 20. 11.
Regie: Gustaf Gründgens
Bühnenbild: Teo Otto
Kostüme: Erwin W. Zimmer
Rolle: PRINZESSIN VON EBOLI
Gustaf Gründgens (König Philipp II.), Antje Weisgerber (Königin Elisabeth), Sebastian Fischer (Don Carlos), Will Quadflieg (Marquis von Posa), Hermann Schomberg (Domingo), Joseph Offenbach (Großinquisitor), Paul Hartmann (Herzog von Alba), Eduard Marks (Graf von Lerma), Elisabeth Goebel (Herzogin von Olivarez), Sabine Hahn (Marquise von Mondekar), Josef Dahmen (Herzog von Medina Sidonia) u.a.

1963

TOTENTANZ. August Strindberg
Hamburg, Deutsches Schauspielhaus, 18. 1.
Regie: Gustaf Gründgens
Bühnenbild: Karl Gröning
Rolle: ALICE
Werner Hinz (Edgar), Richard Münch (Kurt), Edda Bühner (Jenny), Henny Zschoppe (Die Alte)

EIN TRAUMSPIEL. August Strindberg
Hamburg, Deutsches Schauspielhaus, 11. 9.
Regie: Oscar Fritz Schuh
Bühnenbild: Caspar Neher
Rolle: INDRAS TOCHTER
Heinz Reincke (Der Offizier), Will Quadflieg (Der Advokat), Helmut Lohner (Der Dichter), Tilla Durieux (Die Pförtnerin), Hanne Hiob (Christine), Elly Burgmer (Die Mutter, Ediths Mutter), Hans Ulrich (Der Glasermeister, Der Dekan der theologischen Fakultät), Joseph Offenbach (Der Zettelankleber, Der Dekan der medizinischen Fakultät), Eduard Marks (Der Vater, Der Dekan der philosophischen Fakultät), Bruno Dallansky (Ein Polizist, Der Quarantänemeister, Der Magister), Ella Büchi (Viktoria, Sie), Charles Brauer (Er), Otto Bolesch (Der Dekan der juristischen Fakultät), Margund Sommer (Lina, Eine Sängerin), Silvia Anders (Ein Ballettmädchen, Edith), Josef Dahmen (Der Blinde), Knut Hinz (Ein Seeoffizier) u.a.

DER KÖNIG STIRBT. Eugène Ionesco (Dt: Claus Bremer und Hans Rudolf Stauffacher)
Hamburg, Deutsches Schauspielhaus, 17. 11.
Regie: Hans Lietzau
Bühnenbild: Paul Flora
Rolle: KÖNIGIN MARGARETHA, ERSTE GEMAHLIN DES KÖNIGS
Werner Hinz (König Behringer I.), Solveig Thomas (Königin Maria, zweite Gemahlin), Werner Dahms (Der Arzt, der auch Chirurg, Scharfrichter, Bakterienforscher, Sterndeuter ist), Erni Mangold (Juliette, Haushälterin und Krankenschwester), Bruno Dallansky (Wächter)

1964

MASS FÜR MASS. William Shakespeare
(Dt: Wolf Heinrich Graf von Baudissin)
Hamburg, Deutsches Schauspielhaus, 22. 4.
Regie: Oscar Fritz Schuh
Bühnenbild: Herbert Stahl
Kostüme: Liselotte Erler
Rolle: ISABELLA
Werner Hinz (Vincentio, Herzog von Wien), Ullrich Haupt (Angelo), Eduard Marks (Escalus), Sebastian Fischer (Claudio), Werner Dahms (Lucio), Josef Dahmen (Kerkermeister), Gerhard Bünte (Bruder Thomas), Hans Ulrich (Ellenbogen), Lambert Hamel (Schaum), Hermann Schomberg (Pompejus), Otto Bolesch (Scharfrichter), Heinz Reincke (Bernardino), Beatrice Norden (Mariana), Sylvia Anders (Julia), Elisabeth Goebel (Frau Überley, Kupplerin) u. a.

?ERSEPHONE. Igor Strawinsky/Text nach André Gide (Dt: Fritz Schröder)
Vien, Musikverein-Großer Saal, 5. 6.
Musikalische Leitung: Rafael Kubelik
Rolle: PERSEPHONE
Ernst Haefliger (Eumolpos)

LADY WINDERMERES FÄCHER. Oscar Wilde (Dt: Kuno Epple)
Hamburg, Deutsches Schauspielhaus, 20. 11.
Regie: Rudolf Steinboeck
Bühnenbild: Karl Gröning
Kostüme: Erni Kniepert
Rolle: MRS. ERLYNNE
Ullrich Haupt (Lord Windermere), Sebastian Fischer (Lord Darlington), Werner Hinz (Lord Augustus Lorton), Dinah Hinz (Lady Windermere), Ehmi Bessel (Herzogin von Berwick), Josef Dahmen (Mr. Dumby), Margit Carstensen (Rosalie) u.a.

1965

EMILIA GALOTTI. Gotthold Ephraim Lessing
Hamburg, Deutsches Schauspielhaus, 29. 1.
Regie: Hans Schweikart
Bühnenbild: Karl Gröning
Kostüme: Liselotte Erler
Rolle: GRÄFIN ORSINA
Ella Büchi (Emilia Galotti), Werner Hinz (Odoardo Galotti), Ehmi Bessel (Claudia Galotti), Sebastian Fischer (Hettore Gonzaga, Prinz von Guastalla), Ullrich Haupt (Marinelli,), Gerhard Bünte (Camillo Rota), Charles Brauer (Conti, Maler), Uwe Friedrichsen (Graf Appiani), Fritz Grieb (Angelo), Karl Merkatz (Pirro) u.a.

TRAUER MUSS ELEKTRA TRAGEN. Eugene O'Neill (Dt: Marianne Wentzel)
Hamburg, Deutsches Schauspielhaus, 25. 4.
Regie: Gerhard Klingenberg
Bühnenbild: Karl Gröning
Kostüme: Liselotte Erler
Rolle: LAVINIA
Werner Hinz (Ezra Mannon), Maria Wimmer (Christine), Christoph Bantzer (Orin), Rolf Boysen (Adam Brant), Horst Warning (Peter Niles), Sylvia Anders (Hazel Niles), Hans Ulrich (Seth Beckwith), Joachim Wolff (Amos Ames), Lotte Brackebusch (Louisa), Gustl Busch (Minnie), Wilhelm Walter (Josiah Borden), Erich Rauschert (Pastor Everett Hills), Gerhard Bünte (Doktor Joseph Blake)

DER SOMMER. Romain Weingarten (Dt: Helga Krolewski; UA)
Darmstadt, Hessisches Landestheater, 30. 5.
Regie: Gerhard F. Hering
Bühnenbild: Ruodi Barth
Rolle: STIMME MIT TONBANDLYRIK
Christine Merthan (Lorette), Karl-Albert Bock (Simon, ihr Bruder), Anfried Krämer (Kater Kirschentupfer), Paul Gogel (Kater Zwiebel-Durchlaucht)

1966

WINZIGE ALICE. Ewald Albee (Dt: Pinkas Braun; DE)
Hamburg, Deutsches Schauspielhaus, 3. 2.
Regie: Heinrich Koch
Bühnenbild und Kostüme: Ita Maximowna
Rolle: FRÄULEIN ALICE
Hubert Suschka (Anwalt), Werner Hinz (Kardinal), Will Quadflieg (Julian), Helmut Griem (Butler)

AIAS. Sophokles (Dt: Walter Jens)
Hamburg, Deutsches Schauspielhaus, 16. 4.
Regie: Leopold Lindtberg
Bühnenbild: Teo Otto
Kostüme: Günter Walbeck
Rolle: STIMME DER PALLAS ATHENE
Wolfgang Stendar (Odysseus), Rolf Boysen (Aias), Inge Langen (Tekmessa), Heinz Gerhard Lück (Bote), Charles Brauer (Teukros), Hubert Suschka (Menelaos), Hermann Schomberg (Agamemnon), Lothar Grützner, Otto Bolesch, Henry König (Drei Schiffsgenossen)

JUDITH. Friedrich Hebbel
Hamburg, Deutsches Schauspielhaus, 28. 5.
Regie: Gerhard Klingenberg
Bühnenbild und Kostüme: Günter Walbeck
Rolle: JUDITH
Rolf Boysen (Holofernes), Walter Ruch (Gesandter Libyens), Hans Irle (Gesandter Mesopotamiens), Uwe Friedrichsen (Achior), Wilhelm Walter (Oberpriester), Andrea Grosske (Mirza), Peter Kollek (Ephraim), Walter Grüters (Ältester), Karl Merkatz (Priester), Hans Ulrich (Ammon), Adolph Hansen (Hosea), Joachim Wolff (Ben), Charles Brauer (Assad), Ulrich Faulhaber (Daniel), Fritz Grieb (Samaja), Otto Bolesch (Josua), Margit Carstensen (Delia) u.a.

JOHANNA AUF DEM SCHEITERHAUFEN. Paul Claudel (Dt: Hans Reinhart)/ Musik: Arthur Honegger
Bad Gandersheim, Festspiele, Freilichtbühne, 10. 6.
Regie: Hellmuth Matiasek
Musikalische Leitung: Robert Streli
Bühnenbild und Kostüme: Bodo Kampmann
Choreographie: Manfred Taubert
Rolle: JOHANNA
Malte Jaeger (Bruder Dominik), Willi Pelser (Regnault de Chartres, Der Zeremonienmeister), Manfred Greve (Guillaume de Flavy, Dritter Herold, Ein Bauer, Ein Priester), Jürgen Lawrenz (Jean de Luxembourg, Ein Esel), Lore Eckardt (Die Stimme der Johanna, Die Stimme der heiligen Margarethe), Hannelore Gohr (Die Stimme der heiligen Katharina), René Kollo (Stimme, Porcus, Erster Herold, Ein Schreiber), Peter Branoff (Stimme, Zweiter Herold), Moy Vogt (Die heilige Katharina, Der König von Frankreich), Irma Hartlieb (Die heilige Margarethe, Der König von England), Erika Ohme (Die Jungfrau Maria, Der Hochmut), Heinz Schulze (Der Tod, Der Riese Mühlenwind), Gisela Heiser (Die Habsucht), Gabriele Zimmermann (Die Torheit), Dorothee Müller (Der Herzog von Burgund), Gaby König (Die Wollust, Die Mutter Weinfaß)

ENDSTATION SEHNSUCHT. Tennessee Williams (Dt: Berthold Viertel)
Hamburg, Deutsches Schauspielhaus, 18. 12.
Regie: Heinrich Koch
Bühnenbild: Ita Maximowna
Rolle: BLANCHE DUBOIS
Rolf Boysen (Stanley Kowalski), Lis Verhoeven (Stella Kowalski), Werner Schumacher (Harold Mitchell), Ilse Laux (Eunice Hubbell), Hans Irle (Steve Hubbell), Fritz Holzer (Pablo Gonzales), Klaus Konczak (Zeitungsjunge) u.a.

1967

DER ARZT AM SCHEIDEWEG. George Bernard Shaw
Hamburg, Deutsches Schauspielhaus, 2. 6.
Regie: Jean Launay
Bühnenbild: Herbert Stahl
Kostüme: Liselotte Erler
Rolle: JENNIFER
Bernhard Minetti (Sir Colenso Ridgeon), Eduard Marks (Sir Patrick Cullen), Werner Hinz (Sir Ralph Bloomfield Bennington), Heinz Gerhard Lück (Doktor Cutler Walpole), Hans Ulrich (Doktor Blenkinsop), Walter Fein (Doktor Loony Schutzmacher), Helmut Lohner (Louis Dubebat, Maler), Karl Merkatz (Redpenny), Lotte Brackebusch (Emmy), Heide Grübl (Minnie Tinwell), Hans Irle (Ein Reporter), Walter Ruch (Sekretär)

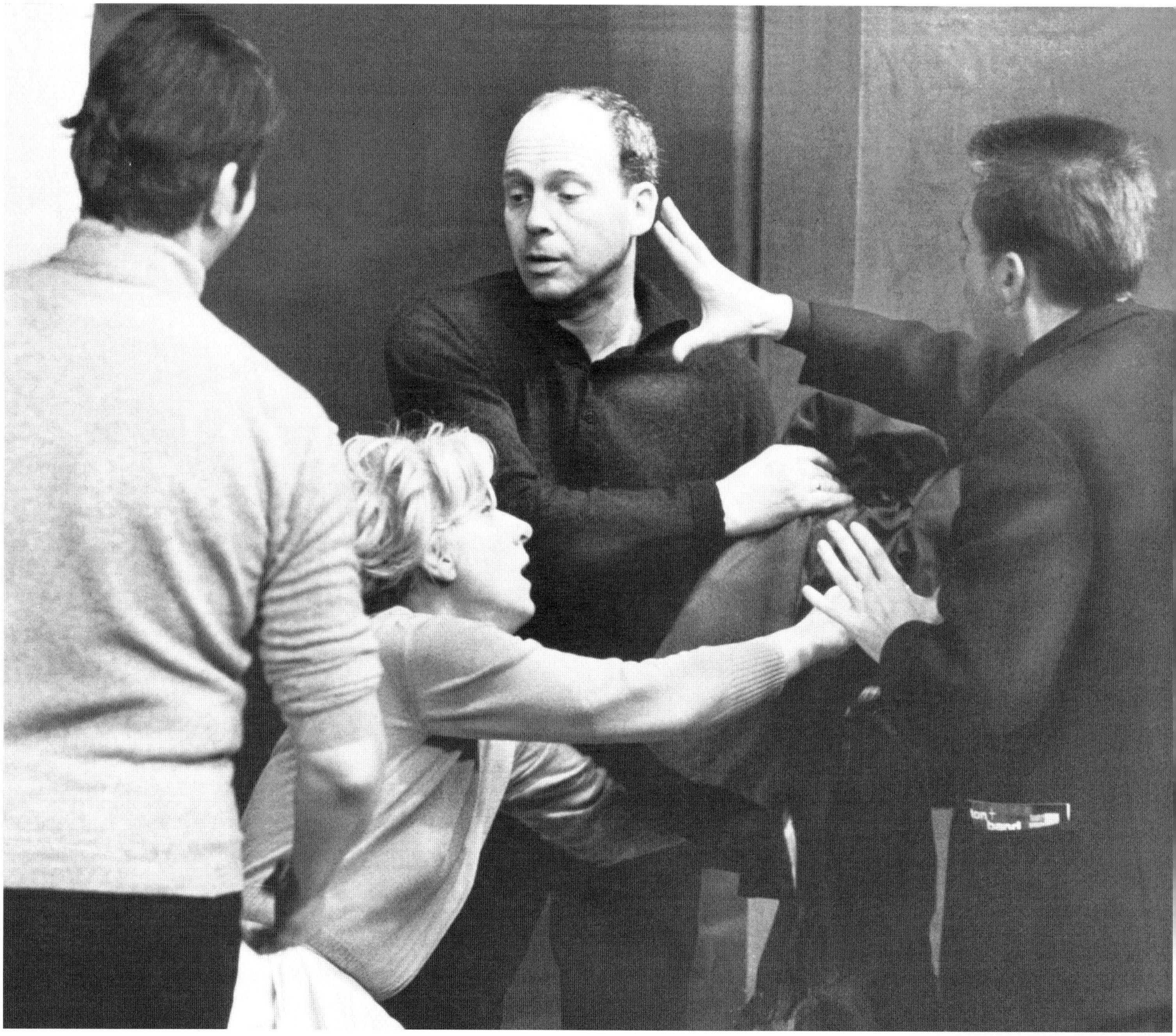

Der Widerspenstigen Zähmung. Hamburg, 16. 12. 1967. Probe mit Günter König, Walter Ruch und Gerhard Klingenberg. Foto: HHThs. Clausen

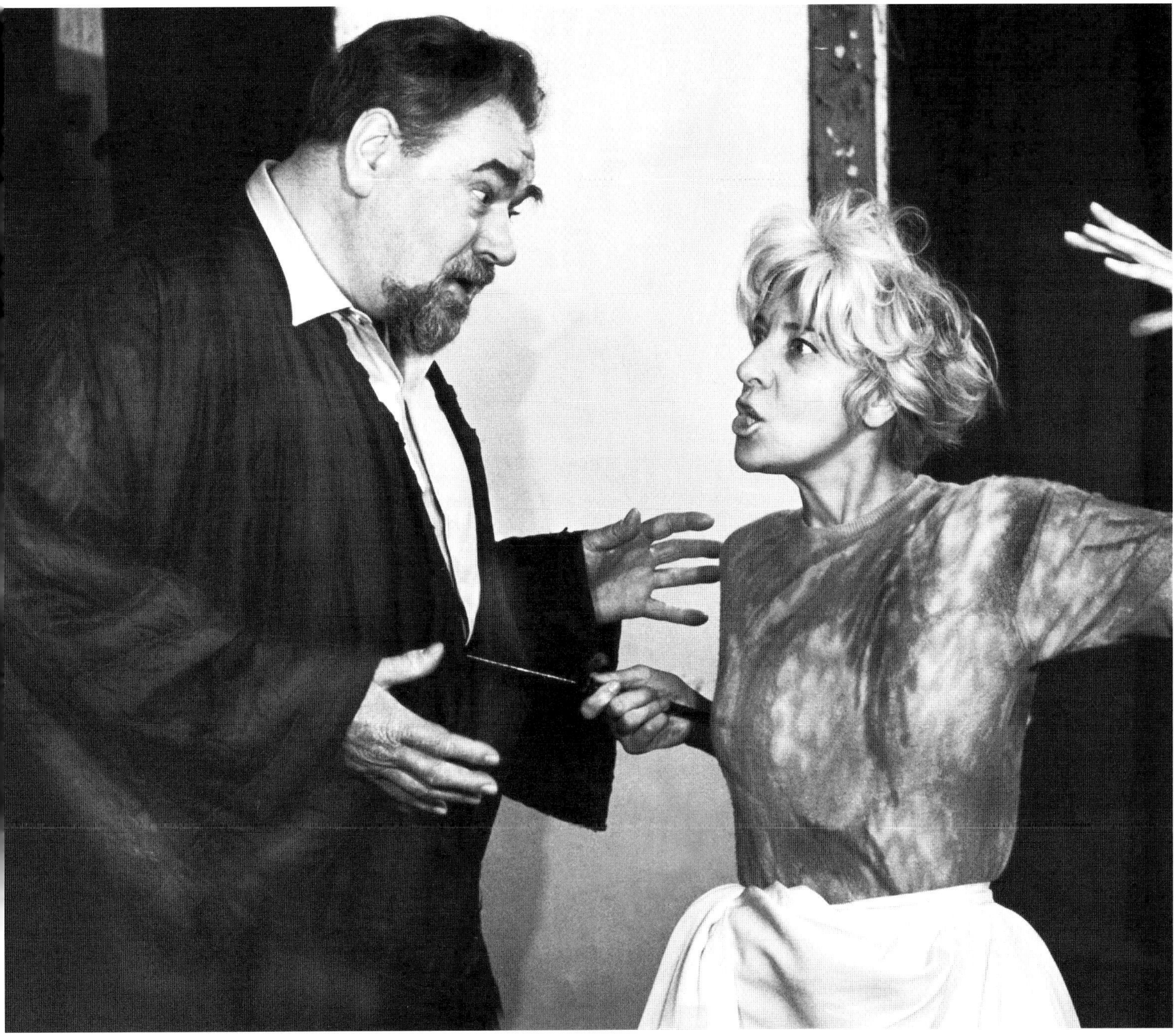

Der Liebestrank. Hamburg, 30. 3. 1968. Probe mit Hermann Schomberg. Foto: HHThs. Clausen

DER WIDERSPENSTIGEN ZÄHMUNG. William Shakespeare
(Dt: Wolf Heinrich Graf von Baudissin)
Hamburg, Deutsches Schauspielhaus, 16. 12.
Regie: Gerhard Klingenberg
Bühnenbild und Kostüme: Wladimir Udinzoff
Rolle: KATHARINA
Jörg Liebenfels (Lord), Josef Dahmen (Christoph Schlau), Liselotte Prinz (Wirtin), Reent Reins (Page), Eduard Marks (Battista), Fritz Wagner (Vincentio), Christoph Bantzer (Lucentio), Günter König (Petrucchio), Karl Meixner (Gremio), Gerhard Friedrich (Hortensio), Fritz Grieb (Tranio), Hans Irle (Grumio), Heide Grübl (Bianca), Doris Masjos (Witwe) u.a.

1968

DER LIEBESTRANK. Frank Wedekind
Hamburg, Deutsches Schauspielhaus, 30. 3.
Regie: Harry Meyen
Bühnenbild und Kostüme: Jörg Zimmermann
Rolle: KATHARINA ALEXANDROWNA GRÄFIN TROTZKY
Hermann Schomberg (Fürst Ivan Michailowitsch Rogoschin), Ehmi Bessel (Lisaweta Nikolajewna, seine Gemahlin), Günter König (Fritz Schwigerling), Fritz Grieb (Cölestin Lebœuf, Kammerdiener), Heide Grübl (Tatjana, Kammermädchen), Benno Gellenbeck (Kolja, Reitknecht), Robert Grimmer (Mitja, Reitknecht)

BIOGRAFIE: EIN SPIEL. Max Frisch
Hamburg, Deutsches Schauspielhaus, 22. 11.
Regie: Heinrich Koch
Bühnenbild: Ekkehard Grübler
Kostüme: Liselotte Erler
Rolle: ANTOINETTE
Charles Regnier (Kürmann), Werner Hinz (Registrator), Ellen Waldeck (Frau Hubalek), Fritz Wagner (Alter Rektor), Elly Burgmer (Mutter), Heinz Gerhard Lück (Arzt), Angela Schmid (Schwester Agnes), Claudia Wedekind (Helen, eine Mulattin), Gert Schaefer (Vater), Eva Schuckardt (Braut), Adolph Hansen (Schwiegervater), Henny Zschoppe (Schwiegermutter), Peter Weis (Thomas), Karl Meixner (Professor Krolevsky), Hans-Peter Kurr (Kellner), Rudolf Brand, Benno Gellenbeck (Zwei vom Verfassungsschutz), Hans Irle (Henrik, Werbefachmann), Heide Grübl (Seine Frau), Gerd Heinz (Egon Stahel), Gerda Katharina Kramer (Seine Frau), Peter Lehmbrock (Hornacher, neuer Rektor), Gerhard Olschewski (Assistenzarzt), Walter Schmitz (Rotzler, Handelsattaché), Ute Niemann (Marlis)

1969

ALLES IM GARTEN. Edward Albee (Dt: Pinkas Braun)
Hamburg, Deutsches Schauspielhaus, 1. 3.
Regie: Axel von Ambesser
Bühnenbild: Karl Gröning
Kostüme: Liselotte Erler
Rolle: JENNY
Günter König (Richard), Hardy Tasso (Roger), Axel von Ambesser (Jack), Alice Treff (Frau Toothe), Hubert Suschka (Chuck), Maria Sebaldt (Beryl), Peter Lehmbrock (Gilbert), Verena Wiet (Louise), Gert Haucke (Perry), Eleonore Schroth (Cynthia)

EARLY MORNING. Edward Bond (Dt: Christian Enzensberger; DE)
Zürich, Schauspielhaus, 2. 10.
Regie: Peter Stein
Bühnenbild: Günter Kuschmann
Kostüme: Susanne Raschig
Rolle: KÖNIGIN VICTORIA
Dieter Laser (Prinz George), Bruno Ganz (Prinz Arthur, dessen Bruder), Jutta Lampe (Florence Nightingale), Willy Birgel (Lordkämmerer), Tilo Prückner (Len), Ingrid Burkhard (Joyce), Wolfgang Reichmann (Prinzgemahl Albert), Peter Ehrlich (Premierminister Gladstone), Hannes Siegel (Premierminister Disraeli), Paul Weibel, Ulrich Schweizer (Soldaten) u.a.

1970

LANDSCHAFT. Harold Pinter (Dt: Ruth und Martin Esslin; DE)
Hamburg, Deutsches Schauspielhaus, 10. 1.
Regie: Hans Schweikart
Bühnenbild: John Bury
Kostüme: Liselotte Erler
Rolle: BETH
Hubert Suschka (Duff)

DER KIRSCHGARTEN. Anton Tschechow (Dt: Peter Urban)
Hamburg, Deutsches Schauspielhaus, 17. 6.
Regie: Hans Lietzau
Bühnenbild und Kostüme: Jürgen Rose
Rolle: LJUBOWJ ANDREJEWNA RANEWSKAJA, GUTSBESITZERIN
Cornelia Froboess (Anja, ihre Tochter), Gisela Stein (Warja, ihre Pflegetochter), Thomas Holtzmann (Leonid Andrejewitsch Gajew, ihr Bruder), Helmut Griem (Jermolai Alexejewitsch Lopachin, Kaufmann), Fritz Lichtenhahn (Pjotr Ssergejewitsch Trofimow, Student), Josef Dahmen (Boriss Borissowitsch Ssimeonow-Pischtschik, Gutsbesitzer), Gustl Halenke (Charlotta Iwanowna, Gouvernante), Peter Herzog (Ssemjon Pantelejewitsch Jepichodow, Kanzlist), Witta Pohl (Dunjascha, Stubenmädchen), Walter Janssen (Firss, alter Lakai), Friedhelm Ptok (Jascha, junger Lakai) u.a.
PYGMALION. George Bernard Shaw
Hamburg, Deutsches Schauspielhaus
Übernahme der Rolle: MRS. HIGGINS (ab der 30. Vorstellung)

1971

DER BESUCH DER ALTEN DAME. Friedrich Dürrenmatt
Hamburg, Deutsches Schauspielhaus, 11. 3.
Regie: Joachim Hess
Bühnenbild: Karl Gröning
Kostüme: Liselotte Erler
Rolle: CLAIRE ZACHANASSIAN
Karlheinz Vosgerau (Die Gatten VII – IX der Claire Zachanassian), Günter König (Jll), Kyra Mladeck (Seine Frau), Kathrin Heimann (Seine Tochter), Holger Schwiers (Sein Sohn), Eduard Marks (Bürgermeister), Rolf Jülich (Pfarrer), Fritz Lichtenhahn (Lehrer), Frank Straas (Arzt), Franz Josef Steffens (Polizist), Horst Reckers, Gerhard Olschewski, Lutz Mackensy, Knut Hinz (Vier Bürger), Brigitte Deugeot (Fräulein Luise), Adolph Hansen (Bahnhofsvorstand), Charles Brauer (Zugführer, Radioreporter), Gert Schaefer (Kondukteur), Hans Ulrich (Pfändungsbeamter), Jochen Sostmann, Dietmar Walbeck (Pressemann I und II), Peter Schmittinger (Fotograf), Andreas von Steegen (Kameramann) u.a.

CANDIDA. George Bernard Shaw (Dt: Siegfried Trebitsch)
Tournee: Schweizer Tournee-Theater, Premiere in Uelzen, 9. 9.
Regie: Heinrich Koch
Bühnenbild: Pit Fischer
Kostüme: Marianne Eugster
Rolle: CANDIDA
Alexander Kerst (Pastor Morell), Sigurd Lohde (Burgess), Joachim Ansorge (Eugene Marchbanks), Ursula Seibel (Proserpina), Wolfgang Grabow (Vikar Mill), Krischa Brenzis (Miss Garnett, Sekretärin)
Tournee: Alfeld, Bad Ems, Bad Kissingen, Bad Oeynhausen, Bad Pyrmont, Bad Salzschlirf, Baden-Baden, Bielefeld, Calw, Dahlbruch, Duisburg, Elmshorn, Erlangen, Eutin, Freiburg, Freudenstadt, Hagen, Hamm, Heide, Heidelberg, Herfort, Herne, Hilden, Hildesheim, Iserlohn, Kempen, Kronach, Lemgo, Lübeck, Lüchow, Lünen, Mainz, Mannheim, Menden, Minden, Mönchengladbach, Münster, Paderborn, Solingen, Speyer, Timmendorf, Trier, Wuppertal

Der Kirschgarten. Hamburg, 17. 6. 1970. Bei einer Tanzprobe. Foto: HHThs. Clausen

1972

DAS KATZENSPIEL. István Örkeny (Dt: Barbara Frischmuth; DE)
Wien, Theater in der Josefstadt, 14. 9.
Regie: Leopold Lindtberg
Bühnenbild: Fritz Butz
Kostüme: Eva Sturminger
Rolle: Elsie Orban
Vilma Degischer (Gisa), Edith Hieronimus (Paula), Lotte Lang (Mausi), Heinz Marecek (Joschi), Johanna Thimig (Ilona), Robert Werner (Victor), Erna Korhel (Adika), Eduard Sekler (Kellner)

1973

1913. Carl Sternheim
Hamburg, Deutsches Schauspielhaus, 18. 1.
Regie: Dieter Giesing
Bühnenbild und Kostüme: Karl-Ernst Herrmann
Rolle: Gräfin Sofie von Besskow
Werner Hinz (Freiherr Christian Maske von Buchow), Christoph Bantzer (Philipp Ernst), Barbara Freier (Ottilie), Charles Brauer (Graf Otto von Beeskow), Hans Michael Rehberg (Friedrich Stadler), Vadim Glowna (Wilhelm Krey), E.O. Fuhrmann (Easton), Lutz Mackensy (Hartwig Prinz Oels), Timo Wüllner (Pfarrer), Karl Meixner (Diener)
DER PELIKAN. August Strindberg
Hamburg, Deutsches Schauspielhaus, 15. 9.
Regie: Klaus Peymann
Bühnenbild: Karl Kneidl
Kostüme: Moidele Bickel
Rolle: Elise
Christoph Bantzer (Fredrik, ihr Sohn), Ulla Berkéwicz (Gerda, ihre Tochter), Gottfried John (Axel, ihr Schwiegersohn), Andrea Grosske (Margret, Dienstmädchen)

1974

FRÄULEIN JULIE. August Strindberg (Dt: Peter Weiss)
Lübeck, Bühnen der Hansestadt, Kammerspiele, 30. 4.
Regie: Joana Maria Gorvin
Bühnenbild und Kostüme: Martin Mohr
Witta Pohl (Fräulein Julie), Peter Dolder (Jean), Dagmar Laurens (Christel)

LE PIERROT LUNAIRE. Arnold Schönberg / Text nach Albert Giraud (Dt: Otto Erich Hartleben; KE)
Berlin, Festwochen, Deutsche Oper, 14. 9.
Musikalische Leitung: Gerd Albrecht
Rolle: Sprecherin

1975

DER FREMDE. Robin Maugham (Dt: Rainer Wallraf; DE)
Wien, Theater in der Josefstadt, 23. 1.
Regie: Herbert Kreppel
Bühnenbild: Gottfried Neumann-Spallart
Kostüme: Eva Sturminger
Rolle: Verwitwete Lady Headleigh
Ludwig Hirsch (Edmond Parker), Brigitte Neumeister (Maude Headleigh), Michael Toost (Denham), Hans Holt (Oberst Savage), Christine Böhm (Rose, Stubenmädchen), Harald Harth (Tuke), Sieghardt Rupp (Claimant), Erik Frey (Sir George Learoyd), Marion Degler (Margaret Austey)

DER SCHWAN. Franz Molnár
Wien, Theater in der Josefstadt, 19. 6.
Regie: Peter Loos
Bühnenbild: Inge Fiedler
Kostüme: Eva Sturminger
Rolle: Prinzessin Maria Domenica
Vilma Degischer (Prinzessin Beatrix), Marianne Nentwich (Alexandra, ihre Tochter), Hermann Killmeyer (Georg, ihr Sohn), Florian Manthe (Arsen, ihr Sohn), Gretl Elb (Symphorosa, ihre Schwester), Hans Holt (Hyazinth, ihr Bruder), Albert Rueprecht (Prinz Albert), Thomas Fritsch (Dr. Hans Agi), Eduard Sekler (Graf Lützen), Egon H. Kozna (Oberst Wunderlich), Harry Hardt (Caesar, Hofmeister), Peter Hofer (Alfred), Helen Arcon (Kammerfrau)

DER KIRSCHGARTEN. Anton Tschechow (Dt: Peter Urban)
Essen, Bühnen der Stadt, 12. 10.
Regie: Liviu Ciulei
Bühnenbild: Liviu Ciulei
Kostüme: Joana Gardescu
Rolle: Ljubowj Andrejewna Ranewskaja, Gutsbesitzerin
Ursula Wolz (Anja, ihre Tochter), Anke Hartwig (Warja, ihre Pflegetochter), Friedrich Gröndahl (Leonid Andrejewitsch Gajew, ihr Bruder), Tilo Weber (Jermolai Alexejewitsch Lopachin, Kaufmann), Rainer Goernemann (Pjotr Ssergejewitsch Trofimow, Student), Alfred Böckel (Boriss Borissowitsch Ssimeonow-Pischtschik, Gutsbesitzer), Brigitte Lebaan (Charlotta Iwanowna, Gouvernante), Rudolf Cornelius (Ssemjon Pantelejewitsch Jepichodow, Kanzlist), Jutta Boll (Dunjascha, Stubenmädchen),Theo Pöppinghaus (Firss, alter Lakai), Sascha Scholl (Jascha, junger Lakai) u.a.

1976

GESPENSTER. Henrik Ibsen (Dt: Georg Schulte-Frohlinde)
Frankfurt am Main, Städtische Bühnen, Schauspiel, 14. 4.
Regie: Hans Neuenfels
Bühnenbild: Karl Kneidl
Kostüme: Kazuko Watanabe
Rolle: Helene Alving
Ulrich Haß (Oswald), Werner Schwuchow (Pastor Manders), Frank Rehfeld (Tischler Engstrand), Elisabeth Trissenaar (Regine)

DAS INTERVIEW. Hans Krendlesberger (DE)
Bregenz, Festspiele, Theater am Kornmarkt, 22. 8.
Regie: Jürgen Wilke
Bühnenbild und Kostüme: Leherb
Rolle: Elaine Winters
Christine Böhm (Ina), Erni Mangold (Doris), Albert Rueprecht (Harald)
Anschließend Tournee: Tourneetheater Schauspieltruppe Zürich, 16. 11.:
Bad Dürkheim, Bergisch-Gladbach, Bergkamen, Bischhofsheim, Bottrop, Buxtehude, Elmshorn, Erlangen, Fulda, Hagen, Hamm, Herne, Iserlohn, Lippstadt, Ludwigshafen, Lüchow, Lüneburg, Lünen, Luxembourg, München, Reinbek, Remscheid, Rüsselsheim, Sarlouis, Schaan, Schweinfurt, Sindelfingen, Tuttlingen, Walsrode, Wesel, Wiener Neustadt, Wolfsburg

1977

DER KIRSCHGARTEN. Anton Tschechow (Dt: Peter Urban)
Saarbrücken, Staatstheater, 23. 4.
Regie: Gert-Hagen Seebach
Bühnenbild und Kostüme: Jürgen Aue
Rolle: Ljubowj Andrejewna Ranewskaja, Gutsbesitzerin
Brigitte Quadlbauer (Anja, ihre Tochter), Renate Böhnisch (Warja, ihre Pflegetochter), Willkit Greuèl (Leonid Andrejewitsch Gajew, ihr Bruder), Hans Herzog (Jermolai Alexejewitsch Lopachin, Kaufmann), Gunter Cremer (Pjotr Ssergejewitsch Trofimow, Student), Klaus Sichler (Boriss Borissowitsch Ssimeonow-Pischtschik, Gutsbesitzer), Ingrid Flemming (Charlotta Iwanowna, Gouvernante), Fred Woywode (Ssemjon Pantelejewitsch Jepichodow, Kanzlist), Ulrike Neu (Dunjascha, Stubenmädchen), Alexander Höller (Firss, alter Lakai), Robert Rigler (Jascha, junger Lakai) u.a.

Fräulein Julie. Lübeck, 30. 4. 1974. Bei einer Probe mit Peter Dolder und Witta Pohl. Foto: Jäger

DIE IRRE VON CHAILLOT. Jean Giraudoux (Dt: H.C. Artmann)
Wien, Theater in der Josefstadt, 17. 11.
Regie: Bernhard Wicki
Bühnenbild: Erich Wonder
Kostüme: Joachim Herzog
Rolle: AURELIE
Erik Frey (Präsident), Carl Bosse (Baron), Alfred Reiterer (Ober Franz), Heinz Marecek (Lumpensammler), Birgit Doll (Irma), Fritz Schmiedel (Makler), Hugo Lindinger (Prospektor), Alexander Waechter (Piccolo), Guido Wieland (Jasic), Götz Kauffmann (Lebensretter), Miguel Herz-Kestranek (Thomas), Rudolf Rössner (Polizist), Ludwig Hirsch (Kanalräumer), Adrienne Gessner (Constanze), Lotte Lang (Gabrielle), Erni Mangold (Josephine), Karl Krittl (Straßensänger), Ulli Maier (Blumenmädchen), Rudolf Jusits (Taubstummer), Heribert Aichinger, Hans Ulrich Ertl (Jongleure), Kurt Nachmann (Plauderer, Parlamentarier), Karl Hellmich (Schnürriemenverkäufer), Christian Futterknecht (Zweiter Polizist, Parlamentarier), Grete Zimmer, Elfriede Ramhapp, Ariane Calix (Drei Damen), Matthias Croy, Helmut Schleser, Peter Assen (Die Herren von der Presse), Bernd Palma, Hermann Glaser, Ulf Dietrich Kusdas (Die Herrn Parlamentarier) u.a.

1978–1982

JEDERMANN. Hugo von Hofmannsthal
Salzburg, Festspiele, Domplatz, Juli/August
Regie: Ernst Haeusserman
Rolle: GLAUBE
Bühnenbild und Kostüme: Veniero Colasanti und John Moore
Ewald Balser (Gott der Herr; ab 1981: Will Quadflieg), Rolf Boysen (Tod), Maximilian Schell (Jedermann), Heidemarie Hatheyer (Jedermanns Mutter), Frank Hoffmann (Guter Gesell; ab 1982: Klaus Wildbolz), Karl Blühm (Hausvogt; ab 1979: Emmerich Schrenk), Friedemann Held (Koch), Erich Auer (Armer Nachbar), Herwig Seeböck (Schuldknecht), Martha Wallner (Schuldknechts Weib), Senta Berger (Buhlschaft; 1979: Christine Buchegger, ab 1980: Senta Berger), Eric Pohlmann (Dicker Vetter; ab 1979: Michael Toost), Walter Schmidinger (Dünner Vetter; ab 1979: Peter Matic), Ernst Schröder (Mammon), Sonja Sutter (Gute Werke), Otto Schenk (Teufel), Michael Boettge (Spielansager; 1981: Heinz Ehrenfreund, 1982: Peter Wolfsberger), Karl Blühm (Knecht, ab 1979)

1978

DIE PHYSIKER. Friedrich Dürrenmatt
Bremen, Theater am Goetheplatz, 10. 5.
Regie: Günter Fischer
Bühnenbild und Kostüme: Manuel Lütgenhorst
Rolle: DR. MATHILDE VON ZAHND
Ulrich von Bock (Möbius), Wolfgang Schenk (Newton), Rudolf Kowalski (Einstein), Gisela Johannson (Oberschwester Martha), Elisabeth Weber (Schwester Monika), Hansi Waldherr (Oberpfleger), Aljoscha Sebald (Kriminalinspektor Richard Voss), Kurt Ackermann (Missionar Oskar Rose), Marie-Agnes Reintgen (Frau Missionar Lina Rose), Ad Fernhout (Blocher, Polizist), Harry Götz (Guhl, Polizist), Thomas Kylau (Gerichtsmediziner), Steffan Letschyschyn (Mc Arthur, Pfleger), Erich Stöver (Murillo, Pfleger)

IMMANUEL KANT. Thomas Bernhard
Düsseldorf, Schauspielhaus, 10. 9.
Regie: Volker Hesse
Bühnenbild: Franz Koppendorfer
Kostüme: Priscilla Truett
Rolle: MILLIONÄRIN
Karlheinz Böhm (Kant), Eva Böttcher (Seine Frau), Rudolf Brand (Ernst Ludwig), Wolfgang Arps (Kunstsammler), Rudolf Voss (Kapitän), Günther Amberger (Admiral), Knut Koch (Friedrich, ein Papagei), Alf Pankarter (Kardinal), Helmut Everke (Steward), Richard Elias (Substeward), Arthur Mentz (Koch), René Ramser (Seekranker) u.a.

DIE MÖWE. Anton Tschechow (Dt: Slawisches Seminar der Universität Kiel)
Bonn, Stadttheater, 22. 11.
Regie: Hans Joachim Heyse
Bühnenbild und Kostüme: Ekkehard Grübler
Rolle: IRINA NIKOLAAJEWNA ARKAADINA
Michael Evers (Konstantin Gavrilowitsch Treplew), Aljoscha Sebald (Peter Nikolajewitsch Sorin),Ingrid Cannonier (Niina Michailowna Saretschnaja), Karlheinz Vietsch (Ilja Afanasjewitsch Schamrajew), Elfriede Pletsch (Polina Andrejewna, seine Frau), Christa Krones (Mascha, seine Tochter), Rüdiger Rotter (Boris Alexejewitsch Trigorin), Hans Faber (Jewgeni Sergejewitsch Dorn, Arzt), Günter Stahl Semjon Semjonowitsch Medwedenko, Schuhllehrer), Markus Burkhard (Jakow, Arbeiter)

1980

DIE PHYSIKER. Friedrich Dürrenmatt
Tournee: Scala-Tournee-Theater Basel, Premiere in Werdohl, 23. 9.
Regie: Christian Dorn
Bühnenbild: Miriam Boelaars
Kostüme: Mariann Eugster
Rolle: DR. MATHILDE VON ZAHND
Gerhard Kittler (Möbius), Karl Cserny (Newton), Richard Suessenguth (Einstein), Eike Konold (Oberschwester Martha), Barbara M. Ahren (Schwester Monika), Heribert Just (Oberpfleger), Joachim Kirsten (Kriminalinspektor Richard Voss), Christian Dorn (Missionar Oskar Rose), Christine Stolze (Frau Missionar Lina Rose), Wolfgang Werner (Blocher, Polizist)
Tournee: Albstad-Ebingen, Ansbach, Bad Kissingen, Bad Neuenahr-Ahrweiler, Bad Oeynhausen, Bad Tölz, Bad Wildungen, Hameln, Immenstadt, Kaiserslautern, Leverkusen, Schwabach, Singen, Tübingen, Worms

PERSEPHONE. Igor Strawinsky/Text nach André Gide (Dt: Fritz Schröder)
Berlin, Großer Sendesaal des SFB, 27. 9.
Musikalische Leitung: Doron Salomon
Rolle: PERSEPHONE
Horst Laubenthal (Eumolpos)

1981

GESPENSTERSONATE. August Strindberg (Dt: Willi Reich)
Wien, Theater in der Josefstadt, 9. 4.
Regie: Hermann Kutscher
Bühnenbild und Kostüme: Roman Weyl
Rolle: MUMIE
Erik Frey (Der Alte), Doris Dornetshuber (Die Dame), Helly Servi (Pförtnerin), Friederike Nowak (Milchmädchen), Jan Niklas (Student), Guido Wieland (Oberst), Marte Harell (Braut), Michaela Rosen (Fräulein), Andrea Rösner (Dienstmädchen), Herbert Kersten (Der Tote), Harald Harth (Johansson), Georg Hartmann (Der vornehme Herr), Robert Dietl (Bengtsson), Gerda Prott (Köchin)

1983

EINES LANGEN TAGES REISE IN DIE NACHT. Eugene O'Neill (Dt: Ursula und Oscar Fritz Schuh)
Tournee: Tournee-Theater Greve, Hamburg-Bergedorf, 7. 1.
Regie: Rick Mueller
Bühnenbild: Domi Hahn
Kostüme: Sabine Meinhardt
Rolle: MARY TYRONE
Gert Westphal (James Tyrone), Manfred Tümmler (James Tyrone jr.), Christian Reiner (Edmund Tyrone), Susanne Kaufmann (Cathleen, Hausmädchen)
Tournee: Aalen, Achim, Ahrensburg, Alfeld, Andernach, Ansbach, Arnsberg, Bad Harzburg, Bad Salzuflen, Baden, Baden/Schweiz, Bayreuth, Bergisch-Gladbach, Biberach, Bocholt, Bremen, Brühl, Buchholz, Buxtehude, Calw

1984

FAST EIN POET. Eugene O'Neill (Dt: Ursula und Oscar Fritz Schuh)
Hamburg, Thalia Theater, 25. 8.
Regie: Willi Schmidt
Bühnenbild und Kostüme: Willi Schmidt
Rolle: MRS. DEBORAH HARFORD
Ullrich Haupt (Cornelius Melody), Elisabeth Goebel (Nora Melody), Susanne Altschul (Sara Melody), Ludwig Kaschke (Mickey Maloy), Kurt A. Jung (Jamie Cregan), Günter Heising (Nicholas Gadsby), Douglas Welbat (Dan Roche), Lothar Rehfeldt (Paddy O'Dowd)

1988

DIE PHYSIKER. Friedrich Dürrenmatt
Tournee: Tournee-Theater Greve, Hamburg-Reinbek, 17. 9.
Regie: Frank Guthke
Bühnenbild und Kostüme: Thomas Richter Forgách
Rolle: DR. MATHILDE VON ZAHND
Peter Arens (Möbius), Eckart Dux (Newton), Fritz Nydegger (Einstein), Gerlinde Dillge (Oberschwester Martha), Jutta Schröder (Schwester Monika), Wolfgang Fründt (Oberpfleger), Siegfried Flemm (Kriminalinspektor Richard Voss), Peter Hamm (Missionar Oskar Rose), Jutta Kästel (Frau Missionar Lina Rose), Christian Schratt (Blocher, Polizist), Frank Greifelt (Guhl, Polizist), Bernhard Winzerling (Gerichtsmediziner), Helmut Frank (McArthur, Pfleger), Franz Münzebrock (Murillo, Pfleger)

ELENA UND ROBERT. Gundi Ellert (UA)
München, Staatsschauspiel, Theater im Marstall, 21. 12.
Regie: Uwe B. Carstensen
Bühnenbild und Kostüme: Susanne Thaler
Rolle: ELENA
Alois Strempel (Robert), Tanja von Oertzen (Marion, seine Tochter), Gerd Anthoff (Toni, ihr Mann), Verena Weiss (Schwester Rita)

1990

1918. Lion Feuchtwanger
Frankfurt am Main, Schauspiel Bockenheimer Depot, 14. 1.
Regie: Einar Schleef
Rolle: BETTINA
Bühnenbild und Kostüme: Einar Schleef
Martin Wuttke (Thomas Wendt), Eleonore Zetzsche (Dramatiker Holthaus), Signe Ibbeken (Annemarie), Rick Müller (Georg Heinsius) u.a.

DRIVING MISS DAISY. Alfred Uhry (Dt: Ursula Lyn; DE)
Hamburg, Kammerspiele, 20. 12.
Regie: Kurt Meisel
Bühnenbild: Paul Lerchbaumer
Kostüme: Sabine Meinhardt
Rolle: MISS DAISY
Jonathan Kinsler (Hoke), Karl-Jürgen Rost (Miss Daisys Sohn)

1992

SCHLUSSCHOR. Botho Strauss
Berlin, Schaubühne am Lehniner Platz, 4. 2.
Regie: Luc Bondy
Bühnenbild: Erich Wonder
Kostüme: Susanne Raschig und Dorothee Uhrmacher
Rolle: FRAU VON SCHASTORF
Otto Sander (Lorenz), Corinna Kirchhoff (Delia), Jutta Lampe (Anita von Schastorf), Christoph Marti (Die Frau in Schilfgrün), Dörte Lyssewski (Die Unbedachte, Solveig), Ernst Stötzner (Der bittere Mann, Patrick), Werner Rehm (Mann mit Zigarre, Rudolf), Elke Petri (Die Frau mit Hut), Hans Diehl (Der Versprochene, Der Leser), Carola Regnier (Die Versprochene), Uwe Kockisch (Der gewandte Mann, Der Blouson-Mann), Reiner Philippi (Der Rufer), Joanne Gläsel (Henriette), Ulrich Haß (Der Hagere), Imogen Kogge (Ursula)

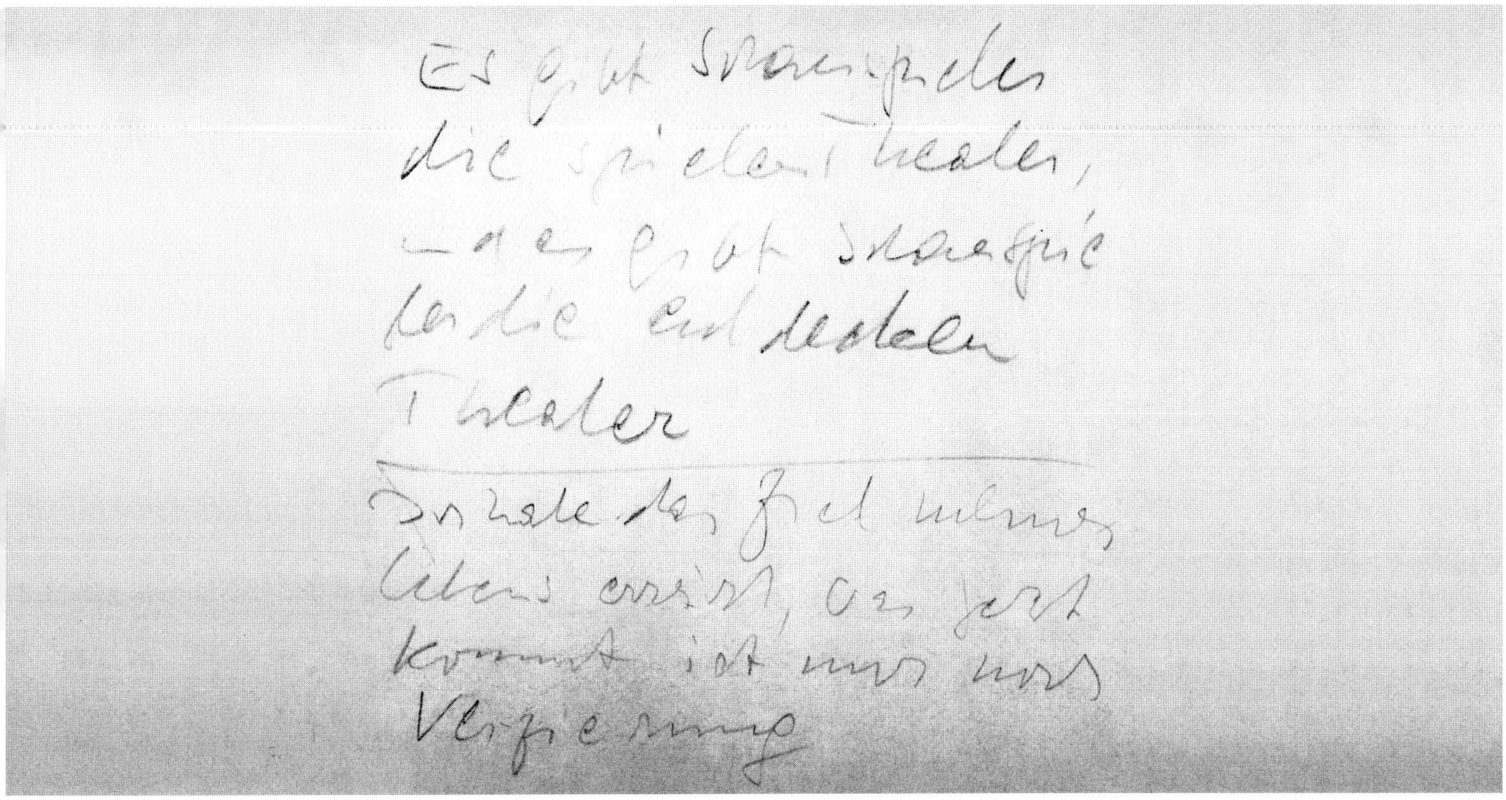

LESUNGEN

1954

AN DEN WASSERN BABELS – Psalmenabend
Berlin, Jüdische Gemeinde, 25. 3.

1956

FEIER ZUM 10. TODESTAG VON GERHART HAUPTMANN
Partie aus: »Iphigenie in Delphi«
Berlin, Akademie der Künste, 5. 6.

1958

BORIS PASTERNAK: Lyrik und Prosa
Frankfurt am Main (1958), Düsseldorf (1959), Berlin (1959)

1962

HEINRICH HEINE: Lyrik und Prosa
Bonn (1962), Scheeßel (1963), Berlin (1964), Hamburg (1965), Winsen (1971), Hamburg (1972), Wien (1972), Nordenham (1973), Essen (1975)

1964

HANS HENNY JAHNN-FEIER
Partie aus: »Medea«. Mit Josef Dahmen
Hamburg, Freie Akademie der Künste, 18. 12.

1965

PROKOFIEFF: »PETER UND DER WOLF«. Akademisches Konzert
Ein musikalisches Märchen
Hamburg, Universität, 16. 2.
Rolle: SPRECHERIN

1969

GROSSE FRAUENLITERATUR: Lyrik und Prosa von Ingeborg Bachmann, Marie Luise Kaschnitz, Elisabeth Langgässer, Else Lasker-Schüler, Nelly Sachs, Anna Seghers
Harburg (1969), Bargteheide (1971)

MOND AUF DEM WASSER. Japanische Dichtung: Werke von Nakamura Shinkichi, Sei Shonagon, Yasunari Kawabata, Yoshida Kenko mit Günter König
Düsseldorf, Schauspielhaus, Großes Haus, 26. 1.

1971/72

VORTRAGS- UND LESETOURNEE: Werke von Ephraim Kishon.
Mit Ephraim Kishon
Berlin, Bonn, Braunschweig, Dortmund, Düsseldorf, Frankfurt am Main, Hamburg, Hannover, Kamen, Mainz, Mannheim, Stuttgart

1974

VON BÜCHNER BIS BRECHT. Zürich als Literaturexil: Texte von Bertolt Brecht, Georg Kaiser, Judith Kerr, Alfred Mombert, Alfred Neumann, Ernst Toller, Kurt Tucholsky, Alfred Wolfenstein, Karl Wolfskehl
Berlin, Haus am Lützowplatz, 9. 9.

MODERNE DICHTUNG: Werke von Ingeborg Bachmann, Johannes Brobowski, Franz Fühmann, Peter Huchel, Marie Luise Kaschnitz, Herbert Rosendorfer, Peter Weiss
Hamburg, Lola-Rogge-Schule, Hirschparkhaus, 4. 10.

1975

THOMAS MANN
Bad Segeberg, Tagungsstätte der Evangelischen Akademie Schleswig-Holstein, 17. 10.

ELSE LASKER-SCHÜLER: Lyrik und Prosa
Frankfurt am Main (1975), Hannover (1976), Berlin (1976)

1978

MATINEE-LITERATUR AKTUELL: Werke von Thomas Bernhard.
Mit Wolfgang Arps, Eva Böttcher, Rudolf Brand
Düsseldorf, Schauspielhaus, Kleines Haus, 22. 10.

1981

FREIER GEIST DER MENSCHLICHKEIT: Werke von Stefan Zweig.
Mit Felix Franchy, Franz Winter
Salzburg, Schloß Arenberg, 19. 8.

1983

HOPPLA, WIR LEBEN. Ernst Toller: Szenische Lesung
Berlin, Akademie der Künste, 26. 6.
Regie: Willi Schmidt
Rolle: ZWEITER SPRECHER
Wilhelm Borchert (Erster Sprecher, Vorsitzender der Gruppe geistiger Kopfarbeiter), Martin Benrath (Karl Thomas), Heidemarie Theobald (Eva Berg), Boy Gobert (Wilhelm Kilmann), Antje Weisgerber (Frau Kilmann), Maria Hartmann (Lotte Kilmann), Helmut Wildt (Albert Kroll), Sibylle Gilles (Frau Meller), Horst-Dieter Sievers (Sechster Gefangener, Stimmzettelverteiler, Arbeiter), Heinz Rabe (Aufseher Rand), Werner Hinz (Professor Lüdin, Professor X), Erich Schellow (Baron Friedrich), Dieter Ranspach (Graf Lande), Martin Held (Kriegsminister, Polizeioberst), Jürgen Thormann (Lyriker Y, Wahlleiter, Untersuchungsrichter), Bernhard Minetti (Bankier), Klaus Jepsen (Sein Sohn), Rolf Schult (Pickel), Rudi Schmitt (Diener im Ministerium), Hermann Ebeling (Wärter im Irrenhaus, Polizist, Stimmzettelverteiler, Arbeiter), Manfred Tümmler (Student), Anna Magdalena Fitzi (Fritz), Maria Katharina Fitzi (Wahlleiter), Klaus Miedel (Stimmzettelverteiler, Arbeiter, Kriminalkommissar), Rainer Pigulla (Telegraphist, Wähler), Edith Robbers (Alte Frau)

1983

FRANZ KAFKA: Briefe und Prosa
Hamburg, Thalia Theater, 30. 10.

1984

DICHTUNG UND PROSA DES 20. JAHRHUNDERTS
Siegen, Oraniersaal, Oberes Schloß, 22. 1.

IM NACKEN DAS STERNENMEER: Werke von Ludwig Meidner.
Mit Hans Hollmann, Hans Lietzau
Berlin, Akademie der Künste, 18. 4.

1985

POESIE IM RATHAUS: Werke von Ingeborg Bachmann, Annette Droste-Hülshoff, Else Lasker-Schüler
Hamburg, Rathaus, 7. 1.

FRAUENLITERATUR: Werke von Ingeborg Bachmann, Annette Droste-Hülshoff, Else Lasker-Schüler
Volksdorf, Öffentliche Bücherhalle, 9. 1.

Leseprobe. Foto: Clausen

1986

SIEBENBÜRGISCH-SÄCHSISCHE KULTURTAGE. Siebenbürgische Dichtung: Lyrik und Prosa
Hannover, Kestner-Museum, 8. 3.

SONNTAKTE-LIVE DABEI AUF 90,3: Lyrik und Prosa
Hamburg, Forum der Musikhochschule, 31. 8.

FESTIVAL DER FRAUEN. Nur wer die Sehnsucht kennt...
Mit Elisabeth Schwarzkopf, Christa Ludwig, Gabriele Schnaut, Hanna Schwarz, Eva Mattes, Angela Winkler, Hans Michael Rehberg
Hamburg, Musikhalle, 2. 9.

1989

DER DICHTER UND DIE STADT: Werke von Gottfried Benn, Heinrich Heine, Georg Heym, Friedrich Hölderlin, Franz Kafka, Oskar Loerke, Friedrich Nietzsche, Theodor Storm
Berlin, Kulturforum Villa Oppenheim, 6. 10.

HÖRFUNK, FILM, FERNSEHEN

1948

HERR LAMBERTHIER. Louis Verneuil
Radio München, Hörfunk

DER APFEL IST AB. Ein Film von Helmut Käutner
Hamburg, Waterloo, 23. 11. (UA)
Buch: Helmut Käutner, Bobby Todd nach der musikalischen Komödie von Kurt E.Heyne, Helmut Käutner und Bobby Todd
Regie: Helmut Käutner
Kamera: Igor Oberberg
Musik: Bernhard Eichhorn
Rolle: LILLY SCHMIDT/LILITH
Darsteller: Bobby Todd (Adam Schmidt/Adam), Bettina Moissi (Eva Meier-Eden/Eva), Arno Assmann (Dr. Lutz/ Luzifer), Helmut Käutner (Professor Petri/Petrus) u. a.

1949

REBECCA. Daphne Du Maurier
BR, Hörfunk
Rolle: MRS. DE WINTER

INTERMEZZO IN HOLLYWOOD
BR, Hörfunk
Rolle: LILLIAN

TRAGÖDIE EINER LEIDENSCHAFT. Ein Film von Kurt Meisel
Berlin, Marmorhaus, 25. 3. (UA)
Buch: Emil Burri nach der Novelle »Pawlin« von Nikolai Lesskow
Regie: Kurt Meisel
Kamera: Heinz Schnackertz und Josef Illig
Musik: Mark Lothar
Rolle: LJUBA
Friedrich Schönfelder, Hermine Körner, Karl Kuhlmann, Walther Kiaulehn u. a.

1950

DIE LETZTE STUNDE. Alix du Frênes
BR, Hörfunk
Regie: Heinz Günther Stamm
Rolle: Ein fremdes Mädchen

1951

GERECHTIGKEIT AUCH IN SYBARIS
BR, Hörfunk
Rolle: CONSTANZE, DES HERRSCHERS TOCHTER

ICH DENKE OFT AN PIROSCHKA. Hugo Hartung
BR, Hörfunk
Regie: Kurt Wilhelm
Rolle: PIROSCHKA

DIE FÜRSTIN REITET. Ina Seidel
BR, Hörfunk
Rolle: KATJA

DER PHILOSOPH IM NARRENKLEID
BR, Hörfunk
Rolle: VILMA NESTROY

DER SYLVESTERABEND DES HERRN CREPIN. Ton Bammelt
BR, Hörfunk
Regie: Heinz Günther Stamm
Rolle: LOULOU

EUROPA HAT NICHTS ZU LACHEN
BR, Hörfunk
Rolle: KLEOPATRA

1952

JASONS LETZTE NACHT. Marie Luise Kaschnitz
RIAS Berlin, Hörfunk
Regie: Hanns Korngiebel
Rolle: MEDEA

GESPRÄCH. Rainer Höynck spricht mit Joana Maria Gorvin über ihre weiteren Pläne anläßlich ihrer Rückkehr von München nach Berlin
RIAS Berlin, Hörfunk

1953

DAS SPIEL VOM KREUZ. Marie Luise Kaschnitz
RIAS Berlin, Hörfunk
Regie: Hanns Korngiebel
Rolle: KÖNIGIN VON SABA

SOS – MENSCHEN IN NOT. Buntes Programm mit Rezitation und Liedern
Mitwirkung an einer öffentlichen Veranstaltung zu Gunsten von Flüchtlingen aus der sowjetischen Besatzungszone
SFB, Hörfunk

1954

DAS LÄCHELN DER EWIGKEIT. Peter Hirche
RIAS Berlin, Hörfunk
Regie: Hanns Korngiebel

ANTONIUS UND KLEOPATRA. William Shakespeare
NWDR Köln, Hörfunk
Regie: Ludwig Cremer
Rolle: Kleopatra

ORANGE UND MINZE. Heinz Oscar Wuttig
SFB, Hörfunk
Regie: Curt Goetz-Pflug
Rolle: Die Tänzerin Teresa

EINE BRÜCKE ÜBER DIE NEISSE. Hugo Hartung
SFB, Hörfunk
Regie: Curt Goetz-Pflug
Rolle: Prager Mädchen

MIRANDA. Peter Blackmore
RIAS Berlin, Hörfunk
Regie: Hanns Korngiebel
Rolle: Miranda

DAS LIED DER LIEDER. Jean Giraudoux
SFB, Hörfunk
Regie: Rolf von Goth
Rolle: Florence

DER APOLLO VON BELLAC. Jean Giraudoux
SFB, Hörfunk
Regie: Rolf von Goth
Rolle: Agnes

GESPRÄCH. Frank Pechstein spricht mit Joana Maria Gorvin über ihre Zusammenarbeit mit Jürgen Fehling
SFB, Hörfunk

NOTWEHR. Paolo Levi
RIAS Berlin, Hörfunk
Regie: Hanns Korngiebel

ANNA CHRISTIE. Eugene O'Neill
SWF, Hörfunk
Regie: Leonard Steckel
Rolle: Anna

ES WAREN HIRTEN AUF DEM FELDE. Jean Prieur
SWF, Hörfunk
Regie: Gert Westphal
Rolle: Zweite Frau

ORESTIE. Aischylos
SWF/BR/Radio Bremen/ORF, Hörfunk
Regie: Gerd Westphal und Lothar Timm
Rolle: Kassandra

1955

GESPRÄCH. Hans Rothe spricht mit Joana Maria Gorvin: Auf der Bühne der Welt. Hans Rothe erzählt und Joana Maria Gorvin hört ihm zu.
Radio Bremen, Hörfunk

DAS MARMORBILD. Joseph von Eichendorff
SWF, Hörfunk
Regie: Gert Westphal
Rolle: Dame Venus

EIN TRAUMSPIEL. August Strindberg
SWF, Hörfunk
Regie: Karl Peter Blitz und Lothar Timm
Rolle: Tochter

1956

DR. MED. HIOB PRÄTORIUS. Curt Goetz
SDR, Hörfunk
Regie: Paul Land
Rolle: Nastasja Petrowa

DAS GUTE JAHR. Wolfgang Altendorf
RIAS Berlin, Hörfunk
Regie: Hermann Schindler

DIE KRAFT UND DIE HERRLICHKEIT. Graham Greene
SFB, Hörfunk
Regie: Curt Goetz-Pflug
Rolle: Maria

ABER DAS WORT SAGTE ICH NICHT. Alan Paton
SWF, Hörfunk
Regie: Ludwig Cremer
Rolle: Stephanie

OTTILIENS TOLLHEITEN (2 Folgen). Ludwig Berger
SFB, Hörfunk
Regie: Ludwig Berger
Rolle: Ottilie

DER WEG IST DUNKEL. Paolo Levi
WDR, Hörfunk
Regie: Friedhelm Ortmann
Rolle: Grazia

CÄSAR UND DER PHÖNIX. Erwin Wickert
NDR/SWF, Hörfunk
Regie: Fritz Schröder-Jahn
Rolle: Kleopatra

SCHAUSPIELERPORTRÄT. Gestaltet von Walther Karsch mit Theaterszenenmitschnitten
SFB, Hörfunk

1957

GESPRÄCH. Walther Karsch spricht mit Joana Maria Gorvin u.a. anläßlich der Verleihung des Berliner Kunstpreises.
RIAS Berlin, Hörfunk

DIE NACHT IN SAN VINCENTE. Eduard Köng
RIAS Berlin, Hörfunk
Regie: Oswald Döpke
Rolle: Angelina

DAS BAND. August Strindberg
WDR, Hörfunk
Regie: Gerhard F. Hering
Rolle: Baronin

DAS BLATT. Walter Hilsbecher
WDR, Hörfunk
Regie: Ludwig Cremer

1958

ABRAM VOR SODOM. Johannes Büchner
WDR, Hörfunk
Regie: Otto Kurth
Rolle: Mirjam

DIE QUELLE. Robinson Jeffers
WDR, Hörfunk
Regie: Wilhelm Semmelroth
Rolle: Kassandra

KÖNIG LEAR. William Shakespeare
WDR, Hörfunk
Regie: Willhelm Semmelroth
Rolle: Regan

DR. SCHIWAGO (Sechs Folgen). Boris Pasternak
WDR/NDR/SWF/RIAS Berlin, Hörfunk
Regie: Otto Kurth
Rolle: Lara Antipowa

FLAMINGOS. Ingeborg Drewitz
RIAS Berlin, Hörfunk
Regie: Oswald Döpke
Rolle: Madeleine Argon

1959

PHILOSOPHIE DER MODE. Lesung
Leitung: Adolf Frisé
HR, Hörfunk

DICHTEREHEN. Robert Neumann
ORF/NDR/Radio Bremen, Hörfunk
Regie: Oswald Döpke
Rolle: Christiane Vulpius

JOHANNISFEUER. Hermann Sudermann
BR, Hörfunk
Regie: Hans Günther Stamm
Rolle: Marikke, genannt Heimchen

1001 NACHT-RÜCKBLICK AUF 5 JAHRE NACHTPROGRAMM.
Gespräch. Siegfried Fischer-Fabian spricht mit Joana Maria Gorvin u.a.
SFB, Hörfunk

1960

ICH UND DIE KÖNIGE (Sechs Folgen). Ernst Schnabel
WDR, Hörfunk
Regie: Ludwig Cremer
Rolle: Lais, Allerschönste

DER MANTEL DER LIEBE. Josef Martin Bauer
NDR, Hörfunk
Regie: Gustav Burmester
Rolle: Obra Forkas

EKSTATISCHES THEATER: ATALANTA. Georg Heym
NDR, Hörfunk
Regie: Hans Georg Brenner
Rolle: Atalanta

VENUS IM LICHT. Christopher Fry
WDR, Hörfunk
Regie: Hans Lietzau
Rolle: Rosabel

1961

DU KANNST JEDERZEIT GEHEN. Christian Ferber
BR, Hörfunk
Regie: Hermann Wenninger
Rolle: Silvaine

NACHTPROGRAMM
WDR, Hörfunk
Regie: Ludwig Cremer
Rolle: Christiane, Claire, Mireille

DIE ORESTIE. Aischylos
WDR, Hörfunk
Regie: Friedhelm Ortmann
Rolle: Kassandra

GESPRÄCH. Heinz Fischer Karwin spricht mit Joana Maria Gorvin anläßlich der »Antigone«-Proben im Wiener Burgtheater
RIAS Berlin, Hörfunk

DIE JAKOBSLEITER. Arnold Schönberg
WDR, Hörfunk
Regie: Gustav Rudolf Sellner
Rolle: Stimme des Sterbenden

1962

ANTIGONE. Sophokles
WDR, Hörfunk
Regie: Ludwig Cremer
Rolle: Antigone

ANTIGONE. Sophokles
SDR, Hörfunk
Regie: Otto Kurth
Rolle: Antigone

DJUNA BARNES: Le Grande Malade und
JULIO CORTAZAR: Bestiarium. Lesung
NDR, Hörfunk

1963

DIE KAMELIENDAME. Alexandre Dumas
BR, Hörfunk
Regie: Heinz Günther Stamm
Rolle: Marguerite Gautier

GESPRÄCH. Fritz Nötzoldt spricht mit Joana Maria Gorvin über ihre verschiedenen Verpflichtungen an den Bühnen in Berlin, Potsdam, Straßburg bis hin zu ihrem derzeitigen Engagement am Hamburger Schauspielhaus
SDR, Hörfunk

GOTT LIEBT DIE SCHWEIZER. Franz Hiesel
NDR, Hörfunk
Regie: Hans Lietzau
Rolle: Frau R.

1964

WER KANN MIR SAGEN, WER SHEILA IST? Paul Wühr
WDR, Hörfunk
Regie: Oswald Döpke
Rolle: SHEILA DINNAGE

HEINRICH HEINE: Lyrik und Prosa
SFB, Hörfunk

1965

DIE VITRINE. Hans Rothe
NDR, Hörfunk
Regie: Gert Westphal
Rolle: HORTENSE

GESPRÄCH. Wir haben noch einmal angefangen. Friedrich Luft mit Joana Maria Gorvin u. a.
RIAS Berlin, Hörfunk

1966

CORIOLANUS. William Shakespeare
NDR, Hörfunk
Regie: Gerlach Fiedler
Rolle: VOLUMNIA

1967

PHÄDRA. Jean Baptiste Racine
ZDF, Fernsehen
Regie: Oswald Döpke
Rolle: PHÄDRA

1968

GESPRÄCH. Klothilde Lange spricht mit Joana Maria Gorvin über ihren privaten und künstlerischen Werdegang
WDR, Hörfunk

1969

MAXINE. Wolfgang Hildesheimer
NDR/HR/SFB, Hörfunk
Regie: Fritz Schröder-Jahn
Rolle: MAXINE

INTERVIEW. Matjaz Kmecl
NDR, Hörfunk
Regie: Fritz Schröder-Jahn
Rolle: SIE

1970

ICH WERDE DICH IMMER LIEBEN. IMMER. Rhys Adrian
NDR, Hörfunk
Regie: Fritz Schröder-Jahn
Rolle: JANE HETHERINGTON

MEDEA-MONOLOGE. Ein Interpretationsvergleich von Siegfried Melchinger. Mit Maria Becker, Heidemarie Hatheyer, Maria Wimmer
NDR, Hörfunk

LANDSCHAFT. Harold Pinter
WDR, Fernsehen
Regie: Johann-Richard Hänsel
Rolle: BETH

1971

LEBENSLAUF. Wolfgang Weyrauch
NDR, Hörfunk
Regie: Otto Düben
Rolle: TOTE FRAU, MUTTER
HEINRICH HEINE: Gedichte und Prosa.
Mit Ernst-August Schepmann, Boy Gobert, O.E. Hasse, Martin Held, Oskar Werner und Kommentaren von Gerhard Ahrens
NDR, Hörfunk

1972

DAS ANTI. Jean Munot
ORF, Hörfunk
Regie: Hans Krendlesberger
Rolle: STIMME

1973

GROSSE FRAUENLITERATUR: Lyrik und Prosa von Ingeborg Bachmann, Marie Luise Kaschnitz, Elisabeth Langgässer, Else Lasker-Schüler, Nelly Sachs, Anna Seghers
ORF, Hörfunk

DU HOLDE KUNST: Lyrik von Ludwig Christoph Heinrich Hölty, Conrad Ferdinand Meyer, Hugo von Hofmannsthal, Anton Wildgans, Gottfried Keller, Eduard Mörike, Friedrich von Matthison
ORF, Hörfunk

1975

SCHAUSPIELER LESEN DICHTER
NDR, Hörfunk

1976

DAS INTERVIEW. Hans Krendlesberger
ORF, Hörfunk
Regie: Jürgen Wilke
Rolle: ELAINE WINTERS

DER GEFESSELTE PROMETHEUS. Aischylos
ORF, Hörfunk
Regie: Hans Krendlesberger
Rolle: IO

1977

DIE GELEHRTEN FRAUEN. Molière
ORF, Hörfunk
Regie: Hans Krendlesberger
Rolle: PHILAMINTE

1978

OKTOPUS GREIFT EIN. HARRY UND ERNE IM EINSATZ. Christa Zettel
ORF, Hörfunk
Regie: Wolf Neuber
Rolle: MAMA

SENIORENCLUB. Joana Maria Gorvin zu Gast im Seniorenclub
ORF, Fernsehen

DAS HAUS DER FRAUEN. Zofia Nalkowska
Sender Saarbrücken, Fernsehen
Regie: Krzystzof Zanussi
Rolle: MARIA BAAL

GENAU DIE RICHTIGE ART VON HAUS. Henry Slesar
ORF, Hörfunk
Regie: Christian Lichtenberg
Rolle: SADIE GRIMES

1979

BLICK IN EINEN HOHEN SPIEGEL. A. L. Baker
ORF, Hörfunk
Regie: Klaus Gmeiner
Rolle: DELIE

DERRICK: »KARO AS«. Herbert Reinecker. Derrick-Serie
ZDF/ORF, Fernsehen
Regie: Dietrich Haugk
Rolle: AGNES DEMMLER

1980

MEINE GUTE ALTE ZEIT (17 Folgen). Agatha Christie: Prosa und Autobiographie
ORF, Hörfunk

WELT DES BUCHES
ORF, Fernsehen

DER KAISER VON AMERIKA. George Bernard Shaw
ORF, Hörfunk
Regie: Klaus Gmeiner
Rolle: MATHILDE

1981

DAS STERBEN DER PYTHIA. Friedrich Dürrenmatt
Radio DRS/ORF/SWF, Hörfunk
Regie: Hans Hausmann
Rolle: PANNYCHIS

KULTUR AM MITTWOCH. WER WAR ER?
ORF, Fernsehen
Regie: Rosemarie Kern

1983

DAS KATZENSPIEL. István Örkeny
SR Saarbrücken, Fernsehen
Buch und Regie: István Szábo
Rolle: GISA

SYLVIA. Dana Horakova und Angela Sussdorf
SWF, Hörfunk
Regie: Hertel/Heising
Rolle: OLIVIA HIGGINS-PROUTY

1984

HÖREN SIE MAL. Jane Martin
ORF, Hörfunk
Regie: Gabriele Buch
Rolle: LILA

DAME KOBOLD. Nach Pedro Calderón de la Barca
SDR, Hörfunk
Regie: Spaich
Rolle: SPRECHERIN

GESPRÄCH. Friedhelm Mönter spricht mit Joana Maria Gorvin anläßlich ihres Auftretens in Hamburg
NDR, Hörfunk

1985

DIE DORNENVÖGEL. Colleen McCullough
ORF, Hörfunk
Regie: Peter Leidenfrost
Rolle: MARY CARSON

KULTURJOURNAL. Buchpräsentation anläßlich des 100. Geburtstages von Jürgen Fehling
ORF, Fernsehen

1986

DER OFFENBARUNGSEID. Franz Hiesel
ORF/NDR, Hörfunk
Regie: Götz Fritsch
Rolle: ERZSÉBET

SONNTAKTE – LIVE DABEI AUF 90,3: Lyrik und Prosa
NDR, Hörfunk

LIEBER ARTHUR. Judith Herzberg
Telefilm Saar GmbH, Fernsehen
Regie: Heinz Schirk
Rolle: ADA

1987

CHIMÄREN. Hans Rüdiger Minow
SWF Baden-Baden, Fernsehen
Regie: Nico Hofmann
Rolle: MADAME EDITH PONTY

SILJA, DIE MAGD (28 Folgen). Frans Eemil Sillanpää
SDR, Hörfunk
Regie: Arno Haupt
Rolle: SPRECHERIN

1989

MEDEA, EIN MONOLOG. Dagmar Nick
Radio Bremen, Hörfunk
Regie: Günter Bommert
Rolle: MEDEA

KAFFEESTUNDE. Juliane Windhager
ORF, Hörfunk
Regie: Hans Conrad Fischer
Rolle: OTTILIE

1990

KELSTERBACHS LIEBLINGE. Richard Hey
SDR, Hörfunk
Regie: Richard Hey
Rolle: Thea Kelsterbach

1991

GESPRÄCH. Friedhelm Mönter spricht mit Joana Maria Gorvin
Hamburg-Welle, Hörfunk

CAFE CENTRAL. Schauspieler sprechen über Salzburg und ihr Metier
ORF, Fernsehen

1992

JENSEITS DES WAHNSINNS. Arthus C. Caspari
RIAS Berlin, Hörfunk
Regie: Ulrike Brinkmann
Rolle: Isabella

DISKOGRAFIE

1958

GROSSE FRAUENLYRIK: Werke von Sappho, Elizabeth Barrett-Browning, Louise Labè, Annette von Droste Hülshoff, Marcelline Desbordes Valmore, Christina Rossetti, Else Lasker-Schüler
Joana Maria Gorvin: Gedichte, Oden und Fragmente von Sappho und Sonette aus dem Portugiesischen von Elizabeth Barrett-Bronwing.
Mit Marianne Hoppe, Käthe Gold, Maria Becker
Leitung: Ernst Ginsberg
Deutsche Grammophongesellschaft

1959

DON CARLOS. Friedrich Schiller
Gustav Rudolf Sellners Inszenierung am Schiller-Theater in Berlin
Joana Maria Gorvin (Prinzessin von Eboli), Walter Franck (König Philipp), Eva-Katharina Schultz (Königin Elisabeth), Rudolf Henniger (Don Carlos), Erich Schellow (Marquis von Posa) u.a.
Telefunken

ZWEI SZENEN AUS DRAMEN VON FRIEDRICH SCHILLER: »Maria Stuart« und »Wilhelm Tell«
Maria Stuart: Joana Maria Gorvin (Maria Stuart), Maria Becker (Elisabeth)
Wilhelm Tell: Kurt Stieber (Aristokrat), Hans Reinhard Müller (Rudenz)
Deutsche Grammophongesellschaft (im Rahmen der Reihe: Literarisches Archiv)

1960

AKKORDE EINER LIEBE: FRANZ LISZT UND MARIE D'AGOULT
Joana Maria Gorvin (Gräfin Marie d'Agoult), Will Quadflieg (Franz Liszt)
Ariola Athena (im Rahmen der Reihe: Wort- und Musikplatten)

1964–1966

SEITENSPRÜNGE IN NOTEN: Schauspieler singen Chansons
Joana Maria Gorvin: »Wo ist heut der Schnee vom vorigen Jahr?« Text nach einer Ballade des François Villon von Egon Larsen und Erich Simm.
Mit Victor de Kowa, Hans Nielsen, Hildegard Knef, Martin Held, Berta Drews, Carl Raddatz, Heinz Reincke, Theo Lingen, Gisela Peltzer, O.E.Hasse, Hannelore Schroth, Karl Schönböck, Hilde Krahl, Lola Müthel, Fred Liewehr, Ullrich Haupt
Decca (im Rahmen der Reihe: Schall und Rauch)

ES LAG WAS IN DER LUFT: Chansons der 20er Jahre
Joana Maria Gorvin singt Chansons: »Wenn die beste Freundin« von Marcellus Schiffer/Mischa Spoliansky, »Tamerlan« von Kurt Tucholsky/Rudolf Nelson, »Lucrezia« von Hans Gumppenberg/Nil Sustrate.
Mit Wilhelm Borchert, Hannelore Schroth, Ursula Sieg, Karl John, Reiner Brönneke, Andrea Dahmen, Martin Held, Theo Lingen, Elfriede Ott, Werner Riepel, Manfred Steffen, Carla Hagen
Decca

PIKANTERIEN IN PLÜSCH: Chansons um 1900
Joana Maria Gorvin singt Chansons: »Lucrezia« von Hans Gumppenberg.
Mit Martin Held, Carla Hagen, Victor de Kowa, Christa Bernhard, Manfred Steffen, Gerhard Friedrich, Hannelore Schroth, Elfriede Ott, Karl John, Lore Calvies, Heinz Reincke, Andrea Dahmen, Theo Lingen
Telefunken

1965

ZWEI ERZÄHLUNGEN VON HEINRICH VON KLEIST: »Das Erdbeben in Chili« und »Die heilige Cäcilie oder Die Gewalt der Musik«.
Mit Marianne Hoppe
Telefunken (im Rahmen der Reihe: Wort und Stimme)

1966

JOANA MARIA GORVIN: Porträt einer Schauspielerin
Szenenausschnitte aus: »Fräulein Julie« von August Strindberg, »Phädra« von Jean Baptiste Racine, »Judith« von Friedrich Hebbel, »Emilia Galotti« von Gotthold Ephraim Lessing, »Was ihr wollt« von William Shakespeare, »Elektra« von Jean Giraudoux, »Dame Kobold« von Pedro Calderón de la Barca, »Requiem für eine Nonne« von William Faulkner
Telefunken (im Rahmen der Reihe: Wort und Stimme)

BIOGRAFISCHE DATEN

1922	Geboren am 30. September in Hermannstadt, Rumänien
	Eltern: Mutter ist Sängerin, Vater arbeitet als Kaufmann
	Schule und Abitur in Hermannstadt
1937	Reise nach Berlin mit ihrem Bruder Carl, der Dirigent ist
	Ausbildung an der Staatlichen Schauspielschule der Preußischen Staatstheater, Berlin, bei Gustaf Gründgens
1938–1940	Erste Auftritte am Staatstheater, Schauspielhaus am Gendarmenmarkt, Berlin
1939	Bekanntschaft mit Jürgen Fehling
1940/41	Engagement an das Schauspielhaus in Potsdam
1941/44	Engagement an die Preußischen Staatstheater, Berlin
1945	Das Kriegsende erlebt sie gemeinsam mit Jürgen Fehling in Buch bei Berlin. Rückkehr mit Fehling nach Berlin in den ersten Maitagen und Gründung des Jürgen-Fehling-Theaters in Berlin-Zehlendorf
1945/46	Erste und letzte Spielzeit des Jürgen-Fehling-Theaters
1946–1948	Engagement an das Hebbel-Theater, Berlin
	Filmtätigkeit in München
1948	Übersiedlung gemeinsam mit Jürgen Fehling nach München
1948–1952	Engagement an die Bayerischen Staatstheater, München
1952–1957	Rückkehr nach Berlin gemeinsam mit Jürgen Fehling
	Engagement an das Schloßpark- und Schiller-Theater
1957–1959	Engagement an das Schauspielhaus Düsseldorf
1957	Kunstpreis Berlin
1959/60	Engagement an das Bayerische Staatsschauspiel, München
1960	Übersiedlung nach Hamburg, gemeinsam mit Jürgen Fehling
1960–1975	Engagement an das Deutsche Schauspielhaus, Hamburg
1963	Tod von Gustaf Gründgens
1968	Jürgen Fehling stirbt 83jährig in einer Hamburger Klinik
1971	Heirat mit Maximilian B. Bauer
1974	Großes Bundesverdienstkreuz I. Klasse der Bundesrepublik Deutschland
	Ehrenmitglied der Freien Akademie der Künste, Hamburg
	Ehrenmitglied der Deutschen Akademie der Darstellenden Künste, Frankfurt/Main
1975	Übersiedlung nach Weidling /Klosterneuburg bei Wien
	Gastspieltätigkeit an zahlreichen Bühnen, Tourneen, Lesungen, Hörspiele, Fernseharbeit in Deutschland, Österreich und der Schweiz
1979	Mitglied der Akademie der Künste, Berlin
1985	Mitarbeit an der Publikation »Das Theater des deutschen Regisseurs Jürgen Fehling«
1992	Letzte Rolle an der Schaubühne am Lehniner Platz, Berlin
1993	Gestorben am 2. September in Wien
	Beisetzung im Waldfriedhof Zehlendorf, Hüttenweg, in Berlin-Dahlem

Richard Hey, Juli 1995
Eine Stimme

Ich wußte nichts von ihr, als ich plötzlich ihre Stimme kennen lernte. Das war 1947. Nach dreizehnstündiger Fahrt im überfüllten D-Zug von Frankfurt nach Hamburg hatte ich es geschafft, zum zweiten Mal in die Heimhuder Straße zu Helmut Käutner vorzudringen, um ihm zu erklären, daß ich Regie-Assistent bei ihm werden müsse. Zu meiner Überraschung meinte er, man könne es ja mal mit mir versuchen, und sagte noch, während vor ihm das Telefon klingelte: »Aber paß auf. Bist du schlecht, fliegst du sofort. Bist du gut, bleibst dus dein Leben lang.« Dabei hatte er den Telefonhörer schon fast am Ohr, und so vernahm ich sie denn zum ersten Mal, diese unverwechselbare Stimme, die in verzerrter Akustik aus dem Hörer kam: »Was, bitte schön, bleib ich mein Leben lang?«

Wer dies Buch gelesen, die vielen Fotos betrachtet hat, weiß vielleicht, ahnt, fühlt, was Joana Maria Gorvin ihr Leben lang geblieben ist.

Persönlich hab ich sie nie kennen gelernt in den nächsten Jahrzehnten, sie nur auf der Bühne gesehn, oft, und mit Bewunderung. Auch, wenn sie mich gelegentlich strapazierte. Manieriert ist die doch, hörte ich Kritiker sagen. Womit sie meinten: gekünstelt. Aber eben das, denke ich, war sie nie. Wohl konnte sie ihre Kunst so präzise, so unerbittlich schärfen, daß sie jene, die ihr da nicht folgen wollten, ratlos machte. Aber welch ein Fest, zu beobachten, zu hören, wie der Körper (Schritte, Atmen, Armbewegungen) die Stimme zu produzieren schien. Oder, umgekehrt, wie die Stimme vom Gesicht gespiegelt wurde. Hauchdünner Eispanzer über Feuersglut, sirrend wie zu straff gespannte Saiten, herb und zart zugleich, so war die Stimme.

Als ich über die Realisierung des Hörstücks KELSTERBACHS LIEBLINGE nachdachte, ja eigentlich schon vorher, beim Schreiben, konnte ich mir für die verrückte, leidende, scharfsichtige, verblendete großbürgerliche Mörderin nur diese Stimme vorstellen. Ich hatte es nicht zu hoffen gewagt, aber Joana Maria Gorvin sagte zu, und mit ihr Nicole Heesters als ihre Gegenspielerin im psychoakustischen Ringkampf zweier Frauen. Weil wir unter Zeitdruck standen, fingen wir ganz langsam an, leicht, plauderten von diesem und jenem, und schließlich schlug die Gorvin vor, aus dem Hörstück einen großen Einakter für die Bühne zu machen. Nicole Heesters und Joana Maria Gorvin wollten dann damit auf Tournee gehn.

Aus der Sache wurde nichts, weil ich jahrelang nicht daran denken konnte, diesen Einakter zu schreiben. Denn genau während unserer Hörspielproduktionszeit im November 89 war plötzlich die Berliner Mauer durchlässig geworden, Hunderttausende von DDR-Bürgern drängten sich nach und in West-Berlin. Und wir saßen im Studio des Stuttgarter Senders, sozusagen neben die Geschichte geraten. Oder vielmehr: in eine andere. Der Code der DDR und der Code der BRD galten nicht mehr. Als ich den Einakter schließlich doch fertig bekommen hatte, mochte Joana Maria Gorvin nichts mehr von Tourneen wissen. Und so ist meine letzte Erinnerung an sie wie die erste: eine Stimme im Telefon, diesmal brüchig, erschöpft, schon weit weg von mir.

Bis heute gibt es keine Monographie über diese eigenartige und eigenwillige Darstellerin und Sprecherin, die von den Kritikern seit ihrem ersten Auftritt immer wieder mit »einer Stradivari«, »einem Cello mit geborstener Saite« verglichen wurde, die durch den Zauber einer Stimme Worte zu einer Melodie komponierte. Die Epitheta zu ihrer Haltung und ihrem Gestus reichen von spröde störrischer Anmut, schmiegsam, blumenhaft bis hin zu geschichtslos, mädchenhaft – in den großen tragischen Rollen wie in den hinreißend komischen.

So begannen wir mit der Spurensuche nach dem künstlerischen Werden und Sein der Schauspielerin Joana Maria Gorvin und haben, mit dem Mut zur Lückenhaftigkeit, den Versuch unternommen, dieses »Besondere« und »Unverwechselbare« in Bildern und Dokumenten festzuhalten. Es war unsere Absicht, die Schauspielerin selbst sprechen zu lassen: mit ihren Texten und ihren Briefen. Sie erinnert sich, sie breitet ihre Gedanken aus zu Rollen und Rollenarbeit, zu ihrem Theaterverständnis – sie berichtet »aus der Werkstatt«. Es entsteht so das Bild einer lebensklugen, selbstbewußten, sensiblen Frau und Künstlerin von großer »Authentizität«. Auseinandersetzung mit der Kunst ist für sie nicht Mittel zum Zweck, sondern Movens für ihre Existenz.

Neben Joana Maria Gorvin kommen die Intendanten und die Regisseure, die Partner im Spiel, die Autoren und die Kritiker, wie auch viele andere, die ihren künstlerischen Lebensweg begleitet haben, in den Dokumenten zu Wort; der zeit- und kulturgeschichtliche Hintergrund wird aus ihnen ablesbar, er bedarf nur selten eines Kommentars, zu nahe sind noch die Zeichen der jüngeren und jüngsten Vergangenheit. Vieles bleibt noch in seinen inneren Zusammenhängen zu erschließen. Wir wollten den ersten Mosaikstein setzen; daß dies gelingen konnte, verdanken wir der großzügigen Unterstützung vieler.

Der Bild- und Quellennachweis am Beginn dieses Buches steht für den Dank an die Institutionen, an die Kollegen, ganz besonders Frau Dr. Michaela Giesing, Zentrum für Theaterforschung in Hamburg, und Herrn Dr. Winfried Meiszies, Dumont-Lindemann-Archiv, Theatermuseum Düsseldorf, die zum Entstehen dieses Buches beigetragen haben.

Unser Dank gilt ebenso Herrn Dr. Bernhard Struckmeyer, dem Lektor, und Herrn Franz Nellissen für die technische Betreuung bei der Herstellung dieses Buches.

Besonders wertvoll war uns das uneingeschränkte Entgegenkommen von Christoph Bantzer, Boleslaw Barlog, Peter Gründgens, Jutta Lampe, Will Quadflieg, Andreas Rothe, Eva Stroux, Jürgen Wilke und vielen anderen, die uns spontan und herzlich die Genehmigung zum Abdruck der wertvollen Dokumente gaben. Ihnen, ebenso wie den vielen Freunden und Kollegen der Schauspielerin, den diskreten, ungenannten Helfern, fühlen wir uns zutiefst verpflichtet. Sie haben uns mit Ratschlägen und Hinweisen immer den richtigen Weg gewiesen. Ihnen allen sei an dieser Stelle noch einmal besonders herzlich gedankt.

Edda Fuhrich · Dagmar Wünsche

ERWEITERTES NAMENVERZEICHNIS
(ausgenommen Rollenverzeichnis)